当代公共关系
从熵值管理到系统表达

Contemporary Public Relations
Entropic Management and Systematic Expression

魏修治◎著

中国国际广播出版社

目　录

第一章　历史与规律

公共关系学作为一门科学，根植于100年以来公共关系的历史实践中，并在实践中逐渐形成自己的内涵。自爱德华·伯内斯（Edward L. Bernays，1891—1995）于1923年在纽约大学开设第一门公共关系学课程以来，当代公共关系沿着经济的、历史的和社会的逻辑在持续发展。1923年的事件标志着公共关系学作为一门学科正式形成，而这是建立在更早的公共关系实践基础之上的。

我们在回溯公共关系发展历史的时候，一般用历史分期的方法理解公共关系理论和实践发展的维度。1923年，公共关系学在美国正式形成，而这建立在20世纪初公共关系实践的“三个阶段”的基础之上——普林斯顿大学历史系教授艾瑞克·高德曼（Eric Frederick Goldman，1916—1989）在《双行道：公共关系顾问的出现》（*Two-Way Street: The Emergence of the Public Relations Counsel*）一书中，将现代意义上的公共关系史划分为三个时期——愚弄公众的时期、公众该被告知的时期和双向理解的时期[①]，而第三个时期的代表人物正是伯内斯。这三个阶段，是当代公共关系在美国出现的形成期。

---

① GOLDMAN E F. Two-way street：the emergence of the public relations counsel［M］. Boston：Bellman，1948：16-19.

而当代公共关系在美国的形成，有着更早的实践渊源。在北美大陆，公共关系实践从18世纪晚期的独立战争时期就已经崭露头角，并且在美国国家的建立、宪法的制定和完善、美国国家的统一等过程中很好地发挥了宣传动员的作用。佐治亚大学格雷迪新闻与大众传播学院原院长斯各特·卡特里普教授（Scott Munson Cutlip，1915—2000）还将哥伦布发现北美大陆后，殖民当局所进行的旨在吸引欧洲移民的“利用宣传和新闻机构促进事业发展”[①]的活动看作早期公共关系的表现形式。有学者认为，殖民当局这些可以视作公共关系的行为，在宣传的方式和手段等方面，“如出版、符号化、制造特别事件和动用舆论权威等一直传承、延展至今”[②]。

从18世纪晚期直至1923年，是公共关系学的实践活动逐渐丰富并理论化、抽象化、学科化的时期。而如果我们把视野放得更远一些，就会发现在古代社会也有一些类似于当代公共关系的实践活动。不管是在中国还是西方，这种实践活动都兴盛一时，而且一度产生很大影响。我们将从当代公共关系的古代渊源开始，介绍发展着的公共关系从实践到理论的演进过程。

第一节 公共关系的古代渊源

追溯“公共关系”这一词语的古老含义尽管没有什么实际的作用，但仍然是一件有趣的事情。如果按照伯内斯的观点，将公共关系的要素确定为告知、说服和联系的话，那么公共关系其实是和人类历史同样长

① 卡特里普.公共关系史：17—20世纪［M］.纪华强，焦妹，陈易佳，译.上海：复旦大学出版社，2012：1.

② 胡百精，宫贺.公共关系学教程［M］.北京：高等教育出版社，2022：2.

久的[①]。詹姆斯·E.格鲁尼格（James E. Grunig，1942—　）和斯科特·卡特利普（Scott Cutlip）等学者在西方古代文明中就已经发现了影响公众和传播管理的公共关系早期形式[②]。如果要将公共关系定义为一种说服的话，考古学家曾经在伊拉克发现了一块大约3800年前的泥板，上面写着当时最先进的收割、播种和灌溉技术。这就是一个有计划地对特定人群进行说服，从而实现传播者目标的例子。一般认为这是公共关系最早的已知实例[③]。

古希腊曾经产生了非常庞大的修辞学系统，还出现了类似于亚里士多德《修辞学》这样的专著，甚至一些优秀的演说家会被推选为城邦的领导人物，一些有抱负的政治家也会雇用善辩者帮助他们从事这项工作。柏拉图认为这些演说家不诚实，是在误导公众。但是理查德·克拉布尔（Richard Crable）却认为这些人是有道德的[④]。且不论观点的差异，这些演说家是在通过说服性沟通的方法宣传自己的观点，因而事实上是在从事着今天我们所谓的公共关系的工作。不过柏拉图的观点还是给了我们伦理方面的一点启发：演说家或者说公共关系从业人员应当如何处理好自己的价值观、雇主的要求和社会利益之间的关系？在三者发生冲突的时候，应该如何进行价值排序或者伦理抉择？恺撒大帝在公元前59年创办《每日纪闻》（*Acta Diurna*），以求在与元老派的斗争中获得舆论的支持，也可视为一种早期的公共关系活动。

---

① BERNAYS E L. Public relations［M］. Norman：University of Oklahoma Press，2013：23.

② DOZIER D M，GRUNIG L A，GRUNIG J E. Manager's guide to excellence in public relations and communication management［M］. New Jersey：Lawrence Erlbaum Assoc Inc.，1995：41.

③ BARKER R，ANGELOPULO G. Integrated organisational communication［M］.［S.l.］：Juta and Company Ltd.，2005：194.

④ CRABLE R E，VIBBERT S L. Public relations as communication management［M］.［S.l.］：Bellwether Press，1986.

中国早期也有类似的情况。先秦时期，诸子百家遍访各国宣讲自己的政治主张，一些关于沟通、交流的论述也大量出现。虽没有形成类似于《修辞学》的专著，但在《论语》《周易》《尚书》《左传》等大量先秦诸子著作中均有公共关系的体现。比如说《左传》曾记载了孔子对子产的赞美，“言以足志，文以足言”“言之无文，行而不远”。《尚书》载：“唯口出好兴戎。”《周易》有云：“言行，君子之枢机，枢机之发，荣辱之主也。言行，君子之所以动天地也，可不慎乎。”胡百精认为，先秦时期的“这些思想确立了修辞、说服在邦国治理和社会交往中的地位、价值和原则，并提供了丰富、精细的修辞策略和方式”[①]。

第二节　公共关系在美国形成的前夜

公共关系在中国和西方的古代渊源，基于种种原因并没有形成我们现在一般而言的公共关系实践。虽然也有一些系统著作，但是与现代意义上的公共关系理论仍有差别。进入18世纪以后，公共关系实践开始在北美大陆出现并流行，并且在美国国家的建立、宪法的制定和完善、美国国家的统一等过程中，发挥了宣传动员的作用。18世纪末北美大陆的宣传斗争，是现代意义上公共关系实践的“前夜期”，为当代公共关系的理论化、抽象化、学科化积累了丰富的实践经验；同时，为公共关系在19世纪末20世纪初进入垄断资本主义阶段的美国的形成奠定了基础。“历史学家们承认，美国注重传媒、受金钱驱动的资本主义体系是产生公关职业的自然温床，尤其是当我们考虑到美国经常被看作一个……形象

① 胡百精.中国公共关系史［M］.北京：中国传媒大学出版社，2014：6.

决定一切的地方。”①

一、夸大其词的殖民地炒作

宣传（propaganda）这个词最早可以追溯到17世纪的英格兰地区。当时社会普遍认为需要通过信息的沟通来促进政府和人民之间的关系调整，并且由此产生了专门从事这项工作的职业，天主教会也创立了自己的Congregatio de Propaganda Fide，即“宣传信仰的集会”②。而在欧洲殖民者在北美开疆拓土的时候，也将“宣传”的概念引入了北美——殖民当局利用宣传手段来筹措资金的努力最早发生在1641年。是年，刚成立5年的哈佛学院（今哈佛大学）派遣牧师威廉·赫本斯（William Hibbens）等一行三人去英格兰寻求经济支持。威廉·赫本斯抵达伦敦后，或是出于赞助者的要求，或是出于自身的需要等，要求哈佛学院提供一份类似于说明材料的小册子。经过一年左右的努力，威廉·赫本斯筹集到了约500英镑，缓解了哈佛学院在成立初期办学经费短缺的问题③。有学者认为，这是“美国历史上最早的大学筹款实践，开启了大学主动向社会募集办学经费的先河”④，而这同时也是早期公共关系实践的起源之一。事实上，“利用新闻宣传来筹集资金、促进事业发展、增加商业投资、买卖土地并且树立叫座的个性色彩，这比美利坚合众国这个国

① 迈特拉，阿尔提格.公关造势与技巧：通向21世纪的桥梁［M］.欧阳旭东，译.北京：中国人民大学出版社，2009：210.

② 卡特里普，森特，布鲁姆.有效的公共关系［M］.明安香，译.8版.北京：华夏出版社，2002：89.

③ SARGEANT A，JAY E. Fundraising management：analysis，planning and practice［M］. London：Routledge，2004：2-6.

④ 林成华，洪成文.大宗筹款运动与大学发展：当代美国一流大学大宗筹款运动研究［J］.教育学报，2015，11(3)：87-98.

家本身的历史还要长”[①]。

不仅如此，为了吸引移民，北美殖民当局让宣传机器开足马力，将北美大陆描绘成一个遍地黄金、朱轮华毂之地，而很明显，这与当时北美大陆的实际情况是不相符的。“夸大其词是所有殖民地炒作的共同特征”，这一时期北美殖民当局“运用了很多现代非营利组织的宣传方式与手段，如筹款、出版、符号化、特别事件和舆论权威等”[②]。卡特里普因此认为，欧洲移民并不完全是“自发”前往北美大陆的，很大一部分是受到了北美殖民当局夸张宣传的蛊惑。北卡罗来纳大学历史学教授休·莱弗勒（Hugh Talmage Lefler，1901—1981）认为，北美大陆的“每一块殖民地借以吸引资金和人口的主要方法就是通过广告，而是否能够取得成功，则根据时间和地点的不同而有所不同”。相比之下，在各殖民地中，弗吉尼亚所使用的宣传手段最为多样、方法最为复杂、语言最为夸张，同时也许也是最有效的[③]。

二、在宣传中诞生的新国度

目前的研究认为，18世纪末的战争所主张的脱离英国而独立并非当时北美大陆绝大多数人的想法，起码“并非受人欢迎的起义”[④]——那一时期，托利党人关注遗产的继承问题，而辉格党人关注经济问题，只

① 卡特里普，森特，布鲁姆.有效的公共关系［M］.明安香，译.8版.北京：华夏出版社，2002：89.

② 卡特里普.公共关系史：17—20世纪［M］.纪华强，焦妹，陈易佳，译.上海：复旦大学出版社，2012：5.

③ LEFLER H T. Promotional literature of the southern colonies［J］. The journal of southern history，1967（1）：3-25.

④ 卡特里普.公共关系史：17—20世纪［M］.纪华强，焦妹，陈易佳，译.上海：复旦大学出版社，2012：20.

有以塞缪尔·亚当斯（Samuel Adams，1722—1803）为代表的激进派对社会制度的变革感兴趣[①]，而这正是独立战争的主要力量来源。而要将一党一派之言变成整个社会的共同目标，无疑要使得宣传发挥巨大的作用。以塞缪尔·亚当斯为代表的这些革命家深知赢得公众支持的重要性，并且在实践中很好地运用了一些方法。塞缪尔·亚当斯用了20多个笔名，在报刊上发表文章，以及通过各种事先安排好的演讲、政治活动等，不遗余力地组织起有利于激进派的舆论。塞缪尔·亚当斯认为，人们的行为更多的是依据他们的感觉，而不是理性。人们的意见和判断来源于他们对于事务的观察和参与。而如果当时没有能够服务于宣传者立场的事务，最好的办法就是制造出某种事件来[②]。1773年12月的“波士顿倾茶事件”（Boston Tea Party）就是此类我们现在称之为“传媒假事件”（pseudo-event）的代表。所谓“传媒假事件”，是丹尼尔·布尔斯廷（Daniel J. Boorstin，1914—2004）提出的一个概念，是指那些经过早期设计、充分策划而刻意营造出来并被媒体报道的事件。由于此类事件的目的就是获得媒体关注，因此在前期准备时已经包含着对于媒体的吸引和事先安排[③]。传媒假事件在发生之前并非事实，在发生之后变成事实，而它从非事实变成事实的原因是它自己，它是“自我实现的预言”。

除此之外，一些政治组织在宣传活动中得以成立，或者是为了开展宣传活动而成立。其中具有代表性的如塞缪尔·亚当斯在1766年1月为反抗1765年《印花税法》（*Stamp Act*，1765）而于波士顿领导成立的“自由之子”（Sons of Liberty）。1763年，英国在法国—印第安人战

① 埃默里 M，埃默里 E，罗伯茨.美国新闻史：大众传播媒介解释史［M］.展江，译.9版.北京：中国人民大学出版社，2004：63.

② DAVIDSON P. Propaganda and the American Revolution：1763-1783［M］. Chapel Hill：University of North Carolina Press，1941：3.

③ 陈力丹，周俊.试论“传媒假事件”［J］.北京大学学报（哲学社会科学版），2006（6）：122-128.

争中（French and Indian War，也称英法北美战争）中获胜，虽然赢得了西属佛罗里达和法属路易斯安那（密西西比河以东）的大片土地，但是开销巨大。为了弥补军费支出，时任财政大臣乔治·格伦维尔（George Grenville，1712—1770）按照惯例提出以《食糖法案》（*Sugar Act*）和《印花税法》对于食糖和出版物课税。《印花税法》要求北美的出版物使用在伦敦生产的特定纸张，并且缴纳印花税。但是该法案在北美遭到巨大抵制，“自由之子”合乎时宜地提出了“无代表，不纳税”（No Taxation without Representation）的口号，认为只有得到北美人民自己组织的议会的同意，才能够对北美人民征税。1773年12月，为反抗财政大臣查尔斯·汤森（Charles Townshend，1725—1767）提出的针对北美进口的铅制品、玻璃、纸和茶叶等商品课税的《汤森法令》（*Townshend Acts*），“自由之子”又领导了“波士顿倾茶事件”。同样是由塞缪尔·亚当斯领导的在波士顿成立的通讯委员会（Committee of Correspondence）也是这一类政治组织的典型代表。最早的通讯委员会成立于1764年的波士顿，以反对《货币法案》（*Currency Act*）和海关制度改革。前者强硬地要求英国商人免受殖民地货币贬值所带来的不利影响，因而加剧了北美和英国之间的紧张关系[①]。在1766年反对《印花税法》的抗争中，纽约州也成立了通讯委员会，但不久即宣告解散。1772年，塞缪尔·亚当斯在波士顿领导成立的通讯委员会是第一个长期存在的委员会，并在相关信息的传播过程中发挥作用。直到1774年2月，除了北卡罗来纳和宾夕法尼亚，北美大陆的11个殖民地都建立了自己的通讯委员会[②]。通讯委

① BROWN R. Revolutionary politics in massachusetts：the boston committee of correspondence and the towns，1772-1774［M］. Cambridge，Massachusetts：Harvard University Press，1970：18.

② SMITH P A. New age now begins：a people's history of the American Revolution（Volume 2）［M］. New York：McGraw-Hill，1976：368.

员会的信息传播方式一般以手写信件为主，也有印刷品，以专人通过快马或者乘船进行传递。有研究表明，许多通讯委员会的成员都是殖民地立法议会的议员，也有一些人是“自由之子”的成员，并且活跃在反对《印花税法》的抗争和“波士顿倾茶事件”中。

独立战争期间还出现了以小册子为代表的宣传材料，被称为“独特的革命文学”[①]。“据统计，独立战争期间问世的小册子超过1500种，用以瓦解人们对英王的效忠，鼓吹革命，动员战争。”[②]其中最负盛名的是托马斯·潘恩（Thomas Paine，1736—1809）的《常识》（*Common Sense*）和系列小册子《美利坚的危机》（*The American Crisis*）。尤其是《常识》，在当时人口总数约300万的北美，销售总数超过了50万册，阅读过或受到其影响的人数更以百万计[③]。托马斯·潘恩在《美利坚的危机》中写道：“现在是考验人们灵魂的时刻。在这样一个危急时刻，夏天里的战士和阳光下的爱国者们，将在为国效忠的伟业中逝去。”人们受到他的激励，揭竿而起，这显然证明了美国早期沟通者的说服力量[④]。

卡特里普认为，以塞缪尔·亚当斯为代表的独立战争时期的舆论动员模式，深刻地影响了当今的公共关系实践，主要可以总结为以下几个方面。

一是政治组织的宣传活动。“宣传活动的需要使得成立一个组织来执行行动成为一种必须”，如“自由之子”、通讯委员会等。

---

① 西泰尔.公共关系实务［M］.张晓云，译.14版.北京：清华大学出版社，2020：27.

② 胡百精，宫贺.公共关系学教程［M］.北京：高等教育出版社，2022：3.

③ GREEN A. The propaganda Who Change the World［J］. Spiritual wealth，2014（3）.

④ 西泰尔.公共关系实务［M］.张晓云，译.14版.北京：清华大学出版社，2020：32.

二是符号和口号的使用。“标志符号便于辨认又能唤起人们的情感”，“标语口号使得复杂的事情变得易于提出、易于记住”，如“无代表，不纳税”等。

三是传媒假事件的策划。“升级的事件能够吸引公众注意，从而使尚未明确的公众意见显性化”，如“波士顿倾茶事件”等。

四是掌握宣传的主动权。“在第一时间告诉公众所发生的事情的重要性。抢得了先机，你对于该事件的诠释就会被公众广泛接受。”

五是整合传播。“持久地运用所有可利用的媒体和以上诸手段，将一种新的想法、新的理念灌输到公众脑中。群情激昂的革命宣传为国家接下来的政治斗争设定了模式。”①

如果考虑到独立战争之前，绝大多数北美殖民地的居民都是农民，而脱离英国统治而独立的考量存在于以塞缪尔·亚当斯为代表的激进派中的话，卡特里普的判断——“在宣传中诞生了新国度”②就是可以理解的了。塞缪尔·亚当斯卓越的、持久的宣传方式，将北美殖民地人民过去对于“祖国”的忠心，首先变成了不信任和不祥的预感，然后又将其进一步变成了愤怒和批判③，进而通过一个统一的目标把北美13个殖民地统一了起来。在这十几年的努力中，宣传者们的存在是必须的，他们的宣传工作对于新国家的建立起到了决定性作用。④

---

① 西泰尔.公共关系实务［M］.张晓云，译.14版.北京：清华大学出版社，2020：19.

② CUTLIP S M. Public relations in the government［J］. The public relations review，1976（2）：11-24.

③ SCHLESINGER A M. Prelude to Independence：the newspaper war on Britain，1764-1776［M］. New York：Alfred A. Knopf，1958：4.

④ DAVIDSON P. Propaganda and the American Revolution：1763-1783［M］. Chapel Hill：University of North Carolina Press，1941：43.

三、最好的公共关系工作

公共关系在北美大陆得以发展的第二座里程碑是对于美国宪法的讨论。1787—1788年，代表着新英格兰地区的工商业和金融资本利益的北部各州与代表着南部种植园主和农场主利益的南部各州围绕着新国家所应实行的政治制度进行了一场公开辩论，最终以北部各州获胜、通过联邦制度的《美利坚合众国宪法》（*Constitution of the United States of America*）而告终。在这场辩论中，代表着北部各州参与辩论的主要有亚历山大·汉密尔顿（Alexander Hamilton，1755—1804）、小詹姆斯·麦迪逊（James Madison Jr.，1751—1836）和约翰·杰伊（John Jay，1745—1829）等人，他们发表在报刊上的文稿和《美国独立宣言》（*The unanimous Declaration of the thirteen united States of America*）一起汇集成《联邦党人文集》（*Federalist Papers*）一书。

这场围绕着宪法的辩论得到了学界的广泛赞许，卡特里普认为这是“动员公众意见来起到宣传作用，史上最为成功的例子”[①]。哥伦比亚大学历史学教授阿兰·内文斯（Allan Nevins，1890—1971）将其称为“历史上最好的公共关系工作”。

> 宪法得到了全国性的认可，实质上是运用公共关系的结果，而具有敏锐公共关系直觉的汉密尔顿不仅注意到了这一结果，而且注意到了知情达理的人民的迅速默认……一旦宪法来到全国人民面前，汉密尔顿的行动之迅速，又成为成功公共关系的显著范例。他知道，如果在流行的意见中出现真空，无知和愚蠢的看法就会去填满它。

---

① 卡特里普.公共关系史：17—20世纪［M］.纪华强，焦妹，陈易佳，译.上海：复旦大学出版社，2012：35.

必须不失时机地提供准确的事实和健康的思想。[①]

1789年9月，在费城召开的制宪会议上，一些支持宪法的议员希望宪法能够尽快被批准。但是他们面临的问题是：一部分议员对于宪法的制定持观望态度；一部分议员反对，这些议员可能代表着当时一部分公众对于宪法的态度。而社会上确实有这样的反对意见，费城的一份报纸连载了制宪会议通过的宪法草案，但是4天以后即受到部分公众的反对而被迫停止。1789年10月5日，费城的《独立报人》（*The Independent Gazetteer*）刊登了一封署名为Centinel的来信——这个笔名现在一般认为是反联邦党人塞缪尔·布莱恩（Samuel Bryan，1759—1821）[②]。塞缪尔·布莱恩当时在宾夕法尼亚州议会从事书记员的工作，他的父亲乔治·布莱恩（George Bryan，1731—1791）当时担任宾州最高法院的法官（1790—1791）。目前尚不清楚塞缪尔·布莱恩反对宪法和联邦制度的原因，但是他在1789年10月以后，给《独立报人》上寄去了23封信阐释他的观点——他认为宪法并没有保障公民的自由[③]，这是保障少数人利益

---

① NEVINS A. The constitution makers and the public，1785-1790［M］. New York：Foundation for Public Relations Research and Education，1962（13）：10. 转引自：卡特里普，森特，布鲁姆. 有效的公共关系［M］. 明安香，译. 8版. 北京：华夏出版社，2002：91.

② STORING H J. The complete Anti-Federalist［M］. Chicago and London：The University of Chicago Press，1969.

③ 事实上，1787年制宪会议通过的《美利坚合众国宪法》的确没有一条关于保障公民自由和权利的内容。该宪法包括序言共七条。序言部分阐述了制宪的目的，正文第一条为国会、第二条为总统和副总统、第三条为联邦法院、第四条涉及联邦和州之间的关系、第五条涉及对于宪法的修订、第六条涉及新旧政府之间的债务和条约关系等、第七条是宪法的批准程序。这一点也是反联邦党人对于联邦党人进行攻击的主要方面。为此，国会于1791年12月15日通过了十条修正案，规定了公民的自由和权利，这十条修正案也被称为《权利法案》（*The Bill of Rights*）。

的文件，是全世界都在关注的、在自由公民中建立专制制度的企图[1]。他在信的开头写道：

> 请允许你们中的一个人让你们想起这个联邦宪法赋予你们的某些自由和特权，并请你们认真注意他对提交给你们考虑的联邦政府计划的不感兴趣的意见，然后再永远放弃这些伟大而宝贵的特权。[2]

对于社会上出现的观望和反对等意见，詹姆斯·麦迪逊认为，需要通过一种方式使公众知晓宪法的意义，“如果说公众对一切进行都不知道，那么代表们对于即将面临的对于宪法的接受度的结果也是一无所知的。即使是最为乐观的代表也知道原本付出很多努力的作者们中间也会有人投反对票”。为此，以亚历山大·汉密尔顿为代表的联邦党人的宣传活动开始了，并且在“宪法向全体选民呈现时被推至顶峰。大会进行期间，他们认真努力地想方设法让公众可以毫无疑问地接受他们的工作”[3]。

传统观点认为，这场围绕着宪法的辩论以及辩论的最终成果——《联邦党人文集》，是对于公众的多元化意见的彰显，同时也是美国政党

---

① 参考https://teachingamericanhistory.org/document/centinel-1/#.

② 原文作Permit one of yourselves to put you in mind of certain liberties and privileges secured to you by the constitution of this commonwealth, and to beg your serious attention to his uninterested opinion upon the plan of federal government submitted to your consideration before you surrender these great and valuable privileges up forever.

③ 卡特里普.公共关系史：17—20世纪［M］.纪华强，焦妹，陈易佳，译.上海：复旦大学出版社，2012：36，43.

制度的根基[①]。但是在20世纪50年代以后，也有一些研究对于传统观点提出了疑问，尤其是对于内文斯关于亚历山大·汉密尔顿的评价。芝加哥大学法学教授威廉姆·温斯洛·克劳斯基（William Winslow Crosskey，1894—1968）认为《联邦党人文集》中的文章，不过是为了填补报纸版面的空白而已，里面充斥着许多不符合事实的内容和诡辩[②]。普林斯顿大学威廉与玛丽学院历史学教授道格拉斯·格雷比尔·阿代尔（Douglass Greybill Adair，1912—1968）的观点仿佛更为客观，他认为以亚历山大·汉密尔顿为代表的联邦党人采取让特定的观点在特定的场合发声的方法来控制辩论，这种所谓的“辩论”是提前安排好的[③]。事实似乎也在支持这种观点：在联邦党人的“大本营”纽约州于1788年召开的宪法批准会议的65个席位中，反联邦党人获得了46个。尽管有质疑观点存在，但亚历山大·汉密尔顿和《联邦党人文集》对于美国宪法的制定和完善过程仍具有相当大的意义——并不仅是在公共关系史上，也是这个新国家的“第一次国家政治运动”。

四、“厨房内阁”

不仅在国家的建立和宪法的制定过程中，宣传也在美国的政党政治发展过程中发挥着它的作用。在安德鲁·杰克逊（Andrew Jackson，1767—1845，1829—1837年间任美国第7任总统）时代，由于总统选举

① RUTLAND R A. The ordeal of the constitution：the antifederalists and the ratification struggle of 1787-1788［M］. Boston：Northeastern University Press，1983：3-4.

② CROSSKEY W W. Politics and the constitution［M］. Chicago：University of Chicago Press，1953：9.

③ ADAIR D G. The authorship of the Disputed Federalist Papers［J］. William and Mary quarterly，1944：236.

程序的修改[①]，加之公立学校的普及、教育事业的进步等，促进了公民的政治热情，美国政府开始更加重视赢得公民支持的重要性。在这种为争取公民支持的努力中，杰克逊内阁中出现了一位不动声色的邮政部长——阿莫斯·肯德尔（Amos Kendall，1789—1869，1835—1840年间任美国邮政部长），他作为政府部门大规模运用公共关系的开拓者而值得在公共关系史上留下一笔。

肯德尔是杰克逊总统“厨房内阁”（Kitchen Cabinet）的关键成员。“厨房内阁”是“衬裙事件”的产物。“衬裙事件”，又称“伊顿事件”。在杰克逊当选总统不久，坊间有传闻攻击战争部长约翰·亨利·伊顿（John Henry Eaton，1790—1856，1818—1829年任参议员、1829—1831年任战争部长、1834—1836年任佛罗里达领地总督）的夫人玛格丽特·奥尼尔·伊顿（Margavet O'Neale Eaton），认为她私生活不检点，在前夫尚在世之时就与伊顿有染，甚至有人直接说她是性服务提供者[②]。于是，以副总统约翰·考德威尔·卡尔霍恩（John Caldwell Calhoun，1782—1850，1817—1825任战争部长，1825—1832任副总统，1832—

① 1787年美国大选开始实行选举人团制度，选举人团共538人，每人投两票，得票最多的候选人当选总统，得票第二多的候选人当选副总统。但是在1800年总统大选中，虽然民主共和党候选人杰斐逊战胜联邦党候选人亚当斯获胜，但是却出现了联邦党提名的总统候选人杰斐逊和联邦党提名的副总统候选人伯尔得票相同且均超过半数的情况，主要是因为其中一位选举人未按计划进行投票。按照宪法规定，总统人选应当由众议院进行选择。但是当时的众议院却是由联邦党人控制的“跛脚鸭议会”，多数议员视杰斐逊为政敌，不愿投票给杰斐逊，而希望选举伯尔为总统。众议院选举因此出现了僵局。后经联邦党人亚历山大·汉密尔顿的努力，杰斐逊才如愿当选美国第3任总统。为了解决这一问题，1803年美国国会通过宪法第十二条修正案，要求选举人对总统和副总统分开投票，这就使得选举人团在总统选举中的话语权相对更大。

② MEACHAM J. American Lion：Andrew Jackson in the White House［M］. New York：Random House Publishing Group，2008：115.

1844年任参议员，1844—1845任国务卿）及其夫人为首的内阁家庭拒绝与伊顿夫妇交往。杰克逊总统认为这不仅是对伊顿夫妇的羞辱，而且最终目的在于自己——这不仅因为副总统卡尔霍恩一直与杰克逊不合（当时美国尚未完全形成政党制度，总统和副总统政见不一致的情况可能出现），也有观点认为这可能与杰克逊总统的夫人蕾切尔·丹纳尔逊·杰克逊（Rachel Donelson Jackson，1767—1828）在1828年总统选举期间受到竞争对手约翰·昆西·亚当斯（John Quincy Adams，1767—1848，1825—1829年间任美国第6任总统）团队的造谣而去世有关[①]。1831年春，杰克逊总统要求内阁成员辞职，并且重新任命了以马丁·范布伦（Martin Van Buren，1782—1862，1833—1837年间任副总统，1837—1841年间任美国第8任总统）为核心的新内阁。但是，自此以后，杰克逊总统难以再与内阁成员共事，而是在厨房用餐时与私人顾问讨论国家大事、发布行政政策[②]，这些私人顾问被称为“厨房内阁”。“厨房内阁在制造事件、形成意见方面是无与伦比的。只要一发生任何至关重要的问题，杰克逊都向这些关键顾问进行咨询，这些顾问大部分都像肯德尔一样，是以前的报纸从业人员。”[③]

1811年，肯德尔在位于美国马萨诸塞州格罗顿镇的理查德律师事务所（Richardson's legal practice）做法律学徒，他虽然接受的是法律教育，但却是以报纸工作起家的。1816年，肯德尔在马萨诸塞州乔治城镇出版《乔治城爱国者报》（*Georgetown Patriot*，出版地现位于华盛顿哥伦比亚特区），开始在新英格兰地区的报业崭露头角，并于1830年后开始实际

---

① 参考https://web.archive.org/web/20161108021827/https://www.nwhm.org/education-resources/biography/biographies/rachel-donelson-robards-jackson/#。

② MEACHAM J. American Lion：Andrew Jackson in the White House［M］. New York：Random House Publishing Group，2008：171-175.

③ 卡特里普，森特，布鲁姆.有效的公共关系［M］.明安香，译.8版.北京：华夏出版社，2002：91.

控制《华盛顿环球报》(*Washington Globe*)，影响力遍及首都地区，并成为“厨房内阁”的成员。事实上，肯德尔已经成为“厨房内阁”的幕僚长，他对于杰克逊总统的影响力在“厨房内阁”的成员中是最大的①。在肯德尔的领导下，杰克逊总统通过“厨房内阁”发出的指令和政策，都被润色成了高度精练的政府声明，以及相应的报纸文章。有着丰富报业经历的肯德尔自然知道如何抓住媒体的眼球，这些文章被媒体广泛传播，并赢得了民众的普遍支持②。肯德尔的策略清楚地显示出他的舆论意识和作为传播者的技能，而这一点和我们今天所说的政府公共关系的基本内涵几乎是一致的。

18世纪末19世纪初以后，公共关系的理念和实践已经在美国政治、经济、社会中逐渐普及开来③，公共关系所涉及的领域也逐渐从国家政治生活向商业、经济生活转变，形成了一个“从战场到商场”的演变过程。

第三节　公共关系的形成与20世纪以来的发展

艾瑞克·高德曼将现代意义上的公共关系史划分为三个时期，并且分别列出了代表人物。这三个时期——以巴纳姆为代表的愚弄公众的时期、以艾维·李为代表的公众该被告知的时期和以伯内斯为代表的双向理解的时期——就是当代公共关系在美国出现的形成期。

---

① MACDONALD W. Jacksonian Democracy，1829-1837［M］. New York：Harper and Bros，1906：51.

② VAUGHN S L. Encyclopedia of American journalism［M］. New York：Routledge，2007：241.

③ 胡百精，宫贺. 公共关系学教程［M］. 北京：高等教育出版社，2022：5.

一、愚弄公众

菲尼亚斯·泰勒·巴纳姆（Phineas Taylor Barnum，1810—1891）是一位即便没有艾瑞克·高德曼的评价，也会在不只是公共关系史上留下浓墨重彩一笔的人。他在广告、马戏、营销、演讲、畅销书、政治、宣传、新闻代理等方面都进行了开拓性的工作，在公共关系领域也获得了“公共关系之父”的头衔。巴纳姆不仅是时代的产物，他还创造了时代。

巴纳姆出生于康涅狄格州的一个百货店家庭，他所处的时代，美国已经确立了资本主义制度，社会建设和经济扩张全面展开，轰轰烈烈的西进运动带来的不仅是土地和矿产，更带来了一种开拓的、探索的精神面貌。托克维尔这样评价这种精神：“崇尚荣誉、爱财有道、敢于冒险、热爱劳动、纯洁勇敢”，“一个美国人的一生，就好像一场赌博，就像一次革命，就像一个战役”[①]。这是一个“普通而快乐的庸才大行其是”的年代，这是一个历史学家保罗·约翰逊（Paul Johnson，1928—2023）认为的“明确地由普普通通的男男女女所创造、并为了他们而创造出来的国家”[②]的时代。

但是巴纳姆不是庸才，他是那个时代的佼佼者，并且影响到了100多年后的今天。他在十几岁卖彩票的时候，就已经表现出惊人的销售天赋。1832年在他的家乡创办的《自由先驱报》（*The Herald of Freedom*）可以看作他正式投身于“宣传事业”——如果他也认同这一称谓的话——的标志。而风暴最终在1834年形成——是年，巴纳姆花费1000美元（当时的数据尚不可得，而一战爆发前美国的人均年收入约为346美

① 托克维尔.论美国的民主［M］.董果良，译.北京：商务印书馆，1989：5.

② 约翰逊.美国人的历史：上卷［M］.秦传安，译.北京：中央编译出版社，2010：275.

元）雇用了一位名叫乔伊斯·海斯（Joice Heth）的黑人老妪，并且将这位半身瘫痪、接近全盲的、牙齿脱落的老太太在纽约公开展览。巴纳姆在给报社的新闻通稿中称，这位老太太已经有161岁高龄，曾经是开国元勋华盛顿的保姆，一时引起公众的极大兴趣。展览中，海斯老太太讲述着她在开国元勋华盛顿家里是如何工作的，并且“演唱”了当年的歌曲。结果是，展览期间巴纳姆的周盈利额超过1500美元，数万人从各地赶来参观这位老太太。当然，如果风暴到此为止，也已经算是“功成名就”了。但是巴纳姆远不止如此。展览结束后，他带着老太太离开了纽约，在波士顿的巴纳姆以海斯老太太的名义给纽约的报社写信，声称纽约的“乔伊斯·海斯是个骗子，她其实是一个由印第安产橡胶、鲸须和泉水混合而成的怪物，还精通腹语”。毫无疑问，这封来信又引起了纽约社会的热议。即便是在海斯老太太去世后，尸检表明她殁年不到80岁，而巴纳姆依旧在为他的第一桶金辩护。“巴纳姆对乔伊斯·海斯的利用，开了媒体炒作的先河。”①

这不过是24岁的巴纳姆初入社会的第一次尝试，就已经引起如此大的波澜，并且赚得盆满钵满。此后，他的一生几乎都在炒作。1842年，巴纳姆购买了据他自己说是来自斐济的“美人鱼干尸”，并且向纽约各大报社寄去了匿名信，爆料“美人鱼干尸”的存在。随后让助理分别冒充提问公众和动物学家，通过一问一答引起了公众对于“美人鱼干尸”的极大兴趣。同年，巴纳姆发掘了身高不足60厘米的侏儒查尔斯·斯特拉顿（Charles Sherwood Stratton，1838—1883），为他起名为“汤姆将军”（General Tom Thumb），教他表演节目。“汤姆将军”学有所成以后，巴纳姆便带着他拜访各大报社的总编——不出意外，总编们很快就

---

① 卡特里普.公共关系史：17—20世纪［M］.纪华强，焦妹，陈易佳，译.上海：复旦大学出版社，2012：176.

把“汤姆将军”推向了全美。巴纳姆带着“汤姆将军”举办了一场又一场的演出，“观众们排着队，迫不及待地观赏他的演出，听他唱歌、讲笑话，看他亲吻在场的每一位女士”[①]。一年多以后，“汤姆将军”迈出国门，开始为伦敦的贵族们进行私人表演，并在美国驻英大使的帮助下为维多利亚女王及其他英国王室表演。巴纳姆得意扬扬地表示，“倘若我不过分谦虚的话，或许我会稍稍自夸一下，说我所做到的事在全美国史无前例；但正因为我的谦虚，我绝不会在此自我吹捧，我只是在静待除我之外，另一个能够在八天内连续两次觐见女王的人出现”[②]。

1849年，巴纳姆又组织了珍妮·林德（Jenny Lind）的环美表演，不仅雇用了几十位记者报道和预告她的演出，并且在首演开始前和朋友商议好，要“不惜代价竞拍演唱会的第一张门票”，一时间原本名不见经传的林德名声大噪。有了名气以后，巴纳姆又开始利用林德的名声“带货”——一时间，“美国市场开始大量售卖林德的歌曲、波尔卡舞，她戴过的手套、圆帽、骑马帽、披肩、睡袍，她抽的雪茄、咀嚼的烟丝、用的香水都成了时尚”[③]。1856年，巴纳姆在与杰罗姆钟表公司（Jerome Clock Company）的合作中受骗而几近破产。但是巴纳姆仅仅沉寂了不到两年的时间。1858年12月29日，巴纳姆以“赚钱的艺术”——同名文章后来被收入他1869年出版的自传《奋斗与胜利》（*Struggles and Triumphs*）一书中——为主题，在伦敦举办了世界上第一场收费演讲，50美分一张的门票当天就卖出2000多张。几年时间，巴纳姆就还清了债务。1865年，巴纳姆又开始步入政界，在家乡康涅狄格州当选了两届

① 胡百精.公共关系之父巴纳姆的宣传思想与实践［J］.新闻春秋，2014（2）：64-70.

② 瓦伊塔尔.每一分钟诞生一位顾客：公关之父巴纳姆［M］.胡百精，等译.北京：中国传媒大学出版社，2014：115.

③ 胡百精.公共关系之父巴纳姆的宣传思想与实践［J］.新闻春秋，2014（2）：64-70.

州议会议员以后，1875年又当选为康涅狄格州最大城市布里奇波特市（Bridgeport，也译作桥港市）市长，积极推动禁酒和反对卖淫。

1880年，已至古稀之年的巴纳姆求购贝利马戏团的一只小象，但是马戏团老板拒绝了他的购买，同时还把巴纳姆的求购电报印在海报上，贴在马戏团的外面，并且附上了这样的说明："巴纳姆喜欢这只小象。"① 这种堪比巴纳姆的造势手法吸引了巴纳姆，两人一见如故，不久创立了"巴纳姆—贝利马戏团"（Barnum and Bailey Circus），后经股权演变，形成了著名的"玲玲马戏团"（Ringling Brothers Barnum and Bailey Circus）。两年后，巴纳姆又买进了大象壮宝（Jumbo）。尽管原因不明，但似乎他晚年很喜欢大象，而且在壮宝死亡以后的皮骨展览中大挣了一笔。

1891年3月，即将离世的巴纳姆最后又"火"了一把。他在3月24日《纽约太阳报晚刊》（*Evening Sun*）的头版发表了自己的讣告，因为他想看到自己的讣告。"伟大且独一无二的巴纳姆——他想看到自己的讣告——那么下面就是……巴纳姆一生中几乎拥有一切，没有理由不让他得到他最后一件想要的东西。"不久后的4月7日，巴纳姆离世。

很难去概括菲尼亚斯·泰勒·巴纳姆的一生——如果一定要用一个职业去给他定义的话，新闻代理人（press agentry）也许是一个稍显合适的职业。事实上，巴纳姆正是新闻代理人的开拓者，"当今全球媒体的新闻代理模式正是由巴纳姆一手构建"②。他制造"传媒假事件"，他和新闻界打交道并能够使得新闻界"听从"于他，他善于把握公众的爱好，而且能够引导甚至创造公众的需求。美国作家、编剧欧文·华莱士（Irving

① VITALE J. There's a customer born every minute［M］. Hoboken：John Wiley & Sons，Inc.，2006：49.

② 卡特里普. 公共关系史：17—20世纪［M］. 纪华强，焦妹，陈易佳，译. 上海：复旦大学出版社，2012：175.

Wallace，1916—1990）认为，巴纳姆的炒作手法证明，他不仅是通过自己敏锐的直觉，更是通过引导公众需要的能力来把握公众。[①]

新闻业务代理的工作使得被代理人能够获得媒介宣传并且为公众所熟知，这也是巴纳姆毕生在做的事情——只不过他的新闻代理人和被代理人都是他自己。他自己也表示，“我所赚的每一分钱都得益于美国媒体的宣传……我的客户之所以遍及海内外，正是得益于可以持续、自如地使用这个国家的报刊……对于我所获得的成功，大众媒体的贡献几乎比其他所有因素的总和还要多”[②]。同时他在经营马戏团的时候也有其他一些出色的新闻代理人——理查德·F.托蒂·汉密尔顿（Richard F. Tody Hamilton，1847—1916）和德克斯特·费勒斯（Dexter Fellows，1871—1937）。费勒斯这样评价理查德·F.“托蒂”·汉密尔顿：

> 马车时代的马戏团老板用我们祖先的大名来炒作以获利，但真正将之变成一门完美艺术的却是理查德·汉密尔顿——在八九十年代的记者圈里，他更多以“托蒂”的名字出现。[③]

巴纳姆本人也曾表示，“比起其他任何人，他所取得成功的大半都更应归功于托蒂·汉密尔顿”[④]。这些新闻代理人完成了公共关系最重要的内核，因而实现了早期公共关系的实践化——媒体接触。关系管理、形

---

① WALLACE I. The fabulous showman：the life and times of P.T. Barnum［M］. NewYork：Knopf，1959：75.

② 胡百精.公共关系之父巴纳姆的宣传思想与实践［J］.新闻春秋，2014（2）：64-70.

③ 卡特里普.公共关系史：17—20世纪［M］.纪华强，焦妹，陈易佳，译.上海：复旦大学出版社，2012：180.

④ 卡特里普.公共关系史：17—20世纪［M］.纪华强，焦妹，陈易佳，译.上海：复旦大学出版社，2012：180.

象维护、认同修辞、公关对话……无论何种学说，公共关系发挥作用的基础都是进行媒体接触，而这一狭义的公共关系工作是由新闻业务代理来完成的。认为“公共关系是从新闻业务代理演进而来的，尽管在总体上有点过分简单化，但是也包括了真理的内核”[①]。

巴纳姆的一生有多么波澜壮阔，他去世以后的各种质疑声音就有多尖锐。“在批评者看来，巴纳姆认为公众就是一群愚蠢、躁动、充满欲望、轻易受骗的家伙，只要受到宣传的鼓动、牵引和塑造，便如傻瓜一般盲从就范、束手就擒。”[②]在巴纳姆的眼中，公众好像从来就不是值得尊重的对象，而是像应声而倒的靶子一样——当然，他应该不会想到后世的“魔弹论”会有与他相类似的观点。

在巴纳姆生活的19世纪末，美国正处于一个拜金主义盛行、现实主义抬头的社会转型时期，好像其他的什么都不重要，而“无论如何要赚到钱！这是这个社会每时每刻在人们耳边重复的一句话”[③]。这一时期活跃着一大批新闻代理人，他们受到被代理人的雇用，通过媒体接触发表一些夸张、奇怪甚至虚假的文章，以吸引公众关注。媒体，在这些代理人看来，只是他们发表文章、谋取利益的渠道，而公众也就只能是利益的源头了。1882年8月8日的一场采访仿佛是具有代表性的。是日，纽约中心铁路公司（NewYork Central Railroad）总裁威廉·亨利·范德比尔特（William Henry Vanderbilt，1821—1885）在他的专列上，接受了《芝加哥论坛报》（*Chicago Tribune*）记者的采访。8月12日刊出的《芝加哥每日新闻》（*Chicago Daily News*）报道了这位铁路大亨在得知记者

① 卡特里普，森特，布鲁姆.有效的公共关系［M］.明安香，译.8版.北京：华夏出版社，2002：92.

② 胡百精，宫贺.公共关系学教程［M］.北京：高等教育出版社，2022：8.

③ 卡特里普.公共关系史：17—20世纪［M］.纪华强，焦妹，陈易佳，译.上海：复旦大学出版社，2012：194.

想要采访时的一句回应——

> “可是已经很晚了，我怕会赶不及回办公室。公众——”，暴躁的范德比尔特完全受不了这些，他咆哮着打断了采访者，“让公众见鬼去！”[①]

这就是这句经典之言的出处。而将新闻业务代理污名化仿佛也是不完全合适的，“欺骗”——在那个“美国梦”崛起的时代，是否也存在着属于新闻代理人和那些企业家、财阀的合理性？在即将踏入垄断资本主义的美国，新闻代理工作似乎变得无处不在。这主要是由于“媒体工具发生了巨大变化。广告和很多同类的媒介现在对于媒体的依附力非常大。商人和生产者发现报刊编辑能把广告变为一种更具可读性的形式……许多公司希望自己的品牌频繁地曝光于大庭广众之下”[②]。对于巴纳姆的指责还在于那句经典的“每一分钟诞生一个笨蛋”（There's a sucker born every minute），这句完全让公众无地自容的评价被认为是对公众极大的亵渎。但是也有学者认为，巴纳姆从未说过这样的话，也没有任何证据表明巴纳姆认可这样的观点。“巴纳姆对于他的顾客十分尊重，给予他们物超所值的服务”——这是巴纳姆的传记作者乔·瓦伊塔尔（Joe Vitale，1953—　）对他的评价。乔·瓦伊塔尔将巴纳姆的传记命名为 *There's a customer born every minute*——《每一分钟诞生一位顾客》，希望用这样的方式为巴纳姆正名。而巴纳姆自己也表示：

---

① 卡特里普.公共关系史：17—20世纪［M］.纪华强，焦妹，陈易佳，译.上海：复旦大学出版社，2012：196.

② 卡特里普，森特，布鲁姆.有效的公共关系［M］.明安香，译.8版.北京：华夏出版社，2002：184.

> 我不愿为我的每一件事都去辩护，但是我很清楚的一点是，我对于公众的回报，是他们所付钱款的两倍。[①]

不仅与公众，巴纳姆认为也要与员工组成利益共同体。他认为“每个人的工作都应当使自己在获得利益的同时，也让他人从中获益。不然这份工作只能是虚伪和愚蠢的代名词”[②]。在林德环美演出开始后，巴纳姆不仅“按照协议每场演出付给林德5500美元作为报酬，这是演出利润的一半”，在首演结束后“又主动追加了1000美元”；1865年，他为“汤姆将军”与新婚妻子拉文嘉·沃伦（Lavinia Warren，1841—1919）在约圣公会大教堂策划了一场隆重的婚礼，甚至连当时的美国总统林肯（Abraham Lincoln，1809—1865，1829—1837年间任美国第16任总统）也赠送了礼物。在婚礼结束后的环球表演中，巴纳姆将全部一千多场表演的利润都让给了“汤姆将军”夫妇，他们在一跃成为富翁后便不知所终，巴纳姆也坚持表示“不知道”[③]。这种双向互惠的行为现在被认为是公共关系的基本准则之一，很难想象这是出自一位“亵渎公众”的代理人之口。

乔·瓦伊塔尔还整理总结了巴纳姆的宣传策略，将其命名为“十大黄金法则”，包括每一分钟创造一位顾客；制造噱头、俘获关注；提供物超所值的服务；相信印刷媒体的力量；持续地投放广告；善用人际网络；创造性巧妙协商，尊重每一位雇员和表演者；善有善报；相信文字的力量；相信演讲的力量。

---

① VITALE J. There's a customer born every minute［M］. Hoboken：John Wiley & Sons，Inc.，2006：167.

② VITALE J. There's a customer born every minute［M］. Hoboken：John Wiley & Sons，Inc.，2006：11.

③ 段祎童. 便士报开启公关巴纳姆时期［J］. 国际公关，2012（2）：74-76.

或者更简单点，我们应当记住巴纳姆的忠告：

永远不要做那些去迎合人类那些最卑劣的本能的事情，而要像我一样努力提升自己的道德品格。[①]

二、该被告知

艾维·莱德拜特·李（Ivy Ledbetter Lee，1877—1934，亦称“艾维·李”）是公共关系作为一门职业的早期奠基人。他早年间从事记者职业，但对巴纳姆所执行的新闻代理人的工作不屑一顾，他从事公共关系工作的经历造就了他的公共关系思想，并促成了他作为公共关系职业奠基人的地位。

艾维·李出生在乔治亚州西北部靠近亚拉巴马州的波尔克县西达镇（Cedartown）附近的一个牧师家庭，他的父亲是卫理公会牧师詹姆斯·李（James Wideman Lee，1849—1919），致力于调解南北战争后事实上存在的北方和南方、种族、神俗关系中存在的各种矛盾。1894年，艾维·李先后在父亲的母校埃默里学院（Emory College）和普林斯顿大学政治学专业学习，并在普林斯顿大学毕业后，考入哈佛大学法学院。但是受制于高昂的学费，艾维·李最终放弃了入学。在普林斯顿大学，艾维·李受到安德鲁·卡耐基（Andrew Carnegie，1835—1919）的影响很大，后者于1889年出版的《财富的福音》（*The Gospel of Wealth*）一书让艾维·李逐渐相信“勤勉工作、追求财富，进而贡献社会、造福大众”的意义。此外，安德鲁·卡耐基关于“在巨富中死去是一种耻辱”“合伙人之间没有秘密”，以及工作的目的在于“达及公共之善与和谐之治”

① VITALE J. There’s a customer born every minute［M］. Hoboken：John Wiley & Sons，Inc.，2006：63.

的观点，使得艾维·李成为一个“妥协者、适应者，在不同的世界之间架起桥梁，为各方进行辩护”[①]。

在纽约，艾维·李先后在《纽约美国人报》（*New York American*）、《纽约时报》（*The New York Times*）以及《纽约世界报》（*The World*）等媒体从事记者工作，1903年开始在公民联盟[②]（Citizens Union）担任宣传经理一职，但不久就转至民主党全国委员会从事宣传工作。值得一提的是，身为记者的艾维·李在这一时期已经表现出超常的沟通能力，并且在事实上从事着一些公共关系的工作。1902年，纽约银行协会在铁路修建过程中与沿线土地所有者发生了矛盾，而雇用艾维·李进行关系协调。艾维·李通过与当地社区的中坚人物谈判，并且多次公开发表演讲，逐渐获得了社区公众的信任，使后者相信修建铁路是一个互利互惠的工程。当年，艾维·李还化解了科罗拉多无烟煤矿工人的一次罢工计划。1904年，艾维·李和乔治·F.帕克（George Frederick Parker，1847—1928）在华尔街成立了美国第三家专门的公共关系公司“帕克和李”（Parker and Lee），并且在1904年美国总统选举中与民主党全国委员会合作，为民主党候选人奥尔顿·B.帕克（Alton B. Parker，1852—1926）与西奥多·罗斯福（Theodore Roosevelt，1858—1919，1901—1909年间任美国第26任总统）的竞争开展宣传工作。虽然民主党在当年总统大选中失利，但是艾维·李在行业内已经小有名气。“名气”从1906年开始继续升温。

---

① 胡百精.真相与自由：艾维·李与现代公共关系的诞生［J］.新闻春秋，2013（4）：60-68.

② 公民联盟成立于1897年，是一个总部位于纽约的“好政府组织”，意指促进政府往有益于公众的角度发展的组织，最初成立的目的是抵制坦曼尼协会（Tammany Hall）对于政府的影响。1908年以后逐渐演变成对政府进行监督的非政府组织，1948年以后每年发布一份关于政治透明度问题的报告。现在仍较为活跃。坦曼尼协会是在19世纪末和20世纪初操纵纽约政界的地下政治组织。

1906年，美国煤矿工人协会正在策划新一轮的罢工。新的风险又促使艾维·李走上台前：受雇于煤矿大亨乔治·贝尔的艾维·李，针对煤矿工人的罢工计划发表了一个《原则宣言》（*Declaration of Principles*）。这个宣言标志着公共关系脱离了新闻业务代理的范畴而取得了更加独立的地位。有观点认为，艾维·李的宣言“标志着公共关系开始进入第二阶段。公众不再像在传统性企业方式里那样受到忽视，也不会像在随后出现的新闻代理人方式里那样受到愚弄”[①]。

艾维·李在应对1906年煤矿工人罢工的过程中运用了这些做法。他诚恳地回答了媒体的几乎所有问题，并公布了一份由煤矿主逐一签名的声明，承诺向媒体公开全部的真实情况。最终，艾维·李成功促使美国煤矿工人协会和煤矿主达成和解——危机再一次解除。

由于艾维·李在历次事件——尤其是应对工人罢工中的突出表现，不久就被美国宾夕法尼亚州铁路公司（Pennsylvania Railroad）聘为公共事务顾问，对处于衰退中的宾州铁路公司进行改革。然而祸不单行，1906年10月28日，宾州铁路公司所属的一辆电动列车，在新泽西州大西洋城（Atlantic City）附近脱轨落水，导致53人罹难，后来查明原因是牵引摆动桥锁定故障。事故发生后，宾州铁路公司的第一反应就是对相关信息进行封锁，而艾维·李坚决反对这种行为。他要求“铁路公司检查路基，防范事故重演；赔偿死难者，承担伤者医疗费；公开、诚实地回应媒体关切；对事故原因给出专业、权威的解释，甚至对记者们没有问到的信息也加以补充；为媒体实地采访创造各种方便，向记者提供现场照片”[②]。艾维·李还亲自撰写了一篇新闻通稿，对于事故原因、救援过

① 卡特里普，森特，布鲁姆.有效的公共关系［M］.明安香，译.8版.北京：华夏出版社，2002：100.

② 胡百精.真相与自由：艾维·李与现代公共关系的诞生［J］.新闻春秋，2013（4）：60-68.

程、补救措施进行了详尽介绍，并让宾州铁路公司高管在事故现场向媒体记者公开发表。当时这篇新闻通稿被1906年10月30日出版的《纽约时报》全文刊发，而由于实在不理解这篇新闻通稿是什么，刊登这篇文章的编辑说道："我不知道这是什么东西，它跟我们记者写得一模一样，唯一的区别是，它不是我们记者写的。"[①]

1913年9月，美国煤矿工人联合会（United Mine Workers of America）针对经营科罗拉多州南部煤田的科罗拉多煤铁公司（Colorado Fuel and Iron，CF&I）恶劣的劳动环境、低下的工资待遇和不合理的劳动时间举行了一次规模巨大的罢工，罢工主要是由在落基山燃料公司（Rocky Mountain Fuel Company）和维克托—美国燃料公司（Victor-American Fuel Company）工作的矿工组织的。有观点认为，这次罢工受到了1912年科罗拉多州北部煤田罢工的影响[②]。在罢工初期，工人和煤矿卫队之间冲突不断，但未发生流血事故。直至1914年4月20日，应煤矿企业的要求，科罗拉多国民警卫队和煤矿卫队袭击了勒德洛职工居住区（Ludlow Colony），这里是一片生活了大约有1200名罢工煤矿工人家庭的棚户区。至此，罢工演变成了暴力冲突，武装矿工和科罗拉多国民警卫队在从特立尼达镇（Trinidad）到路易斯维尔镇（Louisville）之间大约360公里的战线上交火，至4月29日伍德罗·威尔逊总统下令联邦军队进驻为止，武装冲突大约造成200人丧生，史称"科罗拉多煤田战争"（Colorado Coalfield War）。而4月20日的突然袭击，因造成了包括妇女和儿童在内的21人死亡而被称为"勒德洛大屠杀"（Ludlow Massacre）。作为科罗拉多煤铁公司的母公司——洛克菲勒集团的控制者，小约翰·D.洛克菲勒（John D.Rockefeller Jr.，1874—1960）被认为实际策划了这起屠杀。

---

① 胡百精，宫贺.公共关系学教程［M］.北京：高等教育出版社，2022：9.

② PAPANIKOLAS Z. Buried Unsung：Louis Tikas and the Ludlow Massacre［M］. Salt Lake City：University of Utah Press，1982：331.

再一次临危受命的艾维·李给小洛克菲勒的建议，包括亲自前往科罗拉多州看望和慰问煤矿工人、视察煤矿企业的生产活动、参加矿工的社会活动并倾听他们的要求等。有观点认为，艾维·李的“这个观点新颖的建议，为化解矿工和企业的矛盾提供了方案，并且向媒体展现了一个更加人性化的洛克菲勒家族”[①]。艾维·李认为，“所有公共关系计划的第一个且最重要的特质在于，它必须确保绝对坦诚。换言之，不应采用任何不正当的手段”。因此，他坚决反对通过付费新闻或者广告的方式来影响媒体的立场，而应该让媒体自己去发现事实、表达观点。而要想达到这一目的，就需要企业的高级管理人员“亲自表达，坦诚表达，完整表达”[②]。也就是说，艾维·李所提出的应对方案的核心就是真诚。艾维·李认为，只有有利于公众的才是有利于组织的，公众和企业在本质上是不存在利益冲突的。而产生矛盾的原因，则是各种不正当手段的运用，在公共关系中要坚决摒弃这些手段，包括付费新闻或者广告等。而只有真诚，才是化解矛盾的根本所在，是重建公众对企业信任的桥梁；而一旦把这一特质丢弃，公共关系就会变成替大企业愚弄公众的手段[③]。

有观点认为，艾维·李在应对“勒德洛大屠杀”危机中的努力，使得美国的劳资关系进入了一个新的阶段[④]——企业开始运用管理手段来处理和工人之间的矛盾，而非传统的技术控制手段，如暴力控制、经济压榨等。哥伦比亚大学历史学家梅尔·柯蒂（Merle Curti，1897—1996）

---

① HEATH R L. Encyclopedia of public relations（volume）1［M］. California：SAGE Publications，Inc.，2005：485.

② 胡百精.真相与自由：艾维·李与现代公共关系的诞生［J］.新闻春秋，2013（4）：60-68.

③ HIEBERT R E. Courtier to the crowd：the story of Ivy Lee and the development of public relations［M］. Ames：Iowa State University Press，1966：100.

④ CHERNOW R. Titan：the life of John D. Rockefeller，Sr.［M］. London：Warner Books，1998：571-586.

认为，自此以后，“许多大企业开始认识到抵制反对意见和寻求公众支持的重要性。尤其是在考虑到公共关系专家工作的必要性的情况下，大企业雇用公共关系专家也就成为一种不可避免的现象”[①]。

在再一次平稳渡过危机以后，艾维·李还将视野转向对洛克菲勒父子进行“人性化”的塑造。艾维·李的目的在于，“让公众明白他们同样也是有血有肉的人，而不是冷血、无良的赚钱机器，或是抽象、神秘的庞然大物”。艾维·李让小洛克菲勒在参加国会听证会的时候，和其他人一样穿过人群从正门入场，并和各种抗议者、示威者一一握手致意，而不是像以往那样从后门进入会场；在“勒德洛大屠杀”以后，让小洛克菲勒亲自去勒德洛职工居住区访问，参观矿工的住处，和矿工深入交流，并且在晚宴上邀请矿工的夫人一起跳舞。除此以外，不定期地去大学或者商会演讲，向慈善组织或科研机构捐款，甚至包括打高尔夫球、与邻居偶遇闲聊以及去教堂做礼拜也是艾维·李要求洛克菲勒父子经常做的事情。艾维·李特别看重企业高管对自己日常形象的维护，特别是要把自己人性化的一面展现出来——履行社会责任、关注劳工福利、促进社会进步等诸多内容，无一不是在体现这个精髓。洛克菲勒父子的这些行为，无疑会被各种记者争相报道，尤其是与传统的洛克菲勒家族往往和公众接触不多、一贯以神秘面目示人的习惯相比，艾维·李的建议与之形成了巨大反差。而艾维·李早已料到这一点，他为媒体准备好了以标准的新闻文体写成的通稿，甚至是按照当时美国报纸常用的三栏体印刷而成，以便媒体记者和编辑使用——艾维·李“创造”新闻，并“出售”新闻，但与以巴纳姆为代表的新闻代理人不同的是，艾维·李的公共关系实践以真诚为首要原则。

① CURTI M. The growth of American thought［M］. New York：Harper and Row，1964：634.

仿佛艾维·李在从事某种“洗白”的工作——他受雇于大企业，代表着大企业主的利益，为了大企业主而工作，去缓解与工人的矛盾、应对工人罢工。随着艾维·李的名气与日俱增，20世纪二三十年代社会对他的批评不绝于耳。甚至除了艾维·李自己的公司，几乎没有对他作为公共关系专家的正面评价——虽然这些人在遇到公共关系困境的时候也不得不求助于艾维·李。他被称为“危险的煽动家”“毒药艾维”“有钱人的小弟”“大企业的传声筒”“百万富翁的吹鼓手”等，只有艾维·李早年的同事约翰·福芒德（John Kimberly Mumford，1863—1926）对他的评价还算中肯，也最受艾维·李的喜爱——约翰·福芒德称他为“大企业的医生”——这也是“整个20年代仅能找到的一篇对李还算正面的长文”①。作为“医生”的艾维·李为大企业出谋划策的方法说简单也简单，就是以真诚为核心向媒体提供材料，以期获得媒体和公众的信任。但这其实存在着一些问题：首先，艾维·李向媒体提供的材料依赖于雇主向他提供的材料，而一旦雇主所提供的材料是虚假的，艾维·李所信奉的“真诚”也就成为一纸空文；其次，更重要的是他对于事实的相对性认识。即便艾维·李所提供的材料为真，也不能完全保证他对于事实的解释为真，因为他的立场限制了他，或者说要求他按照特定的方法去解释问题。他认为，公共关系是对于某种特定观点或者情势的阐释，公共关系专家只能提供他本身对于这种观点或情势的客观阐释。艾维·李并不回避这种阐释的主观性。他认为，这就好比“两个人同时从一个房间出发到同一条大街上转了一圈，回来后两人所描述的景象肯定大不相同，人永远不能摆脱对事物的主观理解”②。但是这种客观阐释能否做到

① 赫伯特.取悦公众：公关之父艾维·李和美国公关发展史［M］.胡百精，顾鹏程，周卷施，译.北京：中国传媒大学出版社，2014：138.

② 胡百精.真相与自由：艾维·李与现代公共关系的诞生［J］.新闻春秋，2013(4)：60-68.

真实？这其实对于公共关系专家的职业操守，以及公共关系专家与雇主之间的信任程度提出了极高的要求。

尽管受到来自多个方面的非议，艾维·李及其领导的公共关系团队还是为美国的社会稳定和经济发展做出了贡献。由于篇幅所限，加之一些材料从未被公开过，我们无法一一阐述他与洛克菲勒、美孚石油、古巴糖业、通用汽车等一系列巨头的合作。不断的努力获得了不断的收获，不断的收获让艾维·李相信，这个世界将会由于公共关系而变得更加团结。于是，他将目光投向国外，如意大利、日本、德国、巴西等，最终触角抵达了那个在当时尚未被美国承认的国家——苏联。

1926年初，艾维·李曾经给一些社会名流写信，敦促这些人进行院外游说，促进美国政府对于新生的苏联政权采取更为“建设性的立场”[①]。这与他一贯的思路是相通的——他希望美国能够逐渐摆脱门罗主义立场、孤立主义政策，而在国际事务中承担更多、更重要的职责，发挥更重要、更主导的作用。就像在20多年前为纽约银行协会协调铁路建设纠纷一样，他希望将美国和世界更紧密地联系在一起，并且通过对话实现互利互惠。据他自己说，他曾七次访问苏联，而在1927年的访问结束后，他先后写了《苏联——世界之谜》（*USSR: A World Enigma*）、《今日苏联》（*Present-day Russia*）等书并出版。

也有观点称，艾维·李是基于对于苏联宣传系统的认可而对这个国家感兴趣。他在书中写道：“在我与苏联官员对话的过程中，旁边会有一两个不说话的人，将我们的对话记录下来。并且会在合适的时候给苏联官员递上一张纸条，上面可能写的是问题的答案，或者是下一步谈话的

① 赫伯特.取悦公众：公关之父艾维·李和美国公关发展史［M］.胡百精，顾鹏程，周卷施，译.北京：中国传媒大学出版社，2014：150.

建议。”[1]他认为这是一种宣传的技巧，并且应当普及开来，而非由国家垄断。或许，苏联的新闻体制作为一种规律化、程式化的表达方式，只不过是艾维·李的构想的极端化运用。有趣的是，这种被认为是垄断媒体所使用的方法不久以后就在美国流行了起来。

艾维·李所希望的公共关系，或者说就是他自己能够成为国际关系的沟通者、协调者和顾问者的角色的期望，又促使他在1929年与德国法本集团建立了联系。1925年，由巴斯夫苯胺和苏打集团（Badische Anilin-und-Soda-Fabrik，BASF）、拜耳（BAYER）等8家化工、生物公司合并组建了欧洲最大的化工企业康采恩——“染料工业利益集团”（Interessen-Gemeinschaft Farbenindustrie AG），简称“法本集团”。法本集团自成立之日起，就与德国纳粹有着紧密的联系。一方面，法本集团大力赞助德国纳粹党的竞选活动，并且其主要产品直接满足纳粹军队之需；另一方面，法本集团也在德国纳粹党的支持下飞速发展。在二战爆发前，法本集团占据了世界合成氨产量的75%，以及全德国90%以上的合成橡胶、甲醇、塑料等。而艾维·李正是接受了法本集团的委托，为其处理在美国的公共关系事务。目前尚不清楚艾维·李为法本集团处理哪些方面的公共关系事务，而市场营销方面的可能性更大些——毕竟20世纪30年代的法本集团在专利授权、销售收入和产品领域等方面已经超过了几乎所有美国化工公司，并且维持这一优势直至1952年被占领当局拆分为十家公司。

尽管已经有所非议，但是艾维·李对于公共关系的信仰却使他踩上了美国意识形态的红线——共产主义和纳粹。长期的劳累工作和紧绷的神经使他的身体每况愈下。但他自视甚高，丝毫不愿意放弃自己的工

① LEE I. Present-day Russia［M］. New York：The Mamillan Company，1928：49.

作——坚持着过分美好的理想信念的艾维·李不仅事无巨细地处理自己公司的事务，而且还代表着他的客户的利益。有批评家认为艾维·李“将全世界都扛在身上”，他“觉得如果没有自己的建议，世界将不能顺利运转”[①]。1934年10月底，艾维·李被检测出罹患脑瘤，并于11月9日逝世。

艾维·李生活在一个特殊的时代，这是一个仍处于传统媒体阶段的时代，一个需要彼此沟通、相互妥协以应对危机的时代。他顺应了社会发展的形势，尤其是资本获取剩余价值的方式从延长工作时间、降低工人工资的“泰罗制”到提高生产效率、改进生产工具的“福特制”的过渡阶段。艾维·李正是通过沟通、交流的方式实现了资本与劳动之间矛盾的缓和，甚至积极推动资本家通过普及教育、提高工资、开展技术训练等方式提高劳动者的劳动能力，这也是国家垄断资本主义形成的早期萌芽。艾维·李曾骄傲地表示，美国的商业大亨们（对待劳动者）的态度，以及在经营管理方面的技巧进步，是与公共关系毫无疑义地分不开的。

我们之所以将艾维·李认为是公共关系作为一门职业的奠基人，主要是因为他已经将公共关系真正地作为一门职业来对待，并且在他的公共关系实践中，形成了我们至今仍在奉行的一些规律。这些规律可以总结为以下三个方面。

第一，真诚始终是良好公共关系形成的前提条件。1924年底，艾维·李在美国新闻教师协会（American Association of Teachers of Journalism）发表演讲时就表示，“宣传理应诚实”，“一个公关人的品格……会成为他的砝码。人人都得按自己的良心行事，得知道品行低劣的人会很快被

① 赫伯特.取悦公众：公关之父艾维·李和美国公关发展史［M］.胡百精，顾鹏程，周卷施，译.北京：中国传媒大学出版社，2014：183.

唾弃，而品行高洁的人则会赢得众人的信任”。尽管存在着前述局限性，如对于雇主信息的依赖以及对于事实的相对性认识等，但是艾维·李确实在他的职业生涯中践行着这一原则，他毫不犹豫地拒绝在他不认可为真实的声明上签字。艾维·李认为，正当宣传应该是服务于读者利益的，是“所有那些诚实的宣传”。一个公司在进行错误应对的时候，公共关系“是对错误最可靠的纠正之法”①。在处理宾州铁路公司列车脱轨事件时，艾维·李希望宾州铁路公司能够坚持通过公开事实的方式以回应来自社会和政客的质疑，“让事实说话才是铁路公司赖以生存的道德操守”。在危机应对中，“公众信任是我们唯一可资依靠的壁垒”，而要获取公众信任，唯一的方法就是通过发布事实，让公司和公众能够“在真诚交流中理解彼此”②。

第二，良好公共关系的形成不只是公共关系专家的努力，组织高级管理人员的实际行动也是组织形象树立的关键。在良好公共关系形成的过程中，艾维·李十分强调组织高级管理人员的态度。在应对种种危机的努力中和后续平复阶段，如在处理宾州铁路公司列车脱轨事件和“勒德洛大屠杀”的时候，艾维·李总是建议公司的高管能够做出一些表示来。艾维·李认为，如果人们觉得组织高级管理人员对于社会期待、公众感受保持冷漠、强硬的态度，或者干脆不予置评，在组织和公众之间就不会产生共情，组织也就不会赢得公众的支持。而公众的支持是组织渡过危机的关键因素。当然，这不仅和组织高级管理人员的个人素质有关——组织高级管理人员的心态是否开放、行为是否虚伪、同情是否真诚，将会直接影响公众判断；同时，公共关系顾问也应当能够在组织内

① 赫伯特.取悦公众：公关之父艾维·李和美国公关发展史［M］.胡百精，顾鹏程，周卷施，译.北京：中国传媒大学出版社，2014：205.

② LEE I L. Human Nature and the Railroads［M］. Philadelphia：E.S. Nash & Co.，1915：14，86.

部成为具有话语权的因素之一。

第三，良好公共关系的形成不能仅靠宣传，信任基础上互惠关系的落实也是关键。艾维·李认为，驱使公众改变态度、改变行为的方法不仅在于作为宣传的公共关系，更在于能够在良好公共关系建立的基础上落实互惠关系。艾维·李在1902年处理纽约银行协会铁路事件的过程中，之所以获得当地社区公众的信任，其关键因素就在于艾维·李使得公众相信，修建铁路是一个互惠工程。

艾维·李虽然并没有最早提出“公共关系”（public relations）这个概念，在约1920年之前仍将自己所从事的公共关系工作称为“宣传”（publicity）、将自己的职业称为“宣传指导”（publicity director），但这并不影响他作为职业奠基人的地位。也许是忙于工作的原因，艾维·李很少有著述系统阐释他的思想。但在1913年以后，从艾维·李在美国电气铁路协会工作时所发表的演讲（尤其是1916年10月10日在亚特兰大的演讲），包括参与对于铁路票价的讨论，1917年为《电气铁路日报》（*Electric Railway Journal*）所撰写的系列文章，一些专著如《人性与铁路》（*Human Nature and the Railroads*）等，以及1924年12月30日在美国新闻教师协会发表的演讲等中，都可以窥见艾维·李对于公共关系的理论构建。

艾维·李公共关系思想的根源，在于他对于现代企业制度以及现代企业制度所根植的资本主义制度的信赖。有观点认为，艾维·李的“成功在很大程度上应归于他对于现代企业制度的彻底赞同，而且我们毫无理由去怀疑他的这份赤忱”[①]。艾维·李信任资本主义制度，认为自由经济体制是经济发展和社会繁荣的必要条件。在此基础上，他实践、参与

① 赫伯特.取悦公众：公关之父艾维·李和美国公关发展史［M］.胡百精，顾鹏程，周卷施，译.北京：中国传媒大学出版社，2014：187.

并且改进现代企业制度。他对于现代企业制度最重要的改进意见，就是公共关系专家在决策过程中应当具有话语权。此外，艾维·李相信公众的力量、认可公众的判断、重视公众舆论的影响。他认为，“当代社会的每一个产业都建立在崭新的基础之上”，而这个“崭新的基础”，就是伴随着媒体的普及而逐渐被重视的公众舆论。他认为公众舆论是一种“革命性的影响”，“如果忽略这种影响，或者对于已经由时代的气压计明确显示出的经济环境的变化置若罔闻，那么无异于自掘坟墓”①。艾维·李能够在商业运作过程中合理地判断、把握并且运用公众的力量。艾维·李虽然代表着大企业的利益，但是他尊重公众，他将公共关系看作推动企业进步和公众舆论发展方向的合理的工具，并且在其中巧妙地取得平衡。他认为商业繁荣所需要的自由和公众舆论所进行的限制之间的矛盾就是并行不悖的，而双方所做的事情，不仅是保证己方的利益，同时也应该通过沟通交流了解对方，进而臻于和谐——而这也是艾维·李一直所在做的事情。

三、双向理解

有观点认为，当代公共关系是“19世纪末、20世纪初美国进步主义运动的产物，旨在通过告知和说服，整合公众态度和行为，协调社会关系，形塑社会认同”②。进步主义（progressivism）是19世纪末在美国兴起的一种政治运动和左翼意识形态思潮，强调劳动者权益和社会正义，希望通过制度改良来改善社会环境，支持福利国家和《反托拉斯法》。尽管进步主义常常被与自由主义产生联系，但是一些进步主义者的宗教观

① LEE I. How the costs of rendering service are steadily going up［J］. Electric railway journal，1917（6）：1139.

② 胡百精，宫贺.公共关系学教程［M］.北京：高等教育出版社，2022：13.

点较右，对于社会革新的态度也是具有保守主义（conservatism）特征的。西奥多·罗斯福就曾宣称，他一直认为明智的进步主义和明智的保守主义是相辅相成的[①]。在进步主义思潮的影响下，美国20世纪的前30年被称为“进步时代”（The Progressive Era），这是一个广泛开展社会活动和政治改革的时期。进步主义者试图解决工业化、城市化、移民和政治腐败造成的社会问题，尤其是在工业和金融领域由所有权的高度集中而带来的社会弊病。当时，“除了遍布全国的生产事故、劳资纠纷和食品药品安全危机；生产关系的更新亦令传统的族群、地缘关系遭到剧烈冲击，人们一时无措，恍若被现代世界调包的婴儿”[②]。在媒体领域出现了所谓的“掏粪运动”，这些媒体工作者被称为“掏粪者”（Muckraker）。这些掏粪者，尤其是《麦克卢尔杂志》（*McClure's Magazine*）对寡头统治下劳工的贫困问题、童工问题、食品安全问题等进行了深刻揭露，这也是非虚构写作之始。尽管掏粪者的努力导致了一些具有影响力的诉讼或者立法，如1906年《纯净食品与药品法》（*Pure Food and Drug Act*）、1916年前后关于童工的立法等，但是大多数人“都将自己定位为观察家而非改革者，未能提出切实的改革计划”[③]。

面对这种社会分裂可能产生的秩序崩坏，早期的公共关系先驱从不同角度给出了答案——只不过艾维·李做得比较直白，而伯内斯采取了不同的方式，即所谓“构建认同”。

爱德华·伯内斯，1891年出生在维也纳的一个犹太人家庭，他的舅舅是精神分析学派的创始人西格蒙德·弗洛伊德（Sigmund Freud，

① LURIE J. William Howard Taft：the travails of a progressive conservative［M］. New York：Cambridge University Press，2012：196.

② 伊罗生.群氓之族：群体认同与政治变迁［M］.邓伯宸，译.桂林：广西师范大学出版社，2015：342.

③ MIRALDI R. Muckraking and objectivity：journalism's colliding traditions［M］. New York：Greenwood Press，1990：8.

1856—1939）。伯内斯出生后第二年就全家搬迁至纽约，他于1912年在康奈尔大学获得农学学士学位，但是毕业后从事了新闻工作。一开始是为《国家托儿所杂志》（*National Nurseryman Journal*）撰稿，后来成为《医学评论》（*Medical Review of Reviews*）和《饮食与卫生》（*Dietetic and Hygienic Gazette*）的编辑。作为初出茅庐的医学编辑，伯内斯在这一时期已经展现出了相当进步的思想。他在杂志上发表评论反对女性着紧身胸衣、鼓励淋浴，并且还向十几万名医生寄去了杂志以宣传自己的观点①。这一时期，伯内斯还支持《受损商品》（*Damaged Goods*）一剧的上映，这部戏剧涉及性和卖淫等这一时期美国社会所面临的一些具有争议性的话题，伯内斯将其称为“一部为性教育而战的宣传剧”②。他给该剧的主演理查德·本内特写信表示，《医学评论》的编辑们支持你通过制作《受损商品》以批评美国性问题的意图，我们愿意向你们提供帮助③。伯内斯的努力同时争取到了小约翰·洛克菲勒和富兰克林·罗斯福总统夫妇等人的支持。自此以后，伯内斯似乎对戏剧产生了兴趣，他开始担任许多戏剧的代理人——就像巴纳姆早期所做的那样。1914年，伯内斯将简·韦伯斯特（Jean Webster，1876—1916）的小说《长腿叔叔》（*Daddy Long Legs*）改编后搬上戏剧舞台，并因将剧本与孤儿慈善事业联系起来而引起了较大反响。他还和谢尔盖·巴甫洛维奇·佳吉列夫（Сергей Павлович Дягилев，1872—1929）的俄罗斯芭蕾舞团（Ballets Russes）合作，在美国极大地推广了芭蕾舞剧。如果朝着此方向发展，可能世界

① TYE L. The father of spin：Edward L. Bernays and the birth of public relations［M］. New York：Crown，1998：5-6.

② RAMPTON S，STAUBER J. Trust us，we’re experts! how industry manipulates science and gambles with your future［M］. New York：Jeremy P.Tarcher/Putnam，2001：44.

③ TYE L. The father of spin：Edward L. Bernays and the birth of public relations［M］. New York：Crown，1998：6-7.

上就少了一位公共关系大师，而多了一位戏剧代理人。但是情况在1917年发生了变化。

这一年，美国宣布参加一战，伯内斯受雇于公共信息委员会拉美事务局（Bureau of Latin-American Affairs），主要工作是通过与拉美的政府部门和企业建立良好关系以赢得对于美国参战的支持。伯内斯将这项他在其中发展出了对于宣传的更为广泛的理解和实际用途的亲身认知的工作称为“心理战”（psychological warfare）[①]。伯内斯在战后表示，他从在公共信息委员会的工作中深刻理解到，“在战争期间为影响敌人、中立者和本国的人民的态度所做的努力，几乎可以同样适用于和平时期的工作当中。也就是说，一个处于战争状态的国家可以为一个处于和平状态的国家的组织和人民带来示范效果”[②]。结束了在公共信息委员会的工作以后，伯内斯回到纽约，但没有继续从事戏剧代理人的工作，而是转向了被他称为“公共关系顾问”（public relations counsel）的职业，他也是世界上第一位给这项工作命名的人。在他几十年的职业生涯中，既有一些卓有成效的工作，也遭受了诸多批评。无论如何，伯内斯因作为精心策划的广告活动和多媒体消费场景的开创式人物而成为当代公共关系的奠基者。

伯内斯回到纽约后开始从事的公共关系工作一开始就站在了高处。1924年美国大选前，伯内斯受聘于小约翰·卡尔文·柯立芝（John Calvin Coolidge Jr.，1872—1933，1923—1924年间补任为美国第29任总统，1924—1929年间任美国第30任总统）的竞选团队。柯立芝于1923年8月2日沃伦·加梅利尔·哈丁（Warren Gamaliel Harding，1865—1923，

---

① AXELROD A. Selling the Great War：the making of American propaganda［M］.［S.l.］：Palgrave Macmillan Trade，2009：200.

② CUTLIP S M. The unseen power：public relations，a history［M］. Hillsdale，NJ：Lawrence Erlbaum，1994：168.

1921—1923年间任美国第29任总统）突发心脏病逝世后递补为美国总统，但是由于他生性内向、性格较为沉闷，因此支持率不高。伯内斯为他设计了一个街头小品，让他在白宫南草坪上制作煎饼早餐，并邀请了一些支持柯立芝的艺人参与表演。许多美国媒体关注了这一事件，《纽约时报》对此事报道的标题为《总统差点笑了》（*President Nearly Laughs*），柯立芝一本正经而又在煎鸡蛋的形象帮助他提高了支持率。赫伯特·克拉克·胡佛（Herbert Clark Hoover，1874—1964，1929—1933年间任美国第31任总统）在竞选前也曾咨询过伯内斯的意见[①]。

伯内斯在商业领域大放异彩开始于烟草行业。1927年，伯内斯曾短暂为吉特烟草公司（Liggett & Myers Tobacco Company）工作。他设计的一个广告曾嘲讽吉特的竞争对手多彩（Lucky Strike，一个女性香烟品牌）的代言人：（吸烟）对你的嗓子很好（It's kind to your voice）。相互矛盾的观点再加上多彩的代言人是一位歌手，讽刺意味尽显。多彩的老板——烟草巨头美国烟草公司（American Tobacco Company）的老总乔治·华盛顿·希尔（George Washington Hill，1884—1946）以重金将伯内斯从吉特挖了过来，开始为多彩的销售出主意。但是伯内斯面临的情况是，当时的美国女性很少吸烟。于是，在伯内斯的策划下，公司购买了报纸和杂志的许多版面来展示身材曼妙的模特——当然，这些模特手里都有一支多彩香烟。公司还邀请了许多医生和家庭顾问发表意见，提倡女性选择香烟而不是糖果[②]。1929年3月31日，“一些市场女性在纽约第五大道叼着香烟招摇而过，发起了一场以女性自由、平等、解放为主题的复活节游行。全国媒体广泛报道了该游行，并视之为女权运动的标

① TYE L. The father of spin：Edward L. Bernays and the birth of public relations［M］. New York：Crown，1998：79-80.

② TYE L. The father of spin：Edward L. Bernays and the birth of public relations［M］. New York：Crown，1998：23-26.

志性事件"[①]。伯内斯取得了极大的成功，当年多彩的销售额增加了3200万美元，这在当时是一笔天文数字。1934年，还是为了多彩，伯内斯又掀起了另一场审美风暴。

是年，希尔将多彩的包装改成了绿色，但是发现与当时美国女性喜欢穿的衣服颜色相冲突。伯内斯建议将包装换成其他更为温和的颜色，却被希尔以前期已经投入了大量的广告成本为由拒绝了。于是伯内斯在一家豪华酒店举办舞会，遍邀社会名流参加，只不过女性应当穿着和多彩的包装颜色相近的绿色连衣裙。舞会上，伯内斯又安排了一些人发表绿色主题的演讲，来参加舞会的纺织商和零售商也被告知现在的女性更青睐绿色衣物。在舞会之前和之后，伯内斯还购买了大量报纸和杂志的版面宣传绿色即将成为流行色的观点。此外，伯内斯借助精神分析学家亚伯拉罕·布里尔（Abraham Brill，1874—1948）之口，表明在现代社会中被压制的女性欲望需要一个燃放的窗口，而香烟正是这种"自由之火"（torches of freedom）。当然，这里伯内斯可能借助了他舅舅的影响力——布里尔与弗洛伊德有着长达30年的通信往来，持续地向弗洛伊德学习。布里尔也是美国第一位将弗洛伊德和荣格的作品译成英文的人[②]。当然，布里尔本人的履历更为精彩，但这已经超出了本书的研究范围。

有趣的是，伯内斯自己并不吸烟，并且劝说妻子戒烟。而且伯内斯在为美国烟草公司工作期间，并不是站在台前的角色，同时要求工作人员不要提及自己的名字，希望将自己排除在一次次成功的公共关系事件以外——尽管晚年伯内斯对于自己曾经为多彩所做的工作非常骄傲。有研究发现，在1965年以后伯内斯接受的采访和发表的演讲中，每一次经

---

① 胡百精，宫贺.公共关系学教程［M］.北京：高等教育出版社，2022：16.

② MISHNE J M. The evolution and application of clinical theory：perspective from four psychologies［M］. NewYork：The Free Press，1993：33.

过他对事件的复述，都使他在美国烟草公司的工作经历显得更加丰富多彩[①]。面对鼓动人们吸烟会损害身体健康的批评，伯内斯一直坚称自己当时并不知情。“这当然不符合事实，他早知吸烟有害健康，他的女儿小多丽丝回忆说：父亲从不吸烟，而且讨厌别人吸烟。”[②]

二战期间，伯内斯为罗斯福的战时信息办公室工作。他曾表示，自己收到了来自纳粹的邀请，但是拒绝为他们工作[③]。在对待纳粹的态度上，伯内斯要比艾维·李更加高明一些。他多次在公开场合宣布自己不会与纳粹合作，尽管在他晚年——六七十岁可以被称为“晚年”，但是不能称为伯内斯的“晚年”，毕竟他十分长寿——偶尔有以自己曾接到过纳粹的邀请而炫耀的意思。他在20世纪60年代的回忆录中也提过，他对于戈培尔曾经阅读并收藏他的著作表示“震惊”[④]。从公共关系的角度看，伯内斯执着于宣传方式的多元化，对于法西斯制度只允许单一的官方宣传的方式并不感兴趣。有研究表示，伯内斯在20世纪30年代中期就已经对法西斯主义有了敏锐的认识，他提倡反法西斯的国家使用宣传工具对其进行反击。同时，伯内斯还使用了诸如“辩论”“协商”等词来作为应对法西斯宣传的手段[⑤]。冷战期间，他与美国的一些情报部门关系密切，并直接参与了1954年危地马拉政变。大约在20世纪40年代，伯内斯开始为美国联合果品公司（United Fruit Company）工作，主要负责香蕉的销售工作。在伯内斯的计划中，除了使用名人代言、酒店陈列等开

① TYE L. The father of spin：Edward L. Bernays and the birth of public relations［M］. New York：Crown，1998：33-34.

② 胡百精，宫贺.公共关系学教程［M］.北京：高等教育出版社，2022：16.

③ TYE L. The father of spin：Edward L. Bernays and the birth of public relations［M］. New York：Crown，1998：89.

④ BERNAYS E L. Biography of an idea：memoirs of public relations counsel Edward L.Bernays［M］. New York：Simon & Schuster，1965：652.

⑤ MISHNE J M. The evolution and application of clinical theory：perspective from four psychologies［M］. NewYork：The Free Press，1993：200.

展宣传，还要对中美洲的香蕉原产国进行报道——这有点类似于现在的“产品追溯”制度。他在危地马拉成立了“中美洲信息局”（The Middle America Information Bureau），这个名称听起来像是一个间谍机构，但它主要是为美国的记者和学者提供香蕉原产国的一些新闻。考虑到一战时期伯内斯曾在中美洲工作多年，这一思路也就比较好理解了。1948年，尽管美国联合果品公司新总裁托马斯·达德利·卡博特（Thomas Dudley Cabot，1897—1995）关闭了“中美洲信息局”，但伯内斯的信息网已经在危地马拉建立起来了。大约在50年代初，可能是受到中央情报局的指示，伯内斯开始在危地马拉宣扬所谓的共产主义威胁[①]。他多次表示，应当让美国人认识到危地马拉政府在国内执行的政策是非法的，同时邀请了《纽约时报》（*The New York Times*）、《时代杂志》（*Time*）、《大西洋月刊》（*The Atlantic Monthly*）等媒体发表文章描述危地马拉所发生的“共产主义威胁”。1951年7月，伯内斯正式建议美国国会关注与危地马拉的外交关系、对危亲共政权实施制裁，并邀请有关学者对这一问题展开研究。伯内斯给美国的国会议员们和一些有影响力的人物（伯内斯称其为opinion molders，可以将其理解为当时的“舆论领袖”）寄去了关于危地马拉的文章和报告。还将一些内容编成了《危地马拉通讯周刊》（*Weekly Guatemala Newsletter*），分发给美国各大报的记者，并希望记者们将其作为写作的信息源。1952年1月，伯内斯邀请美国各大报的记者参观了危地马拉，给他们展示危地马拉的“共产主义威胁”——参观在政变前共开展了四次。实践证明，这一方式非常有效，大量关于危地马拉共产主义危机的报道出现在美国报纸上。1954年6月，美国中央情报局在危地马拉发动了政变，支持卡洛斯·卡斯蒂略·阿马斯（Carlos Castillo

---

① IMMERMAN R H. The CIA in Guatemala：the foreign policy of intervention［M］. Austin：University of Texas Press，1982：112.

Armas，1914—1957）获取政权。政变期间，伯内斯的信息网成为中央情报局的主要信息提供者。政变以后，伯内斯还为中央情报局支持的危地马拉新任总统阿马斯提供了一些关于在危地马拉国内和美国公开发表谈话、参与公共活动的一些建议。但是阿马斯获得政权后不久就被杀害，最终导致了1960年以后长达36年的危地马拉内战[①]。有观点认为，伯内斯在危地马拉的工作助长了帝国主义的对外扩张，这同时引发了人们对公共关系在破坏国家稳定和经济发展方面可能发挥作用的担忧[②]。

通过策划这几次著名的事件，伯内斯基本形成了他所谓“构建认同”的公共关系策略，他将其称为“第三方发言”（third parties）。伯内斯认为，可以通过让第三方发表言论的方式来介绍自己的观点，从而影响社会公众，促使后者认知态度的改变——将传播者的观点认为是社会的主流观点。也就是借他人之口吻、宣自己之意见的方法。伯内斯认为这种行为是合理的，因为第三方的言论发表行为是自愿的[③]——尽管可能受到传播者的影响。更具有意义的是，伯内斯开创了公共关系行业使用心理学来开展公共关系工作或者更直白地说——公众说服工作的先河。有观点认为，在一战之前伯内斯还在从事戏剧代理人工作的时候，他那转个不停的头脑就预想到了从事一项他称之为“公众一致工程学”（engineering of consent）的终身工作的可能性。[④]

---

① TYE L. The father of spin：Edward L. Bernays and the birth of public relations［M］. New York：Crown，1998：176-179.

② BURTON J，St. Claiming journalistic truth：US press guardedness toward Edward L. Bernays’conception of the minority voice and the corroding acid of propaganda［J］. Journalism studies，2009，10（3）：353-367.

③ MARKS B A. The Idea of Propaganda in America［D］. Minneapolis：University of Minnesota，1957：82.

④ 卡特里普，森特，布鲁姆.有效的公共关系［M］.明安香，译. 8版.北京：华夏出版社，2002：106.

从1923年他出版世界上第一本公共关系学著作《舆论的结晶》（*Crystallizing Public Opinion*）的时候，他所谓“构建认同”的努力就开始了。在1928年出版的另外一部著作《宣传学》（*Propaganda*）中，伯内斯进而提出社会学在公共关系中的借鉴作用。伯内斯将社会个体看作社会单位的组成部分，因而需要从社会整体的角度来把握个人心理——利用群体压力和群体中个体的趋同心理，从而达到影响社会个体意见的目的[①]。然而，伯内斯从这里得出的却是精英主义的观点，他认为社会个体的决策和行为是由他们理解力所能够达到的层次以外的因素驱动的，因此对于社会个体的思想和行为的把控应当从少数社会精英的角度去理解[②]。那么对于这些社会精英来说，伯内斯认为宣传应当成为一种有效的工具，应当通过巧妙地开展公共关系活动来引导公众，从而实现社会的既定秩序。有趣的是，尽管伯内斯是资本主义制度的忠实信徒和维护者，但是在经济领域内他却更倾向于集中统一和计划经济——这可能和当时苏俄的影响有关。有观点曾将伯内斯的经济思想界定为对社会主义企业形式的温和却又明确的提倡[③]。从这一点出发，伯内斯主张对公共关系从业人员实行许可证制度，以及在高等院校中开展公共关系教育——1923年他在纽约大学已经这样做了。

伯内斯在他长达70年的公共关系职业生涯中，服务过超过400个客户，“这些客户可以被视为20世纪美国政治、经济和文化的精英名录：

① OLASKY M. Bringing “Order Out of Chaos”: Edward Bernays and the Salvation of Society Through Public Relations [J]. Journalism history，1985，12（1）：17-21.

② MARKS B A. The Idea of Propaganda in America [D]. Minneapolis：University of Minnesota，1957：73.

③ OLASKY M. Reception of Edward Bernays’doctrine of manipulating public opinion [C]. Annual Meeting of the Association for Education in Journalism and Mass Communication，1982：12.

柯立芝总统、胡佛总统、小罗斯福总统、尼克松总统、福特、宝洁、通用、凯迪拉克、卡地亚、《时代杂志》、《纽约时报》等”。虽然也面临着极大的批评，但不可否认的是，伯内斯将公共关系作为一门职业和一门学科在美国确定了下来。同时，伯内斯关于宣传具有强大影响力的观点也极大地影响了早期的传播学研究，这一时期出现了所谓“魔弹论”的受众观。传记作家莱瑞·泰伊（Larry Tye，1938— ）也谈到，伯内斯是我们了解过去100年间公共关系的一把钥匙。如果不了解伯内斯以及他的公共关系实践，就不可能了解过去100年间社会政治和经济文化的发展。伯内斯在1995年3月9日以103岁的高龄去世时被称为“公共关系之父”，主要是表彰他在公共关系行业的理念和方法方面的关键作用[①]。胡百精将其称为“整个20世纪的公关领域的巨人”，“是现代公关职业化进程的开拓者，也是一位真正的公关学者”。[②]

此外，尤其值得一提的是伯内斯的夫人多丽丝·弗莱希曼（Doris Fleischman，1891—1980）。这是一位著名的女性主义社会活动家，同时也可能是世界上第一位女性公共关系从业人员。1919年，伯内斯和弗莱希曼在纽约创办了公共关系咨询公司，直至1962年两人退休后去马萨诸塞州生活。作为女性主义社会活动家，弗莱希曼在婚后一直保留着娘家姓氏，这远远不同于当时和现在美国的社会习惯。“1925年她收到了第一个向一位已婚妇女以自己的出生名字发放的美国护照。”多丽丝·弗莱希曼在职业生涯中所发表文章的署名也都是自己的名字[③]。

---

① TYE L. The father of spin：Edward L. Bernays and the birth of public relations［M］. New York：Crown，1998：11.

② 胡百精，宫贺.公共关系学教程［M］.北京：高等教育出版社，2022：15，13.

③ 卡特里普，森特，布鲁姆.有效的公共关系［M］.明安香，译. 8版.北京：华夏出版社，2002：106-107.

四、世界大战时期的公共关系

尽管公共关系在20世纪初是被大企业用作一种防御措施，但是在世界大战时期它的进攻属性很快地表现了出来。1917年4月14日，托马斯·伍德罗·威尔逊总统（Thomas Woodrow Wilson，1856—1924，1913—1921年间任美国第28任总统）以行政命令创建了由乔治·克里尔（George Creel，1876—1953）主持的公共信息委员会（Committee on Public Information，CPI），这是美国历史上第一个由联邦政府管理的宣传部门[①]。CPI大量使用报刊、宣传海报、广播和电影等媒介来传播它的观点，并且招募了大约7.5万名被称为“四分钟人”（four-minute men）的志愿者。CPI要求这些志愿者在自己的社交活动中正面评价战争，理想的时长大约是4分钟，包括支持征兵与踊跃参军、积极购买战争债券、明确美国参战的目的等，并且要以日常的语言进行，避免仇恨性言论[②]。克里尔曾表示，这些志愿者总共针对3亿多人次开展了超过750万次的演讲[③]。克里尔认为CPI所开展的工作始终是教育性的，是通过直截了当地陈述事实来表明自己的观点[④]。1918年7月1日以后，随着战争即将结束，CPI的工作开始被缩减。1918年11月11日签署停战协议后，CPI在美国内的活动停止，对外行动于1919年6月30日结束。同年8月21日，威尔

---

① KAZIN M. The populist persuasion［M］. New York：Cornell University Press，1995：69.

② FLEMING T. The illusion of victory：America in World War I［M］. New York：Basic Books，2003：117.

③ MASTRANGELO L. World War I，public intellectuals，and the Four Minute Men：convergent ideals of public speaking and civic participation［J］. Rhetoric & public affairs，2009，12（4）：607-633.

④ CREEL G. How we advertised America［M］. New York and London：Harper & Brothers Publishers，1920：4-5.

逊总统再次以行政命令的方式宣布CPI解散。1940年，美国参议院外交关系委员会发表的一份报告称，公共信息委员会在一战期间创造了美国有史以来最有效的宣传工作，使得美国公众对参战的态度发生了根本性变化①。

一战给人类带来了三个新鲜事物：坦克、毒气和宣传。战争期间双方都在开展宣传战，而对于宣传战的研究则“出现了一种对于大众传播的威力过分乐观、迷信的状况”②。哈罗德·拉斯韦尔（Harold Lasswell，1902—1978）于1927年完成了他在芝加哥大学的政治学博士论文《世界大战中的宣传技巧》（“Propaganda Technique in the World War”）。拉斯韦尔认为宣传是通过各种形式的社会交往以控制舆论的过程，涉及直接或者间接的控制以明确管理者的意见和态度③。从世界大战的立足点出发，拉斯韦尔提出宣传对于一个国家来说是不可避免的④，尽管战后Propaganda（宣传）逐渐成为一个贬义词。拉斯韦尔更为人所熟知的是他在传播模式方面的贡献，尽管我们多是从与传播学相关的教材中了解的。还有一个为人所熟知的是他所持有的精英主义立场，这一点主要体现在他的政治学研究中。有研究认为，拉斯韦尔将弗洛伊德的理论引入社会科学之中，并开创了权力动力学的行为主义范式，这一点主要体现在他于1936年出版的《政治学：谁得到什么？何时得到？如何得到？》（*Politics: Who Gets What, When, How*）和1946年出版的《宣传、传播与

---

① TOBIN H J，BIDWELL P W. Mobilizing civilian America［M］. New York：Council on Foreign Relations，1940：75-76.

② 卡特里普，森特，布鲁姆.有效的公共关系［M］.明安香，译. 8版.北京：华夏出版社，2002：105.

③ LASSWELL H. Propaganda technique in the World War［M］. New York：Knopf，1927：4-6.

④ DWAINE M. The work of Harold D. Lasswell：his approach，concerns，and influence［J］. Political behavior，1980，2（3）：219-229.

舆论：综合参考指南》（*Propaganda, Communication, and Public Opinion: A Comprehensive Reference Guide*）等著作中。但有趣的是，在1966年出版的《自由社会法学》（*Jurisprudence for a Free Society*）中，拉斯韦尔又开始强调公共政策和公民秩序的关系，认为是社会习惯导致了法律的形成。这种类似于社会法学的认知强调要考察更广阔的社会进程以了解政策的制定方式[①]。在1980年出版的《人权与世界公共秩序》（*Human Rights and World Public Order*）一书中，拉斯韦尔的这种观点被进一步强化。

关于两次世界大战中的宣传战问题，1981年池田德真（1904—1993）出版了《宣传战史》[②]一书，介绍了两次世界大战期间的对敌宣传、重要的对敌宣传著作、各国对战时宣传的态度，并总结了日本在对美开展宣传战中的一些技巧。池田德真早年在东京帝国大学和牛津大学研究旧约圣经，二战时期在外务省、陆军参谋本部、日本红十字会等处所工作，曾参与外务省广播室对于各国广播的监听和日本对美广播工作。

大萧条一直到二战时期，富兰克林·D.罗斯福（Franklin D. Roosevelt，1882—1945，1933—1945年间任美国第32任总统）所开展的炉边谈话（Fireside Chats）被认为是国家公共关系工作的典范。炉边谈话总共开展了30次，内容涉及新政、工业复兴、战争动员、参战与对日作战等当时美国面临的关键问题。罗斯福的谈话直接将政策制定层和公众联系起来，亲切的谈话和坚定的信念为罗斯福赢得了尊重。战争期间，罗斯福炉边谈话的收听率达到58%，1941年5月27日历时44分27秒的关于国家进入紧急状态的谈话收听率超过70%[③]。有研究认为，炉边谈话使得美国公众

---

① AUER M R. Rescuing the decision process［J］. Policy sciences，2017，50（4）：519-526.

② 池田德真.宣传战史［M］.朴世俣，译.北京：新华出版社，1984.

③ GOODWIN D K. No ordinary time：Franklin and Eleanor Roosevelt—The Home Front in World War II［M］. New York：Simon & Schuster，1995：240.

感觉到自己与政治的紧密联系，进而认为自己能够在政府决策过程中发挥作用[①]。不仅如此，罗斯福还开创了美国一项重要的政治惯例，即自罗斯福以来的每一位美国总统都定期向美国公众发表演讲，只不过演讲的媒介从广播更新为电视和互联网，所覆盖的公众群体也更加庞大。1982年，罗纳德·里根（Ronald Reagan，1911—2004，1981—1989年间任美国第40任总统）开始定期于每周六进行广播演讲，巴拉克·奥巴马（Barack Obama，1961—　，2009—2017年间任美国第44任总统）在2009年首次使用推特向公众发表讲话，而唐纳德·特朗普（Donald Trump，1946—　，2017—2021年间任美国第45任总统）更是开创了“推特治国”的政治景观。这种通过媒体直接展示总统想法的形式重新定义了总统与公众之间的关系，是美国政府政治公关的主要方式，而这滥觞于罗斯福的炉边谈话。

罗斯福开创的炉边谈话意味着政府公共关系“从过去临时性和防御性的努力转向更积极和更连续的活动项目，并且由新近成立的专业部门来管理”[②]，越来越多的政策制定者认识到，只有将负责任的表现和真诚的宣传方式结合起来，才能真正与公众建立良好关系。珍珠港事件后，罗斯福迅速成立了一个以埃尔默·霍姆斯·戴维斯（Elmer Holmes Davis，1890—1958）为主任的战时信息办公室（Office of War Information，OWI）。一战时期领导了公共信息委员会的克里尔未能得到罗斯福重用的原因目前还不清楚，或许是因为他在1934年加利福尼亚州选举的民主党初选中败给了左翼小说家小厄普顿·辛克莱（Upton Sinclair Jr.，1878—1968）后淡出政界，同时他的妻子布兰奇·贝茨

① LUMENG Y U. The Great Communicator：how FDR’s radio speeches shaped American history［J］. The history teacher，2005，39（1）：89-108.

② 卡特里普，森特，布鲁姆.有效的公共关系［M］.明安香，译. 8版.北京：华夏出版社，2002：111.

（Blanche Bates，1873—1941）的去世可能也给他造成了一定影响——然而最根本的原因可能还是克里尔所领导的CPI招致了太多批评。克里尔曾因竞标出售分发战场照片的特许权而被国会斥责①，沃尔特·李普曼（Walter Lippmann，1889—1974）也多次公开批评CPI涉嫌虚假宣传②，克里斯·赫奇斯（Chris Hedges，1956—　）在《自由阶级之死》一书中将CPI的工作描述为“一场无情的、伪装成新闻的舆论操纵运动”③——尽管国会对罗斯福提出了疑问，担心这种宣传机构会成为类似于戈培尔时期一样的宣传机构④，还受到国内门罗主义的持续影响，OWI还是建立起来了。有研究认为，罗斯福总统建立OWI既是为了满足公众的新闻需求、减少混乱，也是为了应对美国社会对战争的冷漠态度，为美国参战做舆论准备⑤。OWI的主要任务是使用报纸、广播、电影和其他方式，制订和实施信息计划，旨在发布国内外对战争努力的现状和进展以及宣传美国政府的战争政策，使得相关活动和目标为公众所知情和理解⑥。尽管OWI会对战时新闻进行大量检查，但还是做出了一些让步：在维护军事安全的前提下，OWI开始发布一些牺牲的美国士兵的照片，但是不允许展示其面孔和所属部队番号。1942年，OWI成立了美国之音

---

① 参考众议院筹款委员会就1918年税收法案提案举行听证会，第二部分：杂税（Hearings Before the Committee on Ways and Means，House of Representatives，on the Proposed Revenue Act of 1918，Part II：Miscellaneous Taxes）。

② STEEL R. Walter lippmann and the American century［M］. Boston：Little，Brown，1980：125-126，141-147.

③ HEDGES C. Death of the liberal class［M］. New York：Bold Type Books，Inc.，2010：ch.3.

④ WINKLER A M. The Politics of propaganda：the office of war information，1942-1945［M］. New Haven：Yale University Press，1978.

⑤ WEINBERG S. What to tell America：the writers'quarrel in the Office of War Information［J］. The journal of American history，1968，55（1）：73-89.

⑥ WEINBERG S. What to tell America：the writers'quarrel in the Office of War Information［J］. The journal of American history，1968，55（1）：73-89.

（Voice of America）作为美国政府的官方国际广播服务机构。OWI的业务范围涉及广播、电影、海报等诸多方面，只要能够达成戴维斯目标的方式都被OWI所采用。戴维斯认为，让大多数人接受宣传的最简单的方法，就是让他们没有意识到自己正在被宣传，因此需要使用娱乐性媒介进行传播[①]。有观点提出，OWI最大的贡献在于“它指出了在全世界如果不回击受到曲解的美国思想的危险性”[②]。OWI的工作在1945年8月31日结束，其职能被划入美国国务院（The State Department）、美国战略情报局（Office of Strategic Services）和中央情报局（Central Intelligence Agency）。

同时，值得注意的是，二战期间付费广告作为公共关系的职能开始出现。一方面，一战时期的卖方市场结束了，企业需要某种方式来重新扩大知名度；另一方面，大萧条期间广告的声誉受损，为此美国广告界开始通过为战争宣传以及开展跨国广告等方式挽回声誉，而这又客观上增进了理解、减少了摩擦。1942年成立的战时广告理事会（The War Advertising Council）就提出“合理运用商业广告的各种手法，投身公共服务，将公众和政府变成自己服务的客户，以期在和谐的关系中更好追求商业利益”[③]。在战时广告理事会“成立以前，广告界被美国人看作自私自利的低等行业，受到普遍轻视”，而战时广告理事会“利用战争提供的效力国家的机会，一跃成为战时宣传阵地上的英雄，使经济危机后在

---

① KOPPES C R，BLACK G D. Hollywood goes to war：how politics，profits and propaganda shaped War II Movies［M］. Berkeley：University of California Press，1990：64.

② 卡特里普，森特，布鲁姆.有效的公共关系［M］.明安香，译. 8版.北京：华夏出版社，2002：112.

③ 刘洪珍.美国战时广告理事会诞生的背景［J］.国际新闻界，2011，33（3）：94-97.

绝境中求生存的广告界在战时广告活动中完成了自救”[①]。作为“战争时期发展的一个结果，广告被广泛地用作公共关系的一个重要手段”[②]。

五、第二次世界大战以后公共关系的表现

第二次世界大战结束以后，尽管全球仍处于冷战的阴影之下，但是总体来看在较大的层次上实现了和平——或者说不再大规模地发生武装冲突了。战后许多国家出现了婴儿出生的高峰期，同时经济和跨国贸易也在逐渐恢复。20世纪60年代前后，世界主要经济体基本恢复到战前水平，加之电信和国际交通运输事业的恢复和发展，人类开始了新一轮的密切交往——尽管上一轮密切交往带来了上亿人的死亡和终身伤害。人类新一轮的交往是在半球之内进行的，但是这并不妨碍世界的东方和西方都具备类似的因素。人口增长所带来的受教育群体的扩大以及比重的提高；市场经济体制的完善，尤其是20世纪70年代以后西方各主要国家所出现的经济政策的调整；跨国贸易的发展所带来的沟通的需要，尤其是存在于跨文化、跨意识形态之间沟通的需要；从战争到和平转型期间所产生的阵痛，特别是产业界对于战争时期利益补偿的要求，以及在战争期间可以被允许的不许罢工、降低薪金、高负荷劳动等状态希望能够被大企业持续下去的愿望招致了社会的普遍批评。同样地，劳工界也有类似的权利和经济利益诉求——诸多因素加速着社会各界对于公共关系的需求。[③]

东西方的对立对于公共关系的复苏同样具有意义。美苏之间的对抗

---

① 刘洪珍.论公益广告机构在危机时期的作用：对美国WAC战时宣传的分析［J］.国际新闻界，2013，35(11)：130-140.

② 卡特里普，森特，布鲁姆.有效的公共关系［M］.明安香，译.8版.北京：华夏出版社，2002：113.

③ WHYTE W H，Jr. Is Anybody Listening?［M］. New York：Simon & Schuster，1952：39.

促使美国将战时新闻署改组为美国新闻署（U.S. Information Agency），同时在军队中也大量开展着内部公共关系工作。在二战中隶属于美国战时情报局的美国之音广播电台在1953年转隶美国新闻署——现在已经归属于美国全球媒体署（U.S. Agency for Global Media）领导。冷战时期的美国之音将阐明美国政府的政策、宣传美国社会和美国生活方式、发布国内外新闻及时事评论作为报道重点。尽管宣称着客观报道的职业规范，但是美国之音在重大国际事件上的政治倾向始终十分鲜明，不仅社论一向公开声明代表政府意向，而且各种新闻报道、解释报道、评述也都体现美国政界的主流立场。美国之音自诞生之日起就肩负着代表美国政府进行对外政治宣传的职责。在不同的历史时期，它通过不同媒介平台开展战略传播，塑造国家软实力，彰显国家意识形态、政治、价值和文化。[①]美国之音的章程也要求其“清晰有效地介绍美国的政策”（present the policies of the United States clearly and effectively），有观点认为这是美国之音公共外交职能的表现[②]。20世纪50年代的一项研究表明，那些长期收听美国之音广播的青年人对于美国之音中所宣扬的内容持积极的态度，并在一定程度上实践了美国价值观[③]。美国之音所开展的公共关系工作主要针对国外，尤其是社会主义国家。尽管仍以英文为主要播音语言，但是中文（包括粤语、藏语）、俄语和缅甸语在其中也占据了一定比例。目前，美国之音已使用48种外语对外进行广播[④]。值得注意的是，在2013

① 林敏华.美国之音简史：美国之音与美国国家传播战略［M］.北京：中国大百科全书出版社，2014：1.

② WORKNEH T W. Journalistic autonomy in Voice of America’s Amharic Service：actors，deterrents，and safeguards［J］. Journalism studies，2019，21（2）：217-235.

③ HERZOG H. Listener mail to the Voice of America［J］. The public opinion quarterly，1952，16（4）：607-611.

④ 参考https://docs.voanews.eu/en-US-INSIDE/2019/06/25/7719dfbe-792c-4f4。

年之前，根据1948年的《美国信息与教育交流法》(*U.S. Information and Educational Exchange Act*，也被称为“史密斯—蒙特法案”)之规定，“向国务院和广播理事会提供的资金不得用于影响美国境内的公众舆论”。有观点认为此立法旨在保护美国公民免受美国政府的对外宣传之困扰，并且避免产生美国之音与美国内私营广播电视机构的竞争[①]。

20世纪70年代，可能是因为“水门事件”以后美国政府更加意识到维护政府形象以及在危急时刻应对舆论的重要性，政府事务逐渐成为公共关系的重要内容之一，并且相对于商业公共关系来说更具有目的性。同时，由于石油危机的一系列影响，公共关系在商业领域也进一步发挥其作用。“具有讽刺意味的是，每当企业信心遭受重大打击的时候，正是高管人员的事业获得重大发展的时候。”[②]从20世纪50年代到80年代初期，美国制造业领域的从业人员比重从超过80%下降到不足40%，美国劳工部原部长罗伯特·B.赖克(Robert B. Reich，1946—　，1993—1997年间任美国劳工部长)认为这是美国工业时代结束的标志[③]。信息时代的到来加大了信息的传播速度和范围，使得既往意义上的地方性信息变成遍在性的了。企业和政府部门不得不更加注意自身的形象，并且在公众面前越发小心谨慎。1960年9月26日美国总统候选人辩论第一次走上电视荧屏，尽管共和党候选人理查德·尼克松(Richard Nixon，1913—1994，1969—1974年间任美国第37任总统)的施政经验和口才更好，但是因为尼克松病愈不久，体重下降很多，在辩论中脸色苍白，加之西装

---

① BRODERICK J F，MILLER D W. Consider the source：a critical guide to 100 prominent news and information sites on the Web [M]. Medford，NJ：Information Today，2007：388.

② 西泰尔.公共关系实务[M].张晓云，译.14版.北京：清华大学出版社，2020：42.

③ REICH R B. The next American frontier [M]. New York：Times Books，1983：15.

颜色与演播厅搭配不佳而显得身材矮小，使得民主党候选人约翰·肯尼迪（John Kennedy，1917—1963，1961—1963年间任美国第35任总统）赢得了第一次辩论的胜利。电视的出现让选民更加注意候选人的形象，而不再是党派的施政纲领和选举口号，这提升了政府部门开展公共关系工作的意愿。

20世纪90年代以后，互联网和计算机的普及使其成为公共关系领域内的一种新趋势，格鲁尼格所宣称的双向沟通模式才有可能逐步实现。90年代还有一些研究在关注赛博空间可能带来的危机，1994年的一项调查显示，约52%的公共关系公司使用了电脑[①]。尽管没有数据证明，不过可以估计的是现在应该没有不使用互联网和计算机的公共关系公司或者部门了。

六、21世纪的公共关系

21世纪以后所出现的一个显著的变化就是社区/社群的兴起，这是在技术的加持下所产生的一种边缘化个体的连接方式，其前提就是智能移动通信设备和高速移动网络的叠加和普及。由于不再为物理介质所束缚进而阻碍信息的流通，每一个个体都能够成为信息的始发者和中转站。这种技术从表面上看促进了人与人之间的交往，但是由于技术所配套的社会“进步”，以及所造成的人的24小时在线，反而使人变得更为疲惫、更为受规训，尽管“带来诸多生活便利、扩展交往空间，但是高密度连接使人们面临新的压力：持续地耗费时间、精力去维持连接的状态”[②]，

① 迈特拉，阿尔提格.公关造势与技巧：通向21世纪的桥梁［M］.欧阳旭东，译.北京：中国人民大学出版社，2009：21.

② 王飔濛.断连：作为数字连接中隐私焦虑的一种应激方式［J］.西南民族大学学报（人文社会科学版），2024，45（3）：152-159.

因此“断连”往往成为一代人的选择。而尽管存在着“断连”的诉求，是否能真正实现“下线”也是一个值得商榷的问题。且不谈来自雇主的随时的信息轰炸和60秒语音，拿起手机刷视频、刷微博，甚至就是拿起手机点来点去本身已经成为现代人的生活方式之一。对于公共关系而言，关注这种现象就是要将信息的转移形态掌握透彻——应该在什么时间点做出什么事情才能实现传播效果的最大化。或者说，为了实现目的而需要做出哪些事情。

社交媒体所形成的社区/社群所带来的结果之一就是公众权利意识的进一步明确和增强，公众也变得更加分散、专业和复杂。这一趋势开始于20世纪末期。“公司不得不考虑少数族裔权益、消费者权益、环境问题以及大量其他社会问题。企业开始投资慈善事业。管理者开始将社区关系视为自己的首要责任。公司与竞争对手相对抗的大政方针被抛弃了。取而代之的是，大多数公司开始采用安抚与妥协政策。”[①]企业开始重视自身的社会责任，尽管更多的是迫于压力，但是出现这种新的改变仍是一件值得肯定的事情。许多企业开始在强调品质的同时，突出自己的环境友好或者慈善导向。农夫山泉曾于2002年前后采用“每喝一瓶农夫山泉，你就为孩子们的渴望捐出了一分钱”的广告语，全棉时代也因其在环保领域的创新性实践——包括开展多种环保公益讲座等而获得“2023年度责任企业”奖。公众的这种新变化要求公共关系及时跟进，采取分散化、常态化的工作模式，尊重公众，避免在遇到危机时临时抱佛脚。

社群的形成和公众的变化也引发了社会的整体性变革。媒介化社会的到来，使得社会图景对于媒介形式产生了极大的依赖性，加之人工智能时代的来临，社会的传播生态出现了新一轮的加速演变。有研究认为，

① 西泰尔.公共关系实务［M］.张晓云，译.14版.北京：清华大学出版社，2020：43.

媒介化社会的未来生态图景是所谓“元宇宙”，提出“元宇宙是集成与融合现在和未来全部数字技术于一体的终极数字媒介，它将实现现实世界和虚拟世界连接革命，进而成为超越现实世界的、更高维度的新型世界”①的观点——是否要把一种既成事实或者说未来发展的走势认定为一个一时兴起的新名词，仍有待商榷。与此同时，社交媒体也创造出了新型人际关系，个体的个性化信息需求得到了极大满足，形成了在极其有限范围内的自我意识和自主权利，并以自我为尺度形成了新的范围界定方式。时空的进一步压缩所形成的流动的现代性使得主体/用户一方面同时具备着理性的信息配置和非理性的秩序构建行为，另一方面也成为数据的对象或者说数据本身，作为数据化描绘的对象而存在。无可奈何的是，公共关系不得不处理这种情况，而且公共关系本身也会落入这种情况之中。目前来看，一种比较可行的解决方案是通过外包或者内在的学习进行公共关系的专业化建设，使公共关系从业人员避免成为大而泛的通才，而最好是在某一方面成为专家。从国际上看，独立的公共关系公司中的团队一般也具备擅长的方面，而如果从业人员能在医学或者金融关系领域获得技能或者学位是非常受欢迎的。

第四节　公共关系在中国

一、改革开放初期的“新启蒙运动”与“公关热”

1890—1920年美国社会正处在变革时期，工业化、城市化的飞速发

① 喻国明，耿晓梦.元宇宙：媒介化社会的未来生态图景［J］.新疆师范大学学报（哲学社会科学版），2022，43（3）：110-118，2.

展带来了物质文明和精神文明的双重危机——大企业的垄断、社会政治的黑箱、经济发展所带来的财富分配的更加不均与公众所要求的民主、进步、平等产生了巨大的冲突。在这种情况下，媒体掀起了所谓“掏粪运动”，社会矛盾一触即发，公共关系在这个环境下应运而生。任何一门学科和职业的出现和发展都是基于现实的需求且顺应社会发展的历史逻辑，公共关系的产生与发展也同样如此。

历史总是相似的。公共关系在中国的引进与发展也同样是在中国处于社会变革的关键时期。20世纪80年代，伴随着改革开放的浪潮，中国再一次迎来了思想上的大解放、再一次睁眼看世界。社会主义市场经济体制的建立与完善、政治改革进程的开启、思想文化领域的各种碰撞——中国迎来了一个崭新的80年代。而公共关系正是顺应社会经济、思想文化的变革而在中国出现了。

公共关系在中国一经出现就很快普及开来，形成了一阵“公关热”。但是，在20世纪90年代以后，公共关系作为新生事物，在概念阐释、理论建构、核心价值等都未厘清的情况下，随着中国经济体制的进一步改革，以及与之相伴而来的社会观念的改变，在中国的发展不断异化，出现了所谓“污名化”的现象。经过一段时间的发展，尤其是随着中国社会主义市场经济体制的完善，公共关系的发展又迎来了新一轮的春天。

（一）20世纪80年代中国的社会思潮与公共关系的引进

社会思潮是一个社会的晴雨表，它在一定程度上反映了特定社会生活形成、发展以及各种社会事物所存在的思想空间。从美国和中国的经验可以看出，公共关系的产生——不管是原生的还是引进的，都是在社会思潮发生巨大变化的社会转型期，而这又是与社会经济的发展相联系的。在20世纪初的美国，资本主义生产方式的发展水平继续提高，货币资本与工业资本高度分离，金融资本在社会资本市场中取得了统治地位。

"资本的占有同资本在生产中的运用相分离，货币资本同工业资本或者说生产资本相分离，全靠货币资本的收入为生的食利者同企业家及一切直接参与运用资本的人相分离。帝国主义，或者说金融资本的统治，是资本主义的最高阶段，这时候，这种分离达到了极大的程度。"[①]而当时的美国正处于这样一种阶段。

社会经济的发展决定社会思潮的变化，而后者又将导致公共关系的出现。"作为服务政经发展和社会协调的沟通与管理手段，公关就其科学性而言必然存在中西一贯的普遍规律、基本逻辑和核心价值。"[②]在新中国成立以后的很长一段时间内，基于种种原因，中国的思想文化界一直处于相对封闭的状态，同世界缺乏应有的交流。这种不平衡状态形成的巨大势能，在20世纪80年代这个关键的历史交汇点最终转化成巨大的发展动能。党的十一届三中全会以后，人们才惊讶于"中国竟然置身于现代世界的边缘；人们……追求科学、民主、自由，渴望解放自我和拥抱世界"。20世纪80年代，一大批知识分子开始反思、批判、追求、建设，整个中国社会的思想追求都充满着对个人价值的追求，形成了思想文化界的巨大繁荣，这被称为"五四运动以来的新启蒙"[③]。

"这种对根本性变革的急迫追求，覆盖了社会精神生活的许多领域，成为当时中国人的一种普遍的精神倾向。"[④]《中国青年》杂志1980年5月号发表署名为"潘晓"的《人生的路呵，怎么越走越窄……》读者来信。信中提出了"主观为自己，客观为别人"的个人主义价值取向，随即引

① 列宁.列宁全集：第二十七卷［M］.北京：人民出版社，1990：374.

② 胡百精.新启蒙、现代化与20世纪80年代中国公共关系史纲：中国现代公共关系三十年（上）［J］.当代传播，2013（4）：4-9.

③ 胡百精.新启蒙、现代化与20世纪80年代中国公共关系史纲：中国现代公共关系三十年（上）［J］.当代传播，2013（4）：4-9.

④ 高瑞泉.激情与土壤：当代中国社会思潮的背景分析［J］.华东师范大学学报（哲学社会科学版），2003（3）：1-6，120.

发了一场关于人生观、价值观的广泛讨论。一时间，“主体性”“价值哲学”等在知识分子和青年学生中成为流行词。经济发展的推动和思想领域的改革使得各行业百花齐放，社会上掀起读书热、讲座热、讨论热。也正是在这个时候，公共关系这门新兴的现代管理科学被介绍进了中国的一些沿海地区。

处于改革最前沿的广东、上海等地的一些涉外服务机构和中外合资的宾馆、酒店率先设立公共关系部门，开展了公共关系业务。1984年，广州白云山制药总厂设立公关部，开创了我国国有企业设立公共关系部门的先河。同年，伟达公关（Hill & Knowlton）率先在北京设立了办事处，这是第一家在中国设立分支机构的国际公共关系公司。1985年8月，博雅公司与新华社中国新闻发展公司联合成立了中国第一家专业性公共关系公司——中国环球公共关系公司。一时间，许多企事业单位纷纷设立公共关系部门，招聘公共关系工作人员，开展公共关系业务。1986年，中国第一个公共关系民间团体——广东地区公共关系俱乐部成立。1987年6月22日，中国公共关系协会在北京成立，中国国际公关协会也于1991年4月26日在北京成立，这标志着公共关系事业正式走上了规范化、职业化的发展道路。同时，各种公共关系培训亦在此间蓬勃发展，公共关系理论研究和教材建设也随之发展起来，迎来了中国20世纪80年代的“公关热”。

从1984年作为“中国公共关系元年”开始，公共关系在我国迅速发展起来。形成这种带有全民性质的“公关热”的原因是多样的，而究其根本在于经济方面。党的十一届三中全会以后，全党的工作重点转移到社会主义现代化建设上来。农村经济体制、城市经济体制逐渐改革，沿海、沿边、沿江渐次开放，公有制基础上的有计划的商品经济体制逐渐形成。改革开放所带来的不仅是经济的快速发展，同时还活跃了国内思想界。一大批知识分子认识到了当时的中国和世界之间存在的差距，开始思考并实践将国外理论与中国国情相结合的问题。一方面，社会主义商品经济的快速发展使得各社会组织对于信息的需求猛增，对于社会环境变化的获知需要，对于国家经济政策、外汇政策变动的获知需要，对于原材料市场和销售市场变动的获知需要等在计划经济体制时期不存在的信息需求，迫使各社会组织动起来，去更加及时地获取信息、分析信息、研判信息。另一方面，改革开放吸引了国外资本，也带来了活跃的思想。“新启蒙”促进了中国社会“走向现代，走向西方”的思想塑造，萨姆·布莱克（Sam Black，1915—1999）教授、格鲁尼格教授等一大批国际公共关系专家来华讲学，为国内公共关系学界和业界了解国际动态、与国际公共关系接轨提供了机会。同时，生机勃勃的80年代需要信息流动、关系建立、互通有无，而公共关系符合当时人们迫切想要突破自身局限、打破原本单位关系的束缚，以及通过建构新的自我社会关系来实现自我价值、创造财富和实现人生意义的愿望。

引进之初的公共关系在中国展现出前所未有的生机，这是改革开放初期的中国热情拥抱新兴事物、大踏步地追赶世界脚步的体现。但是，这种迅速而起的“公关热”面临着诸如市场经济体制发展不完善、缺乏深层次的理论研究、配套的政治体制改革仍未开展、社会缺乏强有力的需求等困难，对于西方公共关系理论与实践采取了一种全盘接受的态度。完全兴起于西方的当代公共关系理论与实践未经过中国语境的在地化阐释，这也为中国公共关系后续发展受阻埋下了伏笔。

（二）社会主义市场经济体制的形成与公共关系在中国的落地

中国社会主义商品经济的快速发展是20世纪80年代公共关系在中国落地、发展、繁荣的根本原因。在“中华人民共和国成立以后，社会的价值观发生了重大变化。集体利益、国家利益取代人伦亲情成为至高无上的社会价值”，经济活动是从属于政治活动和社会关系的。而在改革开放以后，邓小平同志提出“发展才是硬道理”，全社会“致力于追求经济增长速度，为了追求效率或整体经济增长速度的最大化”成为当时最主要的社会思想。

80年代以后，中国逐步挣脱了旧有经济体制的束缚，开始探索市场化改革的道路。随着农村家庭联产承包责任制的实行、国有企业自主经营权的完善和经济特区的设立，中国改革开放的大幕逐渐拉开。1982年召开的党的十二大提出了“计划经济为主、市场调节为辅”的原则。1984年10月，党的十二届三中全会比较系统地提出和阐明了中国经济体制改革中的一系列重大理论和实践问题，确认了中国的社会主义经济是公有制基础上的有计划的商品经济。1987年召开的党的十三大进一步提出社会主义有计划商品经济的体制，应该是计划与市场内在统一的体制。随着经济体制改革和配套的政治体制改革的不断深入，邓小平同志于1992年初在武昌、深圳、珠海、上海发表谈话时指出：“计划多一点还是市场多一点，不是社会主义与资本主义的本质区别。计划经济不等于社会主义，资本主义也有计划；市场经济不等于资本主义，社会主义也有市场。计划和市场都是经济手段。”[①]邓小平同志的谈话不仅从思想上解决了党内外存在的疑惑，并进一步明确了中国社会主义市场经济改革的方向，进一步推动了经济体制改革的进程。1992年6月9日，江泽民同志在中共中央党校首次肯定了“社会主义市场经济体制”的提法。同年10月召开的党的十四大正式提出了“我国经济体制改革的目标是建立社会主义市场经济体制”。在中国社会主义经济体制从计划经济转为市场经济的过程中，各种类型的所有制都为中国的经济发展带来了新的可能，公共关系也在这次发展大潮之中卷起千层浪。

① 邓小平.邓小平文选：第三卷［M］.北京：人民出版社，1993：373.

国际关系学院原副院长郭惠民把1984年看作“中国公共关系元年”。这一年，中国公共关系在理论和实践两个维度上都开始加速发展：“广州中国大酒店、花园大酒店、白天鹅宾馆、东方宾馆等合资、涉外企业设立了公关部，北京长城饭店在当年4月成功举办了美国总统里根访华答谢晚宴而轰动一时；9月，广州白云山制药厂组建了国企首家公关部，成为中国公共关系史上具有里程碑意义的事件，随后北京王府井百货大楼设立公关机构；10月，全球领袖级公关公司伟达公关在北京设立办事处；12月26日，《经济日报》发表长篇通讯《如虎添翼——记广州白云山制药厂的公共关系工作》，并配发社论《认真研究社会主义公共关系》。”[①] 同时，传播学在中国的引进与发展也直接影响了公共关系学在中国的落地。1982年4月，传播学鼻祖威尔伯·施拉姆（Wilbur Schramm）在香港中文大学新闻系主任余也鲁的陪同下访问中国，并在华南师范学院（今华南师范大学，1982年6月改为现名）、复旦大学、中国人民大学、中国社会科学院新闻研究所（今中国社会科学院新闻与传播研究所，1997年9月改为现名）和人民日报社等地讲学，将传播学作为一门学科介绍给了中国学界。同年，余也鲁在帮助厦门大学创办新闻传播学系的时候，提出了新闻传播学系要包括国际新闻、广播电视和公共关系三个专业，但是由于当时主管部门尚不知公关为何物，就改成了广告专业。

在此影响下，1984年，由公共关系领域学者明安香牵头的公共关系相关研究在中国社会科学院新闻研究所展开。通过对我国国情的深入调研，形成了基于我国公共关系经验的中国第一本公共关系学著作《塑造

① 胡百精.新启蒙、现代化与20世纪80年代中国公共关系史纲：中国现代公共关系三十年（上）[J].当代传播，2013（4）：4-9.

形象的艺术——公共关系学概论》[1]，还有《有效的公共关系》《公共关系学导论》《公共关系与实践》等著作和一系列译作出版。深圳大学于1985年成立了大专层次的公共关系专业。1986年，居延安在温州做了两场关于公共关系的讲座，场场爆满。1993年，黑龙江公共关系学院成立，在2013年更名为哈尔滨传媒职业学院之前，这是我国唯一一所以“公共关系”作为校名的独立建制的高等院校。1994年，国家教委同意中山大学设置本科层次的公共关系学专业，这是中国第一个公共关系学本科专业，并且同意在行政管理学硕士学位授权点下招收公共关系方向的硕士研究生。这标志着我国公共关系教育开始走向正规化、系统化，开始进入高层次的学历教育阶段。

这一时期，一些学者敏锐地认识到了公共关系对于中国经济社会发展的意义，并开始从国外系统学习、译介公共关系方面的著作。一些学者“在报纸杂志上发表文章，介绍公共关系观念，多数以开展公共关系工作最早的合资大酒店为例，分析公共关系的具体工作方法及其效果”[2]——公共关系观念的传播开始加速。

从公共关系作为一种行业和一门学科在中国落地与发展的角度来看，改革开放初期一批具有进步眼光的知识分子、企业家和政策制定者作为最早感知到世界发展变化的人，从四面八方会聚起来，把更多能够促进经济社会发展的知识、技术等运用了起来，为中国现代化发展做出属于那个时代该有的贡献。在新旧交织的时代机遇中，公共关系以自己独特的面貌在中国出现、发展、繁荣、冷却。在“现代化”“新启蒙”思想的

① 崔乃文.明安香在第七期“新闻传播学·国所论坛”上主讲：中国新闻传播学三大领域的学术研究是怎样在新闻所开拓发展起来的［EB/OL］.（2023-07-23）［2024-12-12］. http://xinwen.cssn.cn/dtxx/bsdt/202307/t20230723_5669924.shtml.

② 方宏进.公共关系在中国十年的发展：历程、问题及前景［J］.深圳大学学报（人文社会科学版），1990（4）：31-39.

影响下，经济发展的模式、政治体制改革的方向、社会归属的寻求、个人自我价值的意义等问题困扰着中国上下。公共关系以其沟通、对话的属性极力纾解着社会矛盾，在刚走出徘徊和迷茫的中国社会中发出自己的光和热。

然而，仍需要看到的一点是，所谓“公关热”，盛名之下其实难副。公共关系当时只是在少数的具有外资背景的企业中取得了一定的发展，一些国有企业、民营企业对于公共关系的认识还局限于“交朋友”、拓宽社会圈层、转变沟通方式等公共关系的外在表现形式上，并没有深入了解公共关系的内涵与实质。公共关系更多的是为个人名誉、组织利益服务，还没有也不可能成为助力社会变革的一股力量，公共关系的独特价值也没有完全体现出来。如广州白云山制药总厂公关部门做的还是接待外来到访者的任务，“公关部成立以后，由公关人员承担各种接待任务，使厂领导及有关负责人从繁忙的社会应酬中解脱出来”①。从理论角度看，当时对于公共关系的概念、理论建构、在地化阐释、核心价值的认识都有所欠缺，基本上仍处于对西方概念的模仿性使用。迷人光环的背后更大程度上是一种意义的象征。

二、发展与变异：中国公共关系被污名化的核心原因

经过几年的热度，公共关系在中国开始走向了另一个极端——污名化。污名化是由欧文·戈夫曼（Erving Goffman，1922—1982）所提出的概念，意指给个体或者群体以贬低化的负面评价，从而造成其遭受不公正认知的结果。戈夫曼认为污名化的深层原因是“社会规则和公共秩序

① 陈瑜，东新.白云山制药厂搞好公关工作的调查［J］.南方经济，1986（3）：45-46.

的缺失”[1]。高尔顿·威拉德·奥尔波特（Gordon Willard Allport，1897—1967）曾从社会认知视角来解释偏见的产生，开启了污名化研究的社会心理学范式。

公共关系在中国的污名化呈现，从根本上来说，是这一时期社会主义市场经济体制发展的不完备、不完善所导致的。改革开放以来，中国勇敢地探索社会主义市场经济体制，“摸着石头过河”，但却屡受挫折。1980年和1985年两次大的物价上涨、1988—1989年连续两年严重的通货膨胀，使得长期以来高增长时期趋紧的经济关系和累积的社会矛盾爆发。价格双轨制的改革不仅“没有充分促进市场的自由化和竞争性，反而在一纸批文就能产生巨额利润的情况下，大量腐败应运而生，引发了经济运作中的巨大困难和社会的强烈不满”[2]。为了解决价格双轨制所带来的问题而提出的价格改革闯关政策“又带来了国家和个人都难以承受的高速通胀”[3]。“中国1988年发生了以年度CPI高达18.6%为标志的恶性通货膨胀。接着，1989年发生的是以企业连锁负债为表象的生产停滞。此二者结合，是为典型的滞胀危机。随后的1990年则属于典型的萧条阶段。”[4]国际上甚至出现了“中国崩溃论”的观点。经济层面的原因一方面使得经济市场不能为公共关系的发展提供必要的市场需求和良好的生态环境，另一方面经济发展过程所面临的问题又很容易使得公共关系走向庸俗化。

---

① GOFFMAN E. Stigma：notes on the management of spoiled identity［M］. New York：Prentice Hall，1963：148.

② 强舸.“看不见的手”与“看得见的手”：20世纪80年代以来的社会思潮与市场化改革［C］//中国哲学社会科学：自主创新——上海市社会科学界第十届学术年会文集（2012年度）青年学者文集.上海：上海人民出版社，2012：11.

③ 吴敬琏，刘吉瑞.论竞争性市场体制［M］.北京：中国财政经济出版社，1991：128.

④ 温铁军.八次危机：中国的真实经验［M］.北京：东方出版社，2012：106.

在思想文化方面同样有着类似的情况。经济发展方面的停滞、价格双轨制所带来的腐败，以及个体欲望的合法化诉求，导致道德主体性危机，这些问题在政治生活中的反映就是对于现行体制的集中批评和资产阶级自由化思想的泛滥。20世纪90年代以后，余温渐渐褪去，“对秩序和稳定的渴望，导致国人向处世态度上的保守倾向和哲学上的中庸之道复归”①。90年代以后，中国社会已经基本完成在实质性层面的社会结构的转型，由于市场经济体制和对外开放格局的逐渐完善和发展，出现了一些新的社会阶层，思想观念也更加多元。思想文化领域的变化对于社会发展形势也提出了新的要求，公共关系的发展开始和中国经济社会发展的实际相结合，出现了一些中国自己的公共关系理论与实践。

除了经济方面以及由此而派生出的思想文化方面的原因，中国乡土社会对于公共关系的庸俗化理解，以及中国社会长期存在的性别思维定式，并且在功利主义思潮的影响下，公共关系在理论和实践两个方面的发展都远不充分等，多种因素导致了公共关系在中国的污名化。

（一）发展中的变异

90年代以后，中国公共关系的发展逐渐祛魅，1984年以来的“公关热”也冷了下来。当时“国有企业困顿不堪，民营经济一度萎缩，外资利用隐患丛生”。整体经济形势疲软，愿意且有能力开展公共关系服务的企业更是少之又少，“何况公关根本无力解决全国性的经济困难、体制障碍和企业危机”②。“皮之不存，毛将焉附？”经济发展困顿导致中国公共关系在理论和实践上陷入泥淖。

---

① 谢武军. 20世纪90年代中国的保守主义思潮［J］. 中共中央党校学报，2001（3）：103-109.

② 胡百精. 合法性、市场化与20世纪90年代中国公共关系史纲：中国现代公共关系三十年（中）［J］. 当代传播，2013（5）：4-9，14.

公共关系所呈现出的污名化现象，突出表现在女性在公关领域的角色呈现。20世纪90年代末的一项统计数据表明，近年来“女性从事公关的比例逐年上涨，90年代以来发达国家女性从事公关的人数已开始超过男性从事公关的人数，高等院校公关专业的学生也显然以女性为多数”。从当时的社会背景来看，公共关系进入中国的落脚点主要是宾馆和酒店——而这是与西方经验所不同的。对于这些服务行业从业人员来说，需要具备观察力细腻、对周围事物敏感、与人沟通亲和、考虑问题周到细致、工作认真注意细节等特点，而这恰恰是大部分女性的天生特质。[①]因而，从当时中国所面临的特殊社会背景来看，女性公共关系从业人员在这方面更加具有天然优势。

“公关小姐”是当时公共关系污名化的表象之一，“策划大师”则是从另一个角度给公共关系泼上了脏水——“点子就是财富”这在当时的中国大地上是非常响亮的口号。在那个特定的历史时期，“点子被认为能够推动生产力的发展，具有难以估计的价值，会把无钱变有钱、小钱变大钱、死钱变活钱，成为提高小企业知名度的‘玉缕金衣’、帮助亏损企业脱困的‘救命稻草’、救活病危企业的‘灵丹神药’”[②]。当时策划大师何阳一时间风光无限：1988年，32岁的何阳创办了“北京和洋民用新技术研究所”，立志“把点子商品化”。在人均可支配收入仅为900元的1990年，何阳一个将金华火腿做成罐头的点子价值10万元、将京广铁路沿线地图印在纸杯上的点子价值40万元，如此风闻多矣。从现代经济管理科学的角度讲，何阳的这种行为将策划转变为价值，这个社会也“允许卖主意，踊跃买主意，体现了尊重知识、尊重人才的社会风尚，这是

① 郭惠民.女性与公关［J］.公关世界，2000(1)：31.
② 李沧田.“十大策划人”中的1/2［J］.企业活力，2000(9)：57-58.

一个令人欣喜的巨大进步”[①]。

公共关系的发展在这样的浪潮中终究未把握好前进方向，转向了不管质量、只做面子的境地。这种污名化对当时中国公共关系的发展产生了不可逆的负面影响，使得本应作为解决改革发展过程中的实际问题、为转型期间的中国带来希望的新学科、新行业被贴上了污名标签。

（二）中国乡土社会对“关系”的理解

在对于一个特定的名词进行解释时，不能将其与之所生存的社会条件割裂开来。社会整体的经济结构、社会思潮、发展方向，以及历史上所形成的结构对于现存制度的影响，包括宗教文化等都应当在我们的考察范畴中。“公共关系”作为从西方传入的舶来品，其概念的内涵和外延在本土化的过程中发生这样或那样的改变都是必然的，缩减或延伸都是可能的，但是出现这种颠覆性的认知却并非合理的现象。因此，对于公共关系在中国特定条件下被污名化的原因，首先要回到中国乡土社会的语境中去寻找答案。

中国在引进“公共关系”这一概念之初，社会公众，甚至即便是名义上从事公共关系工作的人员对这一概念都存在理解不深的问题。从字面上看，“公共关系”包括“公共”和“关系”两部分，尽管“公共”一词可能不会在理解上产生较大偏差，但是“关系”则不然。中国和西方对于关系（relations）的理解几乎完全不同——中国语境下的“关系”脱胎于熟人社会，是一种强关系存在，部分地包含了关系双方的主观性和正面评价；而西方文化中的“关系”则是利益关系，是一种弱关系，是对于关系双方之间存在连接的客观表述。

---

① 何阳卖点子，赚了四十万：好点子也是紧俏商品［N］. 人民日报，1992-09-01（1）.

“关系”是中国社会中一个独特的概念，费孝通将其理解为“团体格局”，这是“社会生活中人和人的关系的一种格局”[①]。在中国，这种格局和西方社会结构中的“格局”是不同的，“我们的格局不是一捆一捆扎清楚的柴，而是好像把一块石头丢在水面上所发生的一圈圈推出去的波纹。每个人都是他社会影响所推出去的圈子的中心。被圈子的波纹所推及的就发生联系。每个人在某一时间某一地点所动用的圈子是不一定相同的”[②]。费孝通所构建出的“差距格局”实际上是一个立体的结构，既包含纵向的、刚性的、具有等级关系的“序”，也包含横向的、弹性的、以自我为中心的“差”[③]。“差”和“序”这两个概念对于理解中国社会语境下公共关系中的“关系”一词，以及为何“关系”一词会导致公共关系在中国被污名化有着重要的启发意义。

从纵向关系来看，西方社会语境中的公共关系各方是平等的，公共关系的意义在于促进组织与社会公众之间的良好对话，从而建立并且维护组织形象，或帮助组织应对突发的公共关系危机。公共关系与组织是合作关系、公共关系与社会公众是服务关系，它们之间的关系是平等的。而在中国社会语境下，因“关系”具有等级性，公共关系说什么、向谁说、做什么、怎么做，是根据行为对象与公共关系之间的联系所决定的，“在这种社会中一切普遍的标准并不发生作用，一定要问清了对象是谁和自己是什么关系之后才能决定拿出什么标准来”[④]，这是一种“要时时事事由己推人的自我，以及通过人伦纽带将自我联系在一起的上下有序的

---

① HART A B. Formation of the Union，1750-1829［M］. Fairford：Echo Library，2007：31.

② 费孝通.乡土中国［M］.北京：北京出版社，2005：33.

③ 阎云翔.差序格局与中国文化的等级观［J］.社会学研究，2006(4)：201-213，245-246.

④ 费孝通.乡土中国［M］.北京：北京出版社，2005：49.

等级化”[1]。中国社会语境中这种纵向关系更具有现实意义，它塑造了中国社会中具有差序性质的人格。在西方社会，“每个个人人格上的平等才能确立，每个团体分子和团体的关系是相等的。团体不能为任何个人所私有”[2]。但是在中国社会，人与人之间在人格上、思想上的不平等却是一种事先存在的规约——当然这种人格不平等的根源在于经济上的依附性，中国传统社会中拥有财产权的基本单位不是个人，而是家庭这一生产和消费的基本社会单位。这种经济上的依附性所导致的人格的不平等性源于不平等的社会关系，即“序”，而这种差序人格又加剧着差距格局的稳固。正因为这种差序人格的存在，导致了公共关系中的“关系”是存在着一个主体导向的。这个主体看起来是公共关系组织/人员，因为是它面对着组织和社会公众，起到促进沟通的作用。但究其本质而言，主体却是公共关系所代表的组织，或者说是组织使用了公共关系作为工具——雇佣关系区分出了前后场。

雇佣关系在中西方不同的语境下也有不同的理解。在西方，公共关系与组织之间存在着的雇佣关系是一种民事主体之间的财产关系，这种关系更多地体现为合同法上的双方。公共关系的任务是促进组织与社会公众之间的良好对话，目的在于协调好组织与公众之间的诉求差异以维护社会公共利益。它不代表任何一方利益，而是有自己的利益取向。或者说，它以维护社会公共利益作为自己努力的目标。而在中国，公共关系与组织之间的雇佣关系更多地体现为支配关系，公共关系的任务是贯彻雇佣它的组织的意图，雇佣关系在这里体现为一种支配与被支配的关系。但是组织的目标、行动和方法是否真正有助于解决它所面对的问题，组织所要求公共关系开展的活动是否能够促进组织与公众良好沟通的实

① 阎云翔.差序格局与中国文化的等级观［J］.社会学研究，2006(4)：201-213，245-246.

② 费孝通.乡土中国［M］.北京：北京出版社，2005：43.

践，公共关系在这里只能起到参谋的作用。如广州白云山制药总厂自从设置公共关系部门以来，其主要工作就是接待来宾、宣传组织，将公共关系中的一小部分当作自己工作的全部内容。从某种程度而言，也正是基于此原因，公共关系组织在西方和中国分别主要表现为独立设置的外部公司和组织内部的公共关系部门——公共关系与组织关系的不同决定了这样不同的形态。

从横向关系看，中国社会语境对于“关系”等级性的理解，实则是一种以自我为中心、以自我为目的的行为实践。除了为特定目的所进行的拜见、访问等，一些日常生活中发生的细碎平常的场合，也经常被用来作为关系建立或维护的方法以加强彼此之间的联系——尽管这种努力常常是单方面的。如果简单地将公共关系的工作理解为建立良好关系，却忽视了方法的合理性，就会加速公共关系误入歧途。在公共关系刚落地中国的早期阶段，一些公共关系从业人员以为做好“人情”与“面子”就做好了公关。这股风吹来，社会对公共关系的负面评价也就是必然的了。

中国社会在纵向和横向两个方面的特殊情况使得“公共关系”这个概念在引进之初，在理念和实践两个维度上都发生了变化，加之功利性社会思潮的影响，为解决特定问题而生的公共关系出现了“头痛医头、脚痛医脚”的问题。注重效率而忽视日常建设、注重向上管理而忽视社会责任、注重目的达成而忽视方法合理性，这种对于公共关系的庸俗化、简单化理解导致公共关系实践停留在低水平的循环，同时也极大地阻碍了公共关系理论的发展。特定的概念或实践从原生环境移植到其他环境中，会受到不同社会语境的影响而发生改变，如果移植环境继续按照原有的概念或实践沿用的话，会出现不耐受的问题。但是，若将公共关系原本的价值内核完全替换，也会最终导致公共关系的污名化问题。

（三）性别建构：热播剧引发的公共关系污名化想象

1989年9月，广州电视台播出电视剧《公关小姐》，这是我国第一部反映改革开放以后公共关系工作的电视剧，并且向当时的中国介绍了“公共关系”这个还不为社会所熟知的职业。电视剧一经播出，就引起了巨大的社会反响，“《中国电视报》专门开辟读者讨论栏目进行讨论，一些地方召开座谈会和一些报社开辟专栏进行了讨论，一时间先进的公共关系理念、现代酒店管理方式和职业女性的风采成为国人的谈资”[①]。还有一些企业效仿电视剧中的做法，成立了公共关系部门。自此以后，“公共关系”这个概念越发为中国人所熟悉。

《公关小姐》使得“公共关系”的概念逐渐普及，《公关小姐》也使得社会公众对于“公共关系”和“小姐”产生了偏见，进而发展成为对整个行业集体污名的刻板印象，“从个体污名向组织污名逐渐延伸，最终成为社会互动过程中一种泛污名化的常态化现象”[②]，这种印象的负面影响一直延续至今。

《公关小姐》从另一方面也显示了公共关系在我国被污名化的核心表现，即性别歧视。尽管有调查研究表明，在公共关系行业中女性的数量早已超过男性，而且在大学中也存在的同样的情况[③]，但是在公共关系行业中女性所面临的“玻璃天花板”的现象仍然存在，来自中国的一项研

---

① 蒋楠.从“公关小姐”到大国公关：回溯改革开放40年中国公共关系发展步履［J］.国际公关，2019（1）：90-91.

② 陈先红，江薇薇.中国公共关系污名化的思想行为根源与形成机制研究［J］.新闻界，2018（5）：22-29.

③ 卡特里普，森特，布鲁姆.有效的公共关系［M］.明安香，译.8版.北京：华夏出版社，2002：31.

究也得出了类似观点[①]。格伦·布鲁姆所进行的一项调查研究数据显示，女性公共关系从业人员的“玻璃天花板”不仅体现在工资的差距上，而且也意味着男性从技术岗晋升至管理岗的机会更多一些[②]。这种男性主导的社会秩序促生了对于女性的性别偏见，将后者置于服从和被管理的角色。波伏瓦认为，“女人不是天生的，而是后天形成的”[③]，“女性”这个与“男性”相对的概念是后者主导的社会规训的产物，是后者的凝视使前者不得不转向物的理解。这种话语体系将女性置于一种男性主导的社会秩序中，进而使得前者的生存模式受到后者的规训而处于从属的或者依附的状态，巧合的是，《公关小姐》强化了这种模式或者说被建构出来的认知。改革开放以来所产生的新的社会风气重塑了人们的价值观。市场化浪潮使得各种事物被贴标签、符号化进而不断被异化为符合特定社会形态中的消费文化，公共关系也概莫能外。“公关小姐”的标签契合了消费文化的话语——女性被定义为“物体”。随着公共关系的商业性质不断扩展，不仅外界对公共关系不断加以污名，公共关系组织内部也开始向着这一方向转变。以戈夫曼为代表的社会学者将这种情况称为“越轨”，认为污名是社会建构的越轨标签[④]。加利福尼亚大学圣芭芭拉分校的托马斯·谢夫（Thomas Scheff，1929—　）教授进而提出，越轨行为或者说被认为是越轨行为的认知改变了社会对于特定个体的结构性表述，而越轨者对于社会的排斥——不带有感情色彩表述，可以将其理解为对于来自外界信息的反感。尤其是当这种信息多以指责、不屑、轻蔑和鄙

---

① 陈先红，江薇薇.中国公共关系污名化的思想行为根源与形成机制研究［J］.新闻界，2018（5）：22-29.

② BROOM G M，DOZIER D M. Advancement for public relations role models［J］. Public relations review，1986，12（1）：37-56.

③ BERGER J. Ways of Seeing［M］. London：Penguin Books，1972：47.

④ GOFFMAN E. Stigma：notes on the management of spoiled identity［M］. New York：Prentice Hall，1963：148.

夷的态度出现时，则进一步强化了这种自己对自身角色的促进，因此进而产生了自己对自己行为的正向激励。但是这种行为是与日常理解意义上的社会角色相分离的，因而这样的循环越是转起来，就越是无法与社会产生认识协调[①]。

从对公共关系从业人员产生偏见，再到发展为对整个公共关系行业的集体污名，认为公关就是拉关系、走后门，是所谓“面子公关”“关系公关”——从贴标签到污名化的整个过程来看，这个刻板印象形成的过程本身就存在概念的混用。公关污名化的过程实质上是公关概念位移和转移的结果。公共关系概念或实践的话语阐述者和实践者的错位，最终导致了公共关系由原本的“沟通”“交流”转变为“暧昧”“黄色”。在公众性质的认知范式的主导下，由公共关系从业人员个体的污名化转化为行业整体的污名化。同时，公共关系的污名化标签也是在互动中完成的：由污名主体的认知狭隘，以及被污名主体的集体无意识和意识形态的合法化共同作用形成了最终的污名化标签。“污名化”在现实社会生活中的表现有多种形式，特定概念或实践的被污名化在中国语境中与女性视角发生了关联。公共关系的污名化“沿着个体—群体—组织的路径从个体化向群际化转换，从某个本来不确定的个案祸及整个公共关系领域，从个体污名向组织污名逐渐延伸”[②]，但是如果仅仅从电视剧就定义出整个公共关系群体的污名特点似乎也有些武断。戈夫曼后期也逐渐将视角转向被污名的客体，最终得出“社会规则和公共秩序的缺失”[③]导致了污名化的出现的结论，而在现存的解释中，污名化主体和被污名化的主体

---

① SCHEFF T J. Being Mentally Ill：a sociological theory［J］. Social forces，1966，159（3）：132-133.

② 陈先红，江薇薇. 中国公共关系污名化的思想行为根源与形成机制研究［J］. 新闻界，2018（5）：22-29.

③ GOFFMAN E. Stigma：notes on the management of spoiled identity［M］. New York：Prentice Hall，1963：148.

都未能真实地显示出来。

（四）功利主义思潮影响了公共关系理论和实践的进一步发展

“文化大革命”结束以后，中国逐步走上了改革开放的道路。邓小平在1978年12月13日的中共中央工作会议闭幕会上发表的《解放思想，实事求是，团结一致向前看》的讲话，提出了要解放思想的重大理论命题。邓小平指出，“只有思想解放了，我们才能正确地以马列主义、毛泽东思想为指导，解决过去遗留的问题，解决新出现的一系列问题，正确地改革同生产力迅速发展不相适应的生产关系和上层建筑，根据我国的实际情况，确定实现四个现代化的具体道路、方针、方法和措施”[①]。一时间，全中国人的热情被迅速点燃，各种有利于发展社会主义社会的生产力、有利于增强社会主义国家的综合国力、有利于提高人民的生活水平的要素被激发，全社会处于一种昂扬向上的气氛之中，十几年来所酝酿、蓄力的社会建设的热情一时间全部迸发出来，形成了一股强大的社会动力。勤劳勇敢的中国人希望快一点、再快一点，把失去的时间抢回来。农村经济活跃了起来，几年内困扰了中国人几千年的温饱问题基本解决。城市经济也活跃了起来，对外开放的规模和结构进一步优化，各种乡镇企业、外资企业、民营企业应运而生。20世纪90年代以后，邓小平在武昌、深圳、珠海、上海等地发表谈话，提出“要从根本上改变束缚生产力发展的经济体制，建立起充满生机和活力的社会主义经济体制，促进生产力的发展”[②]，终结了社会中关于姓“资”还是姓“社”的争论。

这一时期中国本土的公共关系理论建设已经起步，但是整体上仍处

---

① 邓小平.邓小平文选：第二卷［M］.北京：人民出版社，1994：141.

② 邓小平.邓小平文选：第三卷［M］.北京：人民出版社，1993：370.

于草创阶段，缺少对于公共关系基本理论、基本方法、学说流派的研究分析，以及对于公共关系引进中国以后的适应性的建设性思考。格鲁尼格曾提醒中国公关人员不要完全参照西方理论的标准，建议中国学界应当确立自己的理论框架和处理危机的方式，在中国语境下形成具有中国特色的公共关系理论体系。而实际上，当时的中国也并未从国内较为成功的公共关系案例中汲取有用的知识——尽管这类案例极少，也未能从实践中总结出来能形成理论的知识体系，而这对于公共关系学科在中国的在地化建设是至关重要的。胡百精就这一点曾评述道："很多公关著作长达数十万字，竟无一处引注；数百部公关著作包罗万象而又千篇一律，蛋炒饭，饭炒蛋，炒来炒去蛋炒饭；西方与本土之间、本土不同学者之间的知识累积和延续并不明显，以至于并不存在所谓学脉传承和精神后裔；制造或夸大一些学术争论，动辄使用白热化、水火难容等修辞描述诸如传播管理说、形象塑造说、关系协调说之间的纷争，其实并无严整的学派交锋和汇流论。"① 与此同时，中国的公共关系教育也已经起步，并且因经济发展的红利而具有良好的就业形势因而受到相对多的关注，但是仍"存在着严重的隐患"。绝大多数学校的公共关系课程缺乏具有实践经验的专业教师，课程结构不合理，更多地从广告、新闻、外语等相关专业抽调师资和课程。一些大中专院校甚至把开设公共关系专业作为学校的创收手段，盲目扩大招生数量，导致"这个时期培养的公关毕业生数量很多，但多数没有进入公关行业工作"②。中国环球公共关系公司首任总经理王志文也表示，创办公共关系公司"其实跟对公关的

① 胡百精.合法性、市场化与20世纪90年代中国公共关系史纲：中国现代公共关系三十年（中）[J].当代传播，2013(5)：4-9，14.

② 本刊编辑部.中国公关教育二十年[J].国际公关，2006(5)：70-74.

认识没有太大的关系。实际上是为了挣钱，为了搞经营”[①]。

公共关系在落地中国之初出现的污名化现象，是多种因素共同作用、相互影响的结果，其根本原因在于当时中国的社会主义市场经济体制发展不完善。除此以外，中国社会消化吸收“公共关系”这一西方舶来品的过程也出现了一些不适应状况，庸俗化理解和功利主义导向使得当时的中国社会忽视了对于公共关系一些基本理论和概念的在地化建设，这些都是导致公共关系污名化的原因。20世纪90年代中期以后，随着中国社会主义市场经济的逐渐完善，加之对于西方公共关系理论与实践“拿来主义”的借鉴吸收，中国公共关系开始了一段自我公关之路。

三、自我公关：中国公共关系的去污名化建设

20世纪90年代以后，不管是公共关系实务界还是公共关系理论界都已经认识到了污名化问题给公共关系在中国的发展所造成的桎梏。得益于中国社会主义市场经济的逐渐完善和发展，改革开放的范围逐渐扩大、改革程度日益加深，以及对于外资公共关系公司所带来的新的理念和实践的借鉴与吸收，中国公共关系也逐渐开始了去污名化建设。

（一）去污名化建设的开启

污名化时期的公共关系与当代公共关系所倡导的沟通、交流、对话背道而驰，公共关系也未能对社会经济的发展产生建设性影响。当时的公共关系并不契合社会经济发展的需要，因此未能够成为中国特色社会主义现代化建设的一股力量。中国公共关系界也意识到了这个问题，而要使公共关系参与到社会主义现代化建设中来，首先应当消除公众对于

① 胡百精.新启蒙、现代化与20世纪80年代中国公共关系史纲：中国现代公共关系三十年（上）[J].当代传播，2013(4)：4-9.

公共关系的污名化理解。

最早的努力来自理论界。1989年余明阳发表《试论公关本质》一文，批判了请客送礼的庸俗公共关系，提出公共关系“既有作为竞争手段的人心操纵的一面，又有作为竞争规范的准则设计的一面”，认为应当“努力避免让那些不正之风、投机钻营、不择手段等典型反公关的做法”，“引导公关事业向深度和广度发展。尽快使公关脱离容易混淆视听的公关小姐、公关先生等花里胡哨的名词而步入正轨”，使中国公共关系成为“真正的公关、科学的公关”[①]。时任中国公共关系协会主席的安岗也发表了《什么是中国特色的社会主义公共关系》一文，从理论层面开始探索公共关系在中国的在地化建设。安岗等人还以“中国公共关系研究所”的名义从1990年起连续三年召开“全国公共关系理论研讨会”，主题分别是“公共关系与社会发展”、“公共关系与改革开放”和“公共关系与市场经济”。公共关系教育界也有所动作。1989年，中国国际广播出版社出版了《公共关系辞典》，这是中国公共关系学界较早的一部汇编著作。中国广播电视出版社也于1993年出版了超过2000页的皇皇巨著《中国公共关系大辞典》。1991年5月，在武汉召开的第四届省市公关组织联席会上通过了《中国公共关系职业道德准则（草案）》（简称《准则》），这是中国公共关系行业第一个自律性规范。《准则》正文共十条，对于公共关系人员必须具备的职业道德素养进行了明确规定。会前，承办方还对与会代表资格进行了严格审查，“整肃之心可见一斑”[②]。

大概在20世纪90年代中期以后，中国公共关系渐次走出早期的污名，道德合法性危机和社会认同危机基本消除，尽管时至今日仍有一些玩笑式的陈旧观点偶有提及。但是，中国公共关系是否能够助力社会经

① 余明阳.试论公关本质［J］.现代哲学，1989（4）：63-65，69.

② 胡百精.合法性、市场化与20世纪90年代中国公共关系史纲：中国现代公共关系三十年（中）［J］.当代传播，2013（5）：4-9，14.

济发展、是否能够成为社会主义现代化建设过程中的有力力量，仍不是单独一个孤立的体系能完成的。

（二）公共关系的市场化培育

公共关系在中国落地之初之所以出现了污名化的表现形式，归根结底在于经济方面的问题。中国社会主义市场经济发展不完善，公共关系缺乏强劲的市场需求和产业供给，无法与上下游形成互动链，也就毋宁谈公共关系有利于社会进步的问题了。而公共关系真正摆脱污名化的桎梏，成为推动社会经济发展的动力之一，主要是由于社会主义市场经济的发展，使得社会上出现了对于公共关系的需要。实践领域的需要将会极大地推动理论的产生和进步，推动科技进步和思想迸发。恩格斯曾提出："社会一旦有技术上的需要，则这种需要就会比十所大学更能把科学推向前进。"[①]在公共关系回应市场需求的进程中，从西方引进的、在早期被异化的公共关系实践在社会现实中不断被调整，逐渐地从过去所谓的庸俗公共关系中走出来，去解决社会所面对的问题。同时，专业的公共关系从业人员群体逐渐形成，并且能够在解决公共关系实际问题的过程中形成自己相对于其他专业的独有特质，进而逐渐把握了公共关系的本质。

一个完整的、健康的公共关系市场框架包括很多要素，其中的关键节点就是公共关系公司及其健康业态的培育。20世纪90年代中期以后，大量外资经过一个短暂的停滞期后继续进入中国。这些外资企业通常具有丰富的公共关系经验，需要在中国寻找合适的公共关系公司来协助它们适应中国的社会环境和商业环境，因此在中国出现了一批中外合资的公共关系公司。继1984年伟达公司在北京设立办事处之后，外资公共关

① 马克思恩格斯全集：第39卷［M］.北京：人民出版社，1974：198.

系公司陆续进入中国市场，为中国公共关系事业的发展注入了新鲜血液。本土公共关系公司的发展也令人注意。1996年7月，新生公共关系公司的代表蓝色光标在北京成立，还有宣亚、迪思、灵思等公共关系公司如雨后春笋般出现在中国大地上。外资和本土公共关系公司的并肩发展、相互借鉴，有利于前者更加熟悉中国社会环境，更有利于后者吸收国际公共关系新经验——而后者在中国公共关系去污名化的努力中显得更为重要。这些外资公共关系公司“严谨、庄重地向中国同行传授、示范了诸如认知管理、形象管理、危机管理、财经传播、国际传播等概念和观念、方向和方法。这些公关公司在90年代引进、发展的方法论和它们所创造的一些案例，在今天仍有典范意义”①。这对于公共关系行业的市场化和产业化发展是非常重要的，正是这一代公共关系公司的融合发展形成了中国公共关系新的市场格局，才得以推进中国公共关系的市场化进程，更加积极主动地回应市场需求不断扩大，为当时的企业带来了实际的利润。据《中国公共关系业1999年度行业调查报告》显示，当年“国内公关市场继续保持较好的增长势头，中外公关公司年营业额估计接近10亿元人民币，专业公司从业人数超过3000人。具有固定客户群和服务规模的中外公关公司数目近50家”，“外资公关公司继续保持15%以上的平均年增长率”②。1995年6月，在北京的八家公共关系公司联合签署了一份名为《对在中国开展公关业务的职业标准立场》的文件，这份文件希望以统一业务规范、加强彼此联系尝试建立中国公共关系市场化的标准，为公共关系的市场化发展指明正确的风向标。值得注意的是，1995年10月7日至11日在成都召开的第八届省市公共关系组织联席会议，深

① 胡百精.合法性、市场化与20世纪90年代中国公共关系史纲：中国现代公共关系三十年（中）[J].当代传播，2013(5)：4-9，14.

② 中国公共关系业1999年度行业调查报告[EB/OL].(2001-12-31)[2024-08-19].https://www.chinapr.com.cn/253/200112/189.html.

入探讨了中国公共关系工作在经济体制从传统的计划经济体制向社会主义市场经济体制转变的过程中，如何发挥其特殊作用以适应新形势、开创新局面的问题。

对于社会问题的解决、对于社会进步的参与不断促进了公共关系的市场化进程，公共关系对于组织形象、社会生活、国家形象等方面的作用进一步凸显，公共关系的污名在公共关系解决社会问题、助力社会发展的过程中被进一步解构。

（三）社会需求助力公共关系的建设性发展

早期公共关系工作主要集中在企业，公众对于公共关系的理解也更多地局限在商业领域。21世纪以后，中国公共关系在徘徊中继续发展、在发展中不断进步，总体来看朝着积极的方向持续前进。公共关系逐渐走进公众视野，成为推动社会经济发展的一支生力军。

2001年7月，北京被宣布成为第29届夏季奥林匹克运动会的举办城市，这是中国历史上第一次举办奥运会，公共关系在北京申办奥运会的过程中发挥了建设性作用。北京申奥借鉴了悉尼申奥的成功经验，"不要光自己说，还要让别人看"。在申办期间，奥申委在德国、美国等国家都开展了相关的会展活动，向国外介绍北京为申办奥运会所做出的努力。同时，奥申委还主动与西方媒体接触，邀请他们到北京来参观访问并真实地报道中国。2001年2月，国际奥委会评估团到北京考察，评估团主席海因·维尔布鲁根（Hain Verbruggen，1941—2017）表示："评估团看到了一个真实的北京，北京申办奥运会得到了政府和市民的强有力支持，提出了一个非常好的比赛规划以及场馆建设方案，并认为申奥将会提高北京人民的生活水平。"在申办奥运会期间，奥申委不仅与国内外媒体积极沟通，还向社会公众介绍奥运会、解释申办奥运会的意义所在。盖洛普（中国）咨询有限公司在2001年2月进行的一项调查结果显示："94.9%的北京市民支持北京申奥。同时，94%的北京市民希望成为志愿者为奥运会服务。"通过沟通和对话，结合张艺谋导演的北京申奥电视宣传片，奥申委获得了广泛的群众支持。除此以外，奥申委还获得了许多企业和国外友人的支持。有观点认为，"北京申奥过程是典型的公关活动过程"[①]，"为国内混乱的公关、广告策划界带来的启示将是深刻而久远的"[②]。

2001年12月，中国正式加入世界贸易组织，这是检验中国社会主义市场经济建设成果的一个关键节点。加入世界贸易组织促进了中国对内改革和对外开放的进程：供求机制、竞争机制和价格机制等市场因素在资源配置中的作用越来越大，同时要求中国进一步对外开放，中国在经济社会多个领域与国际接轨。这不仅对中国的产业结构提出挑战，对中国本土的公共关系发展也提出了新的要求。一时间，懂外语、懂电脑、懂礼仪成为公共关系从业人员的标配。对于公共关系从业人员在理论基础和行业规范方面的要求也逐渐提高，具备国际化视野和本土化操作的公共关系从业人员更加适应市场的需求。时任中国国际公共关系协会常务副会长郑砚农表示："中国加入世贸组织后，加快了与国际接轨，中国政治经济体制的不断健全，外商投资环境的改善，为公关咨询业进一步发展提供了保障。"时任对外经济贸易部副部长、中国入世首席谈判代表龙永图在2002年北京召开的中国国际公共关系大会上也表示，公共关系"要密切关注中国入世后政府职能的转变，要熟悉入世后的法律法规……通过沟通与协调，把社会主义市场经济条件下，可能产生的越来越多的商业纠纷减少到最低程度，起到润滑剂的作用，使市场经济发展更加顺畅"[③]。

---

① 姚建平.北京申奥：政府公关的典范［J］.公关世界，2001（11）：4-7.

② 尧旭华.作为形象策划的北京申奥［J］.中国广告，2001（9）：46-47.

③ 郑砚农.2002：WTO后的公关大会［J］.公关世界，2014（2）：46-47.

进入21世纪，中国在经济社会高速发展的同时，社会矛盾也日益凸显，有学者称之为“现代性的危机四伏阶段”，表现为“财富激增而两极分化严重，功利主义猖獗导致道德理想衰微，社会问题增多，社会矛盾尖锐，掠夺式发展造成能源短缺、环境破坏”。在这种所谓“风险社会”的倒逼下，政府、组织、公众和个人都在积极谋求与自己相关方的对话和共识，中国公共关系“因此获得生长和发展的动力，于既往十年曲折前进”①。

中国公共关系在发展的过程中不断迂回徘徊，但总体朝着进步的方向前进。一个新事物要发挥建设性作用总要经过长时间的探索与实践，中国公共关系在21世纪与中国社会迸射出的新奇火花使其被逐渐正名。随着网络社会的到来，中国公共关系又有了新的机遇和挑战。而不管所处社会环境如何，只要公共关系能够把握好沟通和对话的根本目标，以应对社会需求为导向，坚决与过去那种庸俗公共关系划分开来，就能够成为社会各方达成共识与理性、协调与秩序的重要手段。

（四）公共关系理论的中国化表达

公共关系在引入中国之初出现的与中国社会不适应、进而出现污名化状况的原因，究其根本在于当时中国社会主义市场经济发展仍不完善，这一根本原因表现在理论层面，就是公共关系作为西方舶来品，其概念和理论是以西方语境为基础的，是服务于西方经济社会发展需要的。虽然不能过分强调中国社会相对于西方社会的特殊性，进而否认那些具有普遍价值的理论，但是中西方在历史文化、社会传统和价值观等方面的区别仍具备导致公共关系被错位理解的条件。

---

① 胡百精.风险社会、对话主义与重建现代性：“非典”以来中国公共关系发展的语境与路径［J］.国际新闻界，2013，35（5）：6-15.

20世纪90年代以后，中国社会经济进一步发展，公共关系的发展也进入了一个新的阶段。然而，随着公共关系污名化问题的显现，公共关系理论界和实务界都认识到了这一问题的重要性。实务界积极通过公共关系满足社会预期、解决实际问题以助力公共关系的建设性发展。在为中国公共关系正名的道路上，公共关系实务在处理社会实际问题和为企业、国家带来实际效益的同时，其在精神层面的理论发掘也在同步进行。中国公共关系理论界积极将西方理论与中国实际相结合，在运用西方理论解决中国问题、实现西方公共关系理论中国化的基础上，旨在提出符合中国实际、满足中国需要、适应中国发展的公共关系理论。

中国公共关系理论的发展过程可大致划分为观念引进和思想启蒙时期、自主构建中国特色公共关系理论体系时期、范式创新与构建公共关系学术共同体时期。将目光回溯至20世纪80年代初期公共关系刚被引入中国时，就立刻被满怀热情追赶世界脚步、夺回失去时间的中国人民用来作为追求进步的工具之一。即便现在回想起来，仍让人热血沸腾。但是由于社会经济发展水平、人文社会科学整体发展阶段以及中国社会强大的认知惯性的限制，这一时期的公共关系理论发展并不充分，只能说是在西方理论基础之上的翻译和中国化理解。90年代早期，随着去污名化建设的开启，中国公共关系的发展也进入了一个新阶段，开始结合公共关系的市场化培育以及对于社会需求的有效回应，在对公共关系实践进行归纳总结的基础上，自主地构建具有中国特色的公共关系理论。这一时期基本能够从理论上与庸俗公共关系划清界限，明确了公共关系与社会之间的关系，但是这一时期公共关系的研究也有泛化的倾向。为了提出一些理论、形成一些观点，公共关系与财务、护理、农垦、邮政等许多专业领域都产生了关系，出现了一大批文献。在对于公共关系本体的理论研究还不深刻的情况下，这样的泛化也可视为社会各界对于公共关系中国化的一种努力。

20世纪90年代中期以后，中国公共关系学界开始构建具有中国特色的公共关系理论研究范式，逐步形成公共关系学术共同体。同时，以一些学者为代表，中国公共关系学界开始形成学术自觉，从中国古代思想文化中发掘价值、汲取营养。公共关系理论开始自觉地靠近“古”和“中”，通过汲取中国文化的养分、适应中国环境来形成公共关系的中国特色。如柯宗瑞较早地提出了要“培植黄土地上科学的公共关系学”，在批判“西方公关学为资产阶级效劳的本质”的基础上，认为中华大地五千年的文明历史，提供了浩瀚的文化遗产和思想营养，是培植科学的公关学的肥沃土壤；马克思列宁主义、毛泽东思想阐明了最先进的世界观、价值观和伦理原则，为培植黄土地上的现代公关学提供了科学指南[①]。王潺将孔子中庸思想和西方公共关系理论相结合，提出了“要建设具有中国特色的公共关系（学）体系，必须十分重视中国传统文化这个大背景。作为中国传统文化主干的儒家学说，关于中国古代公共关系思想的阐述是比较系统的”[②]观点。许斌提出，“中国的传统文化对发展中国的公共关系意识有着极其深刻的影响”，“中国的传统文化是对构建和发展中国公共关系实践和理论最有影响的因素，中国的公共关系事业和学科必须深深地扎根于中国传统文化的土壤之中，从中汲取营养，才能使自己健康地成长”。[③]

这一时期，中国公共关系学界继续打开眼界，向西方世界汲取养分。学者们与美国、英国、日本和中国港台地区的交流更加直接和频繁，眼界大开，成果丰富。郭惠民译介了卡特里普的双向开放模式、格鲁尼格

---

① 柯宗瑞.论培植黄土地上科学的公共关系学［J］.湖南大学社会科学学报，1992(1)：15-25.

② 王潺.中庸思想与公共关系［J］.沈阳大学学报，1993(1)：76-78.

③ 许斌.公共关系与中国传统文化的渊源：对构建中国公关理论体系的思考［J］.上海大学学报（社会科学版），1994(1)：56-59.

的双向平衡模式和英国公关界代表人布莱克的引领性贡献，并在翻译中公开、坦率地修正一些差谬。1996年，格鲁尼格“来华参加首届友谊宾馆会议，郭惠民和廖为建是这次中美公关界对话的主要促成者。此后三年，郭廖与格鲁尼格持续通过电子邮件进行学术对话，最终促成了国内公关理论研究进程中的标志性文献——《关于公共关系学若干基本问题的国际对话》及其续篇”①。这一时期中国的公共关系学在吸取、借鉴西方理论的基础上逐渐形成，出现了大量具有中国特色、使用中国话语、解决中国问题的著述，并在解决中国社会具体问题的努力中站住了脚跟。

具有中国特色的公共关系理论是在借鉴西方公共关系理论和概念的基础上，具体地解决中国社会具体问题、吸收中华优秀传统文化、经由一代公关人的努力而形成的。实践基础上的理论创新是社会发展变革的先导。从西方引入中国的公共关系在实践和理论上经过一个艰难的阶段，最终达成了去污名化，实现了中国公共关系的自我公关，并走上了稳定发展的道路。

四、中国公共关系稳定发展的未来方向

“也许最重要的是把公共关系发展成一个定义明确、值得尊重和广为人们接受的专业实践领域所作的种种努力。”②中国公共关系从早期的“公关热”到后来的污名化，再经过一个自我公关的历程，在服务社会主义现代化建设的过程中基本实现了稳定发展。从“公共关系有益于社会进步”的角度出发，结合中国社会的实际情况，我们认为中国公共关系要

① 胡百精.合法性、市场化与20世纪90年代中国公共关系史纲：中国现代公共关系三十年（中）[J].当代传播，2013(5)：4-9，14.

② 拉铁摩尔，巴斯金，海曼，等.公共关系：职业与实践[M].朱启文，冯启华，译.北京：北京大学出版社，2006：42.

想在未来稳定发展，应当注意以下几个方面。

（一）构建公共关系正确的认知评价

尽管公共关系已经从伦理角度论证了自身存在和发展的合理性，但是哲学层次的评价体系对于公共关系理论研究和公共关系从业人员仍具有重要意义。从形成对于公共关系正确合理的认知入手，可以发掘公共关系在当代社会存在的元理由，并可以进一步引导公共关系发挥建设性作用。

1.形成主体间性的公共关系哲学认知

哲学层次的正确认知在精神领域引导着公共关系的意义认知与价值评价。哲学对于公共关系的批判，以及公共关系对于哲学批判的回应的过程，也是公共关系发现自我价值的过程，同时也是公共关系实践明确目的的过程。这种话语互动既可以审视公共关系的抽象价值，也可以明确公共关系存在的意义。

哲学领域对于公共关系的批判主要集中于认为后者催生了虚假的公共舆论，并由此造成对现实生活世界的侵扰。哈贝马斯在研究社会转型和交往问题的基础上对公共关系进行了原罪审判式的哲学批判。其中主要集中在公共关系会异化人们的个体心灵，造成虚假的意见总和进而引导舆论，导致公共领域的重新封建化。人们在意见自由市场发表言论，公开表达想法，但公共关系却动摇了公共领域的根基，使“伪公共性”挤占了公共空间[①]，公共关系时常为权力、资本加冕，将少数优势意见转变为公众意见。哈贝马斯非常强调公共领域内交流主体的平等性和真诚性，认为“在这个由语言构成的公共空间中，行动者互相承认对方的沟

---

① 李佃来.公共领域与生活世界：哈贝马斯市民社会理论研究［M］.北京：人民出版社，2006：185.

通自由，对对方的言语活动表达相互表态并承担语内行动责任。这一公共空间在原则上始终是向有可能加入的谈话伙伴开放的”①。哈贝马斯还指出，公共关系将系统对于生活世界的侵扰变得正义且正确，“当公众越来越为权力和金钱的效率着迷时，它们便从系统的阈限溢出，取代了语言作为生活世界的媒介角色，淹没了人类交往中关乎美好的信念和意义，系统悄然实现对生活世界的殖民”②。哈贝马斯对于公共关系的指责主要集中在公共领域的虚假意见之和，以及公共关系为这种虚假意见披上了合理的外衣，形成了一种永久的豁免权——代表公共利益而不受监督。和哈贝马斯不同的是，乔姆斯基主要从语言学角度对于公共关系进行了审视。他认为公共关系主要是对语言进行重新整合和赋予意义，使得舆论以及作为语言原本的精神世界被玷污，新的话语意义成为经济组织在前台控制公众的“魔法”，通过塑造一些所谓的“爱国”“平等”等概念，形成自己的话语，不断更新消费文化形成虚假认同，以语言柔性力量来解决那些越轨者的越轨，并将其反抗逐渐引向消费奢靡方向。

对于公共关系批判的回应在公共关系的发展过程中是具有意义的。伯内斯认为，社会冲突升级为公共关系存在的元理由，公共关系所具备的关系整合职能要在经济社会发展到达一定程度的基础之上才有可能实现。但是伯内斯是站在精英控制大众的角度给出的回应。伯内斯具有浓厚的精英主义视角，他尊重但不信任公众。格鲁尼格则顺应时代发展提出了公共关系对话的哲学范式，对一直以来精英控制舆论的观点进行了否定，将“宣传”“说服”等概念从公共关系的理论架构中剔除出去，形成组织与公众双向对等交流的模式，即在尊重、互信、平等中催生共

① 夏昌奇.公共领域的论理与生活世界的沟通：哈贝马斯市民社会理论的两个基本进路［J］.国外社会科学，2008(2)：47-54.

② 胡百精，高歌.公共关系的哲学批判与回应［J］.现代传播（中国传媒大学学报），2016，38(6)：31-36.

同的意见。乔治·梅森大学（George Mason University）的卡尔·伯顿（Carl Botan）教授对于公共关系的回应增加了哈贝马斯对于主体间性的理解，认为组织与公众互为主体，应当在动态平衡中寻找意义共享。伯顿进一步提出要在商讨中掌握组织主动性，而这种主动性并不是全领域的控制，而是适当地站在公众角度给予公众权利，形成良性的社会互动，在互动中平衡“柏拉图问题”与“奥威尔问题”。

关于“人性的基本看法”亦可被视为其政治批判和语言学思想之间隐约可见的纽带①。对于公共关系的批判与回应从公共关系产生持续至今，这种争论在一定意义上不断引导公共关系顺应社会发展、调整范式策略，以真正引导公共关系走向正途。中国公共关系哲学理念应遵守“共治的善”和“更新语言对话体系”路径，此种一实一虚是实现公共关系合理性的最优路径选择。此外，还要将组织与公众的主体性转变为主体间性，谨防一方对另一方的完全压制，实现以价值理性作为双方沟通的底色，在相互理解中达成共识。语言有效性的改变首先要达成内容上的真实性和沟通上的真诚性。质言之，我们所要形成的公共关系哲学思想可总结为在组织与公众之间形成主体间性，以平等、真诚的交往达成共识，在动态的对话沟通中达成平衡，以寻求真正的意义交流与社会互动从而达成价值互换与利益共赢。

2.形成作为意义与价值共创的公众认知

格鲁尼格认为，“作为一套心智系统，世界观往往预设了组织的公关理念和模式。而公众观或对公众的想象正是组织世界观的重要组成部分，影响着组织公关的观念、逻辑、结构和实践选择”②。公共关系对于它所

① CHOMSKY N. Language and responsibility［M］. New York：Pantheon Books，1978：3.

② 胡百精，高歌.公共关系对公众的想象［J］.新闻大学，2017(6)：125-132，157，155-156.

面对的公众的认知，从短视的角度看影响到公共关系策略的制定和执行；从长远的角度看则与整个公共关系生态环境有关，很难想象存在一个不尊重公众而公众又对其趋之若鹜的公共关系的存在。公共关系对于公众的认知，与传播学史上对于“受众”的认知发展程度和水平基本相似，只是在作为靶子、对象、消费者的认知以外，又增添了作为对话与价值互换对象的公众的认知。每一种认知阶段都有其存在的合理性，只不过是从不同方面对公众的能量或者意义进行的考量。这些认知方式仅存在于历史上，在现代社会中也偶然出现一些指鹿为马、混淆黑白的强词夺理——这并非针对开展公共关系的科学态度。

二战前后产生的一种观点认为公众的智慧与力量和虚伪的善良并存，因而公众只能被告知，其他的事情由与公众相对应的精英来完成。冷战时期的一些研究进一步认为公众是能动的，但是是顽固的，信息只能加固接收信息者的既有认知，而非一般地进行改变，因而公众应当是公共关系的工作对象。

20世纪60年代以后，主要国家的经济基本恢复到战前水平并且继续发展，随着消费社会的到来，公众进一步取得了“消费者”“用户”这样的地位，法律层面的赋权行动也在进行。70年代末哲学领域发生语言学转向以后，公共关系对于公众的认知也在发生变化，主要就是对话理论的兴起，将沟通、对话作为组织与公众沟通的桥梁，这也是公共关系对于逐渐从消费领域进入政治领域并且愿意表达自己愿望的公众的回应。

哈贝马斯认为：“在真正的对话中，对话者之间乃是一种动态的互为主体关系，即主体间性，而不再是主客二分的支配关系。”[①]这种公众观

① 哈贝马斯.现代性的哲学话语［M］.曹卫东，译.南京：译林出版社，2011：376.

打破了一直以来持有的二元思维框架——这种框架的实质是将公众放在公共关系凝视的对面，公众与公共关系之间是关系对立的——而将公共关系与公众放在同一位置之上，在互为主体的关系中以对话沟通的方式达成共识。对话有利于连接事实世界与价值判断，利益的认同是维持现实世界生活的必然，在组织与公众的对话当中形成精神世界的共创和现实世界的嫁接，将无面孔的公众逐渐具象化。因而对话的价值在于双方在平等基础之上的意义互享和共通，而不是一方处于被压迫之下对于另一方独白的单纯接受。同时，这种对话由于社会关系的遍在性会一直持续，处于一种未完成态势。对话不仅是各方相比较而存在的前提，也是关系建构和维系的可能性条件。考虑到人总是在与别人的对话过程中建立自身认知，因此也可以将对话本身认作行为本身，而并不是一种附加行为。“因此，实际上对话不可能，也不应该结束。”[①]

（二）寻找公共关系与中国社会的契合点

作为西方社会的舶来品，公共关系在引进中国之初就存在如何本土化的问题。功利主义和实用主义先行的时代致使中国公共关系的发展并未具有相应的哲学思想和核心价值。然而，“公共关系作为一种文化现象，其背后有着悠远而广袤的文化背景和某种文化国情的投影”[②]。传统文化的发展并不是孤立的，而是渗透到社会中每一个角落。对于起源于西方的理论，要经过中国文化与中国社会这个巨大的“转换器”的阐释才能在中国大地上真正释放出有用的信息。事实上，中国古代也有丰富的公共关系思想和实践，所需的只是以不同的哲学思考和表达方式将其

---

① 巴赫金.陀思妥耶夫斯基诗学问题［M］.白春仁，顾亚铃，等译.北京：生活·读书·新知三联书店，1988：343.

② 许斌.公共关系与中国传统文化的渊源：对构建中国公关理论体系的思考［J］.上海大学学报（社会科学版），1994（1）：56-59.

重新命名、建构和阐释，与社会主义先进文化的发展方向相结合。因此，在引进西方公共关系理论的同时，也应将其与中华优秀传统文化相融合，发展出具有中国特色的公共关系理论与实践。

1. 发掘中华优秀传统文化中的公共关系思想

“中国传统文化在其历史发展中，通过天人、群己、义利、理欲等关系的规定，逐渐展示了自己的价值观念，并在儒、道、墨、法、佛诸派的价值原则中取得了自觉的形态。”[①]公共关系的实用价值主要体现在组织与公众交往的过程中，这种人际关系、群体关系、社会关系等在中国古代的儒家思想上有较多体现。“中庸”在于调节对话双方的协调和统一，即所谓“君子和而不同，小人同而不和”“惟精惟一，允执厥中”。这是公共关系在中国重要的思想渊源，当代公共关系的对话范式转向要求以平等的沟通达成社会共识，进而实现公共领域与中国古代“中庸”“中和”思想不谋而合。“关系”二字在中国社会有着特殊的含义，中国社会对于“关系”理解的偏差也是公共关系在引进中国早期出现污名化的主要原因之一。“关系”是指人与人之间的相互关系，儒家思想将“仁爱”作为处理这一关系的前提。“孔子曾把‘恭、宽、信、敏、惠’视为仁的具体内容，它表现为对人的尊重、宽厚、真诚和关心。”[②]这又与当代公共关系的“真诚”内涵融会贯通了起来。儒家思想的这种人与人之间的仁爱、博爱可以赋予公共关系新的定义，将公共关系中“关系”的理解重新阐释为在尊重对方的前提下形成的沟通对话的路径，而不是成见所言之“攀关系”“走后门”。另外一个是“公共利益”。儒家思想的“仁政学说”与公共关系中注重公共利益的特点互相印证，“修

---

① 杨谦. 中国传统文化价值观与当代中国公共关系［J］. 天津纺织工学院学报，1997，16（6）：25-29.

② 许斌. 公共关系与中国传统文化的渊源：对构建中国公关理论体系的思考［J］. 上海大学学报（社会科学版），1994（1）：56-59.

己以安人”“修己以安百姓”。儒家思想中最注重的哲学价值是利他、利社会，这又与当代公共关系中的公共利益优先完全契合。儒家思想中的义利观，是把义与利看作一个既对立又统一的有机整体。《礼记》有云：“义者，宜也。”利益分配得公平、合理，各得其宜，就是义。①公共关系组织在尊重公众利益利他的角度上处理公共事务必然会产生“利己”的结果。孔子言：“富与贵，是人之所欲也；不以其道得之，不处也。贫与贱，是人之所恶也；不以其道得之，不去也。”“仁”“礼”是儒家思想的核心内容，也镌刻在中国人的精神之中。

公共关系作为促进双方沟通和对话的实用主义工具，要想在中国社会发展壮大，就应当与中国传统文化相契合，发掘中华优秀传统文化中的公共关系思想。本着对话、沟通的原则真诚地开展工作，把满足雇主利益、公众利益和社会利益结合起来，“才能做到真正意义上组织与公众的相互依赖”②。

2.融合中国古代社会的语言修辞艺术

“语词不是复制生活的媒介，它在交往者的阐释和理解中生产意义。”③对话范式的兴起将公共关系的研究提升到另一个新的高度，即研究组织与利益相关体的对话问题，而对话的前提与基础就是意义的相通：在现实的交流中突破意义壁垒，共建价值框架以达成共识。西方许多学者都认为“修辞取向公关研究的主要理论和思想来源乃新修辞学”④，公

① 何香枝.试论儒家学说中的公关意识［J］.福州大学学报（哲学社会科学版），1999(4)：17-21.

② 李云广.孔子“仁”“礼”思想在现代公共关系中的价值及启示［J］.社科纵横，1999(5)：51-55.

③ 胡百精，高歌.修辞、对话与认同：修辞流派对公共关系研究的弥合与拓展［J］.现代传播（中国传媒大学学报），2018，40(2)：120-127.

④ 胡百精.先秦修辞思想与中国古代公共关系史［J］.当代传播，2014(2)：11-15.

共关系的修辞取向促进公共关系实践得以重返语言行为和对话实践，而这又是在70年代末以后广阔的哲学语言学转向的背景下完成的。70年代是整个20世纪的关键点——尽管从现在来看，20世纪的每一刻都显得那么重要——哲学家们对于两次世界大战以及随时可能引发新的世界动乱的冷战的反思终于得到了一点成果，即将哲学的视角从主体对于客体的认知转向主体与客体之间的沟通，并试图在此基础上调和两者之间的复杂性。很明显，语言就在其中发挥着重要作用。19世纪以来，以费迪南·德·索绪尔（Ferdinand de Saussure，1857—1913）为代表的结构主义语言学研究主要集中在语言的内在系统上，过度依赖对于符号系统的理解导致了结构主义语言学失去了更加广阔的环境基础。一些学者，如艾弗·阿姆斯特朗·瑞恰慈（Ivor Armstrong Richards，1893—1979）等认为，语言并不是社会生活的简单复制。语言是在对话者的解释和对解释的解释中进行意义生产，这种结果解释了对话者的历史、现在以及对话者之间的关系，同时也是这种关系生成的因素。因此，理解不一定能够在对话者之间实现，存在着产生误解的可能性。正是在这个意义上，瑞恰慈提出，修辞的目的在于达成对话者之间的理解①，这也正是公共关系所需要完成的任务。

公共关系虽然是西方的舶来品，但是在中国古代也有着大量的公共关系思想和实践，尤其是在先秦时期诸子百家的典籍中。“虽经天地人世之沧桑巨变，先秦修辞思想依然可以成为今日中国公共关系理论和实践的源头活水。”②中国古代虽未产生像亚里士多德《修辞学》一样的专著，但是在《尚书》《论语》《道德经》《左传》《战国策》等著作中充盈着公

① RICHARDS I A. Practical criticism：a study of literary judgement［M］. London：Kegan Paul，Trench，Trubner & Co.Ltd.，1929：174.

② 胡百精.先秦修辞思想与中国古代公共关系史［J］.当代传播，2014（2）：11-15.

共关系修辞学说。诸子百家的思想不尽相同，但其思想之核心归结为一则是“修辞立其诚”。孔子云：“君子进德修业。忠信所以进德也。修辞立其诚，所以居业也。”宋代王应麟云：“修其内则为诚，修其外则为巧言。”此言也表明先秦与西方（主要是古希腊）所谓“修辞”是存在差别的。古希腊所强调的修辞，是为了传情达意，是为了沟通双方之用。而先秦将“修辞”与“立诚”结合起来，认为这是一种内在的修为。中国古代强调“少言”“水深流似慢，贵人话语迟”，但这并非意味着沉默，而是要求说话者辞令真实、感情真诚。《论语》云：“质胜文则野，文胜质则史。文质彬彬，然后君子。”

《尚书》云：“唯口出好兴戎。”《论语》亦曰：“子以四教：文，行，忠，信。”以孔子为代表的儒家诸子致力于“礼”的秩序维护。在努力恢复和维护周礼的过程中，形成了具有实用价值的相对具体的传播思维。在原有的社会结构逐渐进入崩解境地的春秋时期，这种广泛的传播实践活动对促进当时的人与人之间的交流和互动具有重要意义。以孔子为代表的儒家诸子政治宣讲、教学活动以及“尊礼”等传播实践活动，维系了个体角色身份，汇聚了社会的共同价值，推动了结构化社会互动和传播格局，进而形成了中国早期的传播秩序①。儒家中的仁、义、礼、智都在一定的范畴内彰显了言语修辞的“诚”之道。其中，“礼”对于当代公共关系所强调的修辞有着更为直接的借鉴意义。“礼”作为人在社会交往中的规则，规范着人的行为和语言。这也正是公共关系在引入中国之初，社会将其定位为“礼官”“知客”的原因。“礼”的效用不仅在于外在的形式，更在于内在的诚敬。当代公共关系虽然强调效率，但是更要注意真诚，始终铭记公共关系应当有利于社会的规则，站在公众角度设身处

① 郝雨，田栋.孔子与中国早期传播秩序的建构［J］.诸子学刊，2017（2）：36-47.

地、由己推人地解决问题，而非在形式上大费文章，本末倒置。“礼”作为其他三者的外化形式，是一种程式化的外显和集体记忆的表达手段。这是一种蕴含着价值理性的深层文化思想，是在各种复杂情况交织的社会中创造共识的契约。“礼”的追求是“和”，这是一种将个人自由与社会秩序融会贯通的理想状态。如何能够通过有效的对话引导社会共识的实现，在保证个人自由最大化的同时维护社会秩序，在保证社会秩序高效率运作的同时尊重个人自由——这是先秦诸子百家所思考的内容，也是当代公共关系所追求的价值共创与意义共享。在这种价值追求之下，公共关系的话语运用又重新建立在对于现代性的反思基础之上，提出对于多样性、差异性的社会共识的追求①。

历史像是碾过的车轮印迹，纵使历经风雨了无痕迹，但走过的路仍然在某些岔路口汇聚。不管是修辞、对话，还是现在所使用的公共关系，“真诚”永远是需要首先坚持的内容。巴赫金在谈到这一点时提到，尽管对话并非能够得到一个确定的结论，但是它起码可以保证一个可持续的聆听、阐释和解释的过程。而只要这个过程能够发生并且进行下去，就会存在达成共识的可能性②。与瑞恰慈观点相近的罗伯特 · L. 希斯（Robert L. Heath，1941—　）也表示：“修辞确实可以用来做好事，也会做坏事，但是人们只需稍加留意就会注意到，任何以信任为代价的策略，

① 本段后半部分所涉及的内容极广，作者能力极此，已无法叙述更多，不如悬崖勒马，留出时间请读者另行阅读他著。推荐：约翰 · 基恩《媒体与民主》（刘士军译，社会科学文献出版社，1998）；哈贝马斯《交往与社会进化》（张博树译，重庆出版社，1989），主要是第一章《什么是普遍语用学》；胡百精《共识与秩序：中国传播思想史》（中国人民大学出版社，2022）。

② BAKHTIN M M. Speech genres and other late essays［M］. Austin：University of Texas Press，1986：170.

最终只让事情和自己的处境变得更糟。”①信任可以当作沟通处理的底色。但是如果只有情感表达和话语修辞上的倾注，而没有内容上的真诚沟通，那么对话依旧无从谈起。

积极寻找公共关系与中国社会的契合点，发掘中华优秀传统文化中的公共关系思想，同时融合中国古代社会的语言修辞艺术，扩充公共关系的中国式话语表达，力求社会与公众对话与思维的理性，这是形成具有中国特色的公共关系理论与实践的重要一步。

（三）公共关系的专业化、学科化、职业化建设

“教育和专业协会的广泛努力提升了公关行业并使这个行业领域不断专业化。”②专业化是公共关系在中国发展的重要线索，也是公共关系在中国进行自我公关的去污名化建设的必然成果。从20世纪80年代的引入到90年代的迂回停摆，再到21世纪的发展，公共关系逐渐在中国大地上实现了专业化。“一个专业在学术上的知识权力和声望直接影响着其自身的合法性，它们直接决定着专业工作的文化权威。”进入21世纪以来，尽管面临着产业基础和媒体市场等方面的限制，公共关系市场仍旧蓬勃发展。据中国国际公共关系协会估算调查显示，2018年，整个市场年营业规模达到627亿元人民币，年增长率约11.9%。自2011年以来，公共关系市场一直保持在百分之十几的稳定增幅。尤其是在整合营销传播、品牌形象建设、政府信息公开等概念出现以后，公共关系秉承着公共关

---

① HEATH R L. A rhetorical perspective on the values of public relations：crossroads and pathways toward concurrence［J］. Journal of public relations research，2000，12（1）：80-81. 转引自：胡百精，高歌. 修辞、对话与认同：修辞流派对公共关系研究的弥合与拓展［J］. 现代传播（中国传媒大学学报），2018，40（2）：120-127.

② 卡特里普，森特，布鲁姆. 有效的公共关系［M］. 明安香，译. 8版. 北京：华夏出版社，2002：46.

系有利于社会的规则，强化自身的实用主义属性，借助这些新的概念和方法拓展自己的学科边界和实践范围，出现了一批比较重要的成果。但是，公共关系也出现了一些概念方面的模糊，主要表现在其产业结构与广告业、营销业等区分不大，未能在实践领域形成自己的专业范围。不过也有观点认为，“和广告、市场营销等相近专业相比，公共关系很难再（甚至从来没有）成为一个专业界限分明的独立王国”[①]，也有观点将广告、市场营销和公共关系看作在“同一工作领域”内部的职业构成划分。“它们在这一工作领域的话语权、管辖权是一个不断被建构的结果，有相对稳定的时期，也有边界争夺激烈的时候，而这种边界协商和冲突是职业发展过程中的正常现象。对管辖权的争夺、职业内外部的竞争，就是职业发展的真实面貌。”[②]

自1985年深圳大学开办公共关系专业（大专层次）以来，中国公共关系的学科化建设一直在稳步发展。1989年12月，由深圳大学、杭州大学、兰州大学、中山大学、复旦大学等五所高校联合发起的“全国高校公共关系教学研讨会”通过了“公共关系教学大纲”[③]，从理论上标志着公共关系学科化建设的成熟。但好景不长，虽然在80年代一度出现了所谓“公关热”，但是90年代以后趋冷。一些公共关系组织不再开展活动，一些原本来自其他学科的学者也不再从事公共关系研究，同时公共关系

① 刘晓程，李旭红.专业化与学科化共生：改革开放40年中国公共关系学发展的回顾与展望［J］.南昌大学学报（人文社会科学版），2019，50（3）：93-100.

② 周丽玲，陈欢，陶如意.职业重建：大数据冲击下广告职业的内部分化与外部竞争［J］.新闻大学，2017（2）：83-92，150.

③ 刘晓程，李旭红.专业化与学科化共生：改革开放40年中国公共关系学发展的回顾与展望［J］.南昌大学学报（人文社会科学版），2019，50（3）：93-100.

学方面的专业期刊和学术组织也极度欠缺[①]。从学术研究方面看，黄懿慧教授认为，虽然中国大陆的公共关系教育在1985年就已经出现，但是90年代末期才有公共关系研究。而且“至今未能发展出本学科之独立且健全的知识体系，表现为：理论体系建构力不足、理论关怀型论文总体数量偏低、探讨主题重复、内容局限于公关基本定义之探讨；此外，公关研究理论基础以西方公共关系理论为主，旁则援引管理学及社会心理学，传播学居后”，“公共关系理论建构与创新力明显滞后”，“中国公共关系理论研究落后于世界约25—30年”。与此同时，公共关系的学科归属也是进退两难。2010年教育部宣布不再批准高校增设公共关系学本科专业，2012年教育部公布的《普通高等学校本科专业目录》将公共关系学认定为特设专业，归于公共管理学之下。有关公共关系的学科归属，居延安教授主张公共关系学科独立，徐美恒教授主张公共关系学归属于管理学，廖为建教授主张公共关系学归属于传播学[②]。这样的学说争议的出现，源于公共关系学之理论、观点、方法的跨学科性，也是不同学说在价值观方面有不同判断的结果。

公共关系的职业化主要解决的是公共关系的功能问题，对于这个问题的不同回答是不同社会环境建构的结果。公共关系的功能是回答它做什么，体现该职业特有的专业技术对人类社会的重要性。[③] 1999年颁布的第一版《中华人民共和国职业分类大典》收录了“公共关系员”这一职业，次年公共关系员被原劳动和社会保障部2000年3月发布的《招用

---

① 2015年4月25日，在湖北大学召开的中国新闻史学会常务理事会年度会议同意增设公共关系史研究委员会作为二级学会，陈先红任首任会长。

② 黄懿慧.公共关系学科在中国的学术性危机［N］.中国社会科学报，2015-10-22（3）.

③ 张明新，陈先红，赖正能，等.正在形成的“认知共同体”：内地与台湾公共关系从业者职业认知比较研究［J］.新闻与传播研究，2014，21（2）：35-55，126-127.

技术工种从业人员规定》确定为持证上岗职业[①]。这基本承认了中国社会对于公共关系工作的需要，解决了公共关系工作的职业化问题。一项抽样调查显示，公共关系从业人员一般将公共关系工作分为主动公关与被动公关，“这种区分源于公共关系功能发挥的三种向度：长期性vs.临时性、建设性vs.破坏性和积极性vs.消极性”[②]，即公共关系的日常管理范式和危机管理范式。而现在的问题在于，在缺乏自由的媒体环境、实务界的有效反哺和确定的职业领域管辖权的情况下，公共关系如何能够形成类似于西方社会100多年来所磨合成的独立职业。或者说，尽管中国和西方存在着这样和那样的差异，那么如何形成一个具有中国特色的公共关系职业，以及通过长期的公共关系实践形成具有职业特征的道德规范，以及基于道德规范的行业自律组织——其顺序一定是实践→实践基础上的规范→规范引领的组织，而非其他——最终形成公共关系的职业共同体。而目前我们看到，尽管公共关系实践和教育发展了100多年，西方仍未形成公认的公共关系学科知识体系[③]。公共关系的职业化最终解决的是“我是谁”的问题，“在很大程度上取决于从业者的心态和实践”[④]，包括共同的技能、知识体系、价值观念、职业荣誉、职业规范、职业忠诚等，对这个问题的回答将会导致公共关系从业人员更加清晰地认知自我，

---

① 2015年11月，人力资源和社会保障部根据《国务院机构改革和职能转变方案》要求和国务院推进简政放权放管结合优化服务的系列精神，决定废止《招用技术工种从业人员规定》。

② 张明新，陈先红，赖正能，等.正在形成的“认知共同体”：内地与台湾公共关系从业者职业认知比较研究［J].新闻与传播研究，2014，21(2)：35-55，126-127.

③ VANLEUVEN J K. Public relations body of knowledge：a task force report［J］. Public relations review，1987，13（4）：11-18.

④ 张明新，陈先红，赖正能，等.正在形成的“认知共同体”：内地与台湾公共关系从业者职业认知比较研究［J].新闻与传播研究，2014，21(2)：35-55，126-127.

并为中国公共关系事业的发展提供强劲的内驱力——希望公共关系职业共同体能够经由一个规律性的发展阶段而在中国逐渐形成。

（四）形成具有中国特色的对话集群理论与实践

公共关系研究范式的转变标志着价值取向的变化，这种形而上的世界观又进而成为形而下的现实生活改变的先导。20世纪80年代以来，中国公共关系所经历的“公关热”“污名化”以及去污名化的实践抽象出了具有本土特色的公共关系理论，而公共关系理论的发展又指导着公共关系这一西方舶来品的在地化建设。中国本土的公共关系研究尽管起步较晚，但自产生之日起就站在了学科交融的基础上，以解决中国问题、满足中国需要、适应中国发展为导向。有观点认为，中国本土的公共关系研究“有三条主线贯通了理论建设之路：持续的理论引进与观念启蒙，构建中国特色公关理论体系，学术范式创新。与这三条主线相应，中国公关理论建设重点处理了如下三重关系：中外公关理论、公关理论与实践、公关理论范式之间的冲突与融合”[①]。

“对话”的概念最早可以追溯至苏格拉底，是将已知真理或者尘封已久的真相以及行为中的终极假设做出悬置式的设想。这种否定性的设想具有重大的力量，将真理或者中心搁置，给对话双方带来一种互相尊重的心理以及实际地位。“这种问答性对话、疑难性对话既迥然相异于芝诺的方法，也判然有别于诡辩论，既不是纯粹否定性的，也不只是为了揭示对话者的观念混乱，而是旨在让人们看到事物本身。”[②]无论是苏格拉底的关系概念，还是后来伽达默尔将解释学引进对话中而形成的对话哲

① 胡百精.中国公共关系30年的理论建设与思想遗产［J］.国际新闻界，2014，36（2）：27-41.

② 胡军良.现代西方哲学的“对话”之维：从布伯、伽达默尔到哈贝马斯［J］.浙江社会科学，2016（11）：72-79，158.

学，都是对独白的哲学思维的回击——独白式的思想必然会导致对于基础主义的青睐和对于中心主义的推崇，这在社会实践中极有可能导致社会危机的产生，以及相对应的专断而又傲慢的理论体系，并进而对主体造成反击而加速其灭亡。这种对话思想为公关的研究范式转变提供了思路，进而形成了一系列新的理论研究。

新南威尔士大学的迈克尔·肯特（Michael Kent）和悉尼科技大学的莫林·泰勒（Maureen Taylor）两位教授较早地将对话理论引进公共关系研究中。他们从互联网技术出发讨论对话公关的可能性，认为对话理论框架将有助于组织与公众建立并维护关系。同时认为对话不仅仅是一种形成共同认知的形式，更是一种关心公众想要对话的理解和需求的方式[①]。在国内，赵建华等在80年代末将对话和公共关系联系起来，认为“对话作为一种具有特定含义的有组织行为，其实质是协调关系，可以纳入专门研究一个组织如何运用传播手段使自身与环境相互适应的公共关系学范畴”[②]。陈先红认为，“公共关系传播的过程就是不断从独白走向对话的沟通过程”，并基于公共传播、公众关系、生态网络的研究视角提出了一个“公共关系战略轮模型”[③]。胡百精更是直接提出“公关即对话”的观点，认为传统的公共关系定义“过于强调利益互惠，而忽视价值分享，最终沦为物化关系”，而作为对话的公共关系不仅“包容了既往有关传播、管理、关系三种论说的纷争，也含纳了单向与双向、对等与不对等、行动与修辞的并置关系”，这“实质上是把人置于全部公关问题

① KENT M，TAYLOR M. Building dialogic rela-tionships through the World Wide Web［J］. Public relations review，1998，24（3）：321-334.

② 赵建华，胡正娥.公共关系视野中的“对话”［J］.新闻大学，1988（1）：58-60.

③ 陈先红.公共关系学的想象：视域、理论与方法［J］.现代传播（中国传媒大学学报），2016，38（5）：27-35.

的中心”[①]。

对话理论对于公共关系研究而言具有极大的借鉴意义，但是源于西方的对话理论如何与我国具体国情相结合，则是需要着重考虑的问题，应当从价值观、理论导向和研究方法等层面思考西方理论是否适用于研究中国社会的现实情况。黄懿慧曾提出“建构扎根于中国情境的公关中层理论”，“关注具体的时间与地点，一方面重视经验、实用性与惯例，另一方面则尝试找寻普遍原则之可能性”[②]。而要形成具有中国特色的对话集群理论，首先应当解决的是理论创新的问题——对话理论的范式创新是解决当代中国实际情况、顺应中国时代发展的关键转型，同时需要具备整体视角和系统思维，在中国文化生态系统方向上重新阐释公共关系主体的参与价值。世纪之交曾有观点对公共关系理论界“炒概念”的情况进行严肃批评：“与其停留在概念炒作上的标新立异，而缺乏规范的、科学的、可操作的系统理论知识的指导，不如老老实实从公关咨询干起，借鉴国外咨询顾问公司的成功经验，踏踏实实，走出适合中国国情的本土化道路。”[③]而在其中最关键的问题就是价值取向的转变——组织公共关系活动的目的是什么、意义何在，如何对待组织所面对的公众：是将后者作为受话的对象，还是与其真挚地、互动地进行意义传达与观念协同。这种价值观的转变是一种治理方式的完全颠覆，是一种在尊重公众基础上的良好协商。

在建构具有中国特色的对话集群理论的过程中，还应当深刻理解中国独特的文化和社会背景。强调和谐与伦理的儒家思想在中国社会中根

① 胡百精.公共关系的“元理由”与对话范式［J］.国际新闻界，2007(12)：11-16.

② 黄懿慧.公共关系学科在中国的学术性危机［N］.中国社会科学报，2015-10-22(3).

③ 马秋枫.国内公共关系研究的理论回顾［J］.内蒙古社会科学（汉文版），2000(5)：104-107.

深蒂固，这种价值观念对公共关系实践具有显著影响。关系文化在商业和社会交往中同样扮演着关键角色，对话应注重建立和维护长期关系，通过互动和合作增进信任。同时，适应中国的经济和政治环境对构建公关对话理论至关重要。中国数字经济发展迅猛，社交媒体和数字平台在对话过程中发挥着重要作用，应当正确地认识并利用好这些平台进行互动和沟通。政治环境的变化以及建立与政府的良好关系，都值得公共关系从业人员去反思。

建构具有中国特色的对话集群实践的关键点是组织和政府部门。组织层面基于双向沟通开展的公共关系对话要求与利益相关者之间展开互动的、平等的交流，可以利用数字平台和社交媒体，建立与消费者和公众直接对话的渠道。双向性质的沟通不仅有助于组织及时了解关键公众的需求，还能增强公众对组织的信任感。组织内部环境同样需要开展双向对话。在处理投资者关系时，保持信息的透明和及时发布，通过年度报告、投资者会议、社会责任报告等方式详细披露组织的财务状况、发展战略和市场前景。这种沟通模式有助于增强投资者的信心，维护良好的投资者关系，提高投资决策的科学性和合理性。政府层面的公共关系对话实践更加需要强调与公众之间的互动和参与，通过举办公众听证会、咨询会以及利用在线平台等，强化主流媒体的影响力和可信度。除了政府官方媒体，还应当与商业媒体和社交媒体建立良好关系。通过公共外交开展国际对话也同样值得关注，开展丰富多彩的文化交流活动、积极参与国际组织和多边机制，通过对话和协商推动全球合作与治理，增强世界对中国的理解和认同。

公共关系自80年代引进中国以来，经过“公关热”“污名化”以及去污名化的发展阶段所提炼出的中国公共关系稳定发展的未来方向，既是公共关系在中国在地化建设的规律性成果，同时作为地方经验也为世界公共关系理论与实践提供了中国智慧。

第五节　公共关系的发展规律

从公共关系在西方的产生和发展历史，以及在中国的落地、变异与去污名化的过程，我们可以总结出公共关系发展的若干规律。其中部分内容在后文中还会深入讨论。

从产生因素来看，公共关系只能够产生于市场经济条件下，并且应当与市场经济的发展水平相适应。从公共关系在西方（主要是美国）和中国产生和发展的历史轨迹可以看出，公共关系往往产生于危机爆发的历史节点。当然，这里所说的危机并不一定指动乱或者不稳定因素，社会在不满于现状的基础上出现了对于某种目标的追求，或者说理想与现实之间存在的差距所带来的落差感往往是公共关系产生的机遇。除此以外，包括工商业的发展、媒体事业的进步、社会整体文化或认知水平的提高、相关学科的成熟等都有助于公共关系在特定国家或地区的出现。但这些因素都是公共关系产生的条件，最根本的因素还是市场经济的发展。

从公共关系与组织的关系来看，公共关系对于组织而言是锦上添花，不能成为组织的“洗白器”。从根本上说，一个组织的社会声誉来自它能否向社会提供高质量的产品或服务，同时组织高级管理人员的实质行动也是组织形象树立的关键。在危机爆发的节点产生的公共关系，往往被特定主体用作紧急救场的武器——20世纪初美国的资本家为了应对工人罢工和社会批评，不得不使用公共关系作为维护自身形象、缓和劳资矛盾的工具；20世纪80年代的中国为了加快社会主义现代化建设的步伐、把失去的时间尽快抢回来，也把公共关系作为相应的手段。尽管如此，如果过分强调公共关系的危机管理范式，会使得公共关系变成一种呼之即来、挥之即去的边缘性存在，最终是不利于组织发展的。因此，除了危机管理范式，组织还必须重视日常管理范式在公共关系中的重要价值。

从公共关系工作的效率来看，只有当首席公共关系官（Chief Public-Relation Officer，CPO）能够直接向首席执行官汇报工作时，组织的公共关系工作才有可能达到最有效率的状态。一方面，组织的公共关系部门是组织内部唯一一个可能和组织本身发生对立的部门——当然我们是从利益冲突的角度去谈这个问题，而并不是指公共关系部门是在反对组织——从一定程度上说，公共关系部门是在给组织“泼冷水”，防止“拍脑袋决策”和“拍胸脯保证”。因而公共关系部门和管理层应当保持亲密工作关系，争取管理层的支持。另一方面，进入决策层的首席公共关系官还能促进组织整体具备公共关系意识，并且能够协调公共关系部门和其他部门之间的利益冲突。

公共关系应当有利于社会。公共关系通过协调“组织—公众”关系，从而实现了组织能够以开放的态度与社会同频共振，始终能够向社会提供有效供给，并且能够从社会中获取养分，减少组织内部的熵值。同时，从一个很微观的角度看，那些具体从事“组织—公众”关系管理的公共关系从业人员不仅关于组织本身是具有价值的——他“鼓励在组织里树立起社会责任感，推动公共关系在维护社会秩序的过程中发挥必不可少的作用”，同时对于整个社会来说也是具有积极意义的——他的协调、沟通、对话带来了关于“相互依存的社会各要素之间进行和谐调整的道德承诺”[①]。“公共关系有利于调整和维护这个为我们提供了物质和社会需要的社会系统”，公共关系有利于社会的信念也构成了公共关系存在于这个社会的前提之一。

---

① 卡特里普，森特，布鲁姆.有效的公共关系［M］.明安香，译.8版.北京：华夏出版社，2002：23.

第二章　学科与职业

第一节　当代公共关系的含义

一、概念

前文我们梳理了“公共关系”作为一种职业和一门学科产生和发展的历史，并且着重于讨论20世纪早期的一些开拓者的卓越贡献，这主要是由于公共关系的实践性质和绝大多数社会科学一样，都是先从不成熟的实践发展为成熟的实践，进而从成熟的实践中抽象出理论。在这个基础上，公共关系理论和公共关系实践相互支撑：公共关系理论指导着公共关系实践，而新的公共关系实践又不断对传统的公共关系理论进行解构。因此，从实践的角度对于公共关系进行定义符合实践和学科发展的要求，同时也可能是公共关系史上一次最持久的努力。

由于产生的历史背景，学界对于公共关系的主要职能一般界定为“管理”。在管理学精彩纷呈的理论流派中，基本都将管理的目的明确为组织效率的提升。公共关系的目的也在于管理。美国公共关系委员会[①]（The American Council on Public Relations，ACPR）的创始人莱克斯·哈洛（Rex Francis Harlow，1892—1993）比较早地从管理的角度对公共关系进行了界定。他认为：

> 公共关系是一种独特的管理功能，它旨在帮助一个组织建立并且维护与它的各类公众之间的传播、理解、接受和合作的相互关系；参与到问题或事件的管理之中；帮助组织管理部门及时了解舆论并且做出反应；明确和强调组织管理部门对于公共利益应尽的责任；作为一个早期的预警系统，帮助组织管理部门及时地了解并且能够有效地利用组织所处环境的变化。公共关系开展这些工作的主要方式是传播，但前提是要符合职业道德。[②]

莱克斯·哈洛是在搜集了从20世纪早期到1976年的数百个关于公共关系的定义的基础上，提出的这个实操性很强的定义——他在界定了公共关系的管理职能的基础上，试图进一步说明公共关系应该做什么，或者说公共关系对于组织能够发挥什么样的功能。

从管理职能进一步深入，美国公共关系学会在1982年提出，“公共关系有助于组织及其公众相互适应”[③]。美国公共关系学会认为，公共关系的核心是在众多平台上影响、参与并与关键利益相关者建立关系，以

---

① 美国公共关系委员会，也译作美国公共关系理事会，1939年成立于旧金山，成员主要来自美国西海岸的几个州。1948年和全美公共关系顾问协会（The National Association of Public Relations Councils，NAPRC）合并为美国公共关系学会（The Public Relations Society of America，PRSA）。

② HARLOW R F. Building a Public Relations Definition［J］. Public relations review, 1976，2（4）：36.

③ 原文为：Public relations helps an organization and its publics adapt mutually to each other.

塑造和构建公众对组织的看法。后来又提出一个更为“现代”的定义：

> 公共关系是一个战略沟通过程，以在组织和公众之间建立互利关系。[①]

对于公共关系的管理职能研究的集大成者是来自马里兰大学（University of Maryland）的詹姆斯·格鲁尼格教授。20世纪70年代以后，传播学界对于传播效果的研究已经基本摆脱约瑟夫·克拉珀（Joseph Klapper，1917—1984）在《大众传播的效果》（*The Effects of Mass Communication*）一书中提出的所谓“五项一般定理”所支撑的弱效果理论阶段，对于传播组织的强调推动传播效果进入宏观效果领域。在传播学的影响下，公共关系学界也开始从组织管理的角度重新认识公共关系。与此同时，由于这一时期西方大企业中的公共关系部门与公共关系顾问往往处于边缘位置，独立的公共关系咨询公司也多依附于大的广告公司。以美国为例，“大的公共关系公司都为广告公司所拥有”近乎成为一种常态，而公共关系学界和业界对这种现象批评甚多。有观点认为，“公共关系公司失去了它们的独立性，而客户则失去了顾问在传播策划中提供替代观点的好处……随着公共关系不可避免地变得附属于市场营销驱动的预算和广告团队的目标，它的预算和权力也在不断缩小”[②]。在这种情况下，公共关系学界和业界开始通过其他方式试图重新发掘自身的价值，其代表就是国际商业传播者协会（International Association of Business Communicators，IABC）的一项资助研究。

---

① 原文为：Public relations is a strategic communication process that builds mutually beneficial relationships between organizations and their publics.

② 卡特里普，森特，布鲁姆．有效的公共关系［M］．明安香，译．8版．北京：华夏出版社，2002：72.

1985年，国际商业传播者协会资助詹姆斯·格鲁尼格团队开展了一项以“公共关系怎样、为什么以及在何种程度上影响到组织目标的达成”，即公共关系有效性（effectiveness）问题为核心的研究。在开展研究的过程中，格鲁尼格团队进一步解释了公共关系的卓越性（excellence），即“怎样实施公共关系和运用传播职能，才能使其对于组织的有效性发挥出最大的效能”[①]的问题，逐步形成了公共关系的卓越理论。格鲁尼格团队从三个层次剖析了促使公共关系管理职能实现最高效率发挥的因素，分别是：项目层面（program），聚焦单个公共关系项目的战略管理；部门层面（departmental），研究成功公共关系项目所涉及的公共关系部门；组织层面（organizational），探讨拥有卓越部门的组织应具备的条件，涵盖组织自身及其所处的社会环境。格鲁尼格团队认为，公共关系是“一个组织与其公众之间的传播管理”[②]，将公共关系的本质确定为一种传播管理（communication management）。传播管理的目的在于组织与其内部和外部公众“之间的总体传播行为的规划、实施和评估”，这些公众被认为是具备“影响到组织达成其目标的能力的群体”[③]，而这种管理行为又不仅局限于宣传、广告、媒介关系等所关注的传播技巧的范畴。

格鲁尼格团队并未满足于此，而是明确提出了公共关系管理职能的目的。在明确了公共关系怎样和为什么影响到组织目标的达成以后，格鲁尼格团队进一步提出了“高效的公共关系对于一个组织的价值有多少”的问题，即从经济层面（economic）考虑公共关系的效果。格鲁尼格团

① 格鲁尼格，等.卓越公共关系与传播管理［M］.卫五名，等译.北京：北京大学出版社，2008：1-3.

② GRUNIG J E，HUNT T. Managing public relations［M］. New York：Holt，Rinehart & Winston，1984：6.

③ 格鲁尼格，等.卓越公共关系与传播管理［M］.卫五名，等译.北京：北京大学出版社，2008：4.

队认为，“卓越公共关系能够通过与战略性公众构建稳定的、彼此信任的关系，使一个组织更高效”，那么经济上的收益也是必然的。格鲁尼格团队不仅从社会价值的角度来认识公共关系对于组织的意义，认为“试图把公共关系的社会成分与具体的所谓组织社会责任和总体上的公共利益联系起来”的努力，对于公共关系部门之于组织的意义而言是不够的，这作为必需环节为公共关系的合法性提供了基础；同时还应当为公共关系的“部门化设置提供管理学上的基础”，尽管存在着组织层面的社会价值和经济价值的紧密联系，但是“出于分析和运营的需要”①，在管理层面上仍需要将公共关系所具有的社会价值和经济价值予以分开。

不管是从项目层面、部门层面、组织层面还是经济层面去考察公共关系，格鲁尼格卓越公共关系理论都强调了公共关系从策略上到战略上管理职能的发挥，以及公共关系对于组织的实际效果。卓越公共关系理论通过引入“组织”的概念，将公共关系管理职能的对象明确为“组织”，进而基本确认了公共关系的学科属性，后期公共关系学的发展也基本沿着管理范式展开，并且形成了传播管理和关系管理两条不同的路径。卓越公共关系理论表明了“公共关系具有说明组织与社会及其所处环境中的各种因素进行互动的独特管理职能，而公共关系的价值来自说明组织与其利益攸关者之间发展并维持互惠互利的关系”②，实质上就是一种传播管理理论，并主导了20世纪80年代的公共关系学研究。

20世纪90年代以后，公共关系学研究开始强调公共关系中的“组织—公众关系”（Organization–public Relations，OPR）问题，关系管理路径逐渐兴起。关系管理路径实质上是对于传播管理路径中“关键公众”

① 格鲁尼格，等.卓越公共关系与传播管理［M］.卫五名，等译.北京：北京大学出版社，2008：465-466.

② 陈霓.公共关系在中国：三十年的观察与研究［M］.香港：香港城市大学出版社，2020：5.

因素的强调。虽然这一时期传播管理路径仍在继续发展，但更多的是向着普适性与具体性相结合的方向发展——强调虽然存在一些放之四海而皆准的公共关系原则，但是在不同的社会环境中仍需要考虑文化传统、经济发展水平、媒体系统等差别。而关系管理路径错位发展，将组织与公众之间良好关系的建立、维护和管理问题作为研究重点。与传播管理路径相同的是，两者的着眼点都在于组织，两者的理论前提仍然是管理范式，而不同之处就在于实现手段不同。关系管理路径的开拓者——首都大学（Capital University）的约翰·A.莱丁汉姆（John A. Ledingham，1958— ）和斯蒂芬·D.布鲁宁（Stephen D. Bruning，1946— ）认为，“关系管理是通过试图恢复和保持社区意识来与组织的公众建立关系的实践”[①]，对格伦·M.布鲁姆（Glen M. Broom）等在1997年提出的“组织—公众关系”概念进一步深化[②]。2000年，莱丁汉姆和布鲁宁在《作为关系管理的公共关系：公共关系理论与实践研究的关系路径》一书中进一步明确了对于“关系管理”的理解，认为关系管理“作为公共关系理论与实践研究的一种路径，是对于公共关系本质的解释，即认为公共关系是什么、应当做什么以及对于组织结构和更宏观的社会结构的职责和价值是什么”[③]。也就是说，关系管理路径实质上已经将作为组织生存于其中的社会整体的利益作为公共关系应当考虑的内容，认为组织的利益和社会整体利益本质上应当是同一的，而解决可能出现的

① LEDINGHAM J A，BRUNING S D. Relationship management in public relations：dimensions of an organization-public relationship［J］. Public relations review，1998.

② BROOM G M，CASEY S，RITCHEY J. Toward a concept and theory of organization-public relationships［J］. Journal of public relations research，1997，9（2）：83-98.

③ LEDINGHAM J A，BRUNING S D. Public relations as relationship management：a relational approach to the study and practice of public relations［M］. New York：Routledge，2000：xiii.

矛盾就是公共关系的职责所在。进而，公共关系不仅要为作为雇主的组织服务，也要为组织所面对的公众、所在的社区/社会服务。关系管理路径——究其根本来说，对于传播管理路径的突破在于将公共关系从利用信息传播以影响公众的意见转移到对于“组织—公众关系”的培育、建立、维护和促进上来。而当组织行为与公众行为发生关联时，不管是组织行为对公众产生影响，还是公众行为对组织产生影响，“组织—公众”关系都会显现其价值①②。而“组织—公众”关系之所以对于公共关系来说是有价值的，是因为一个组织与其关键公众之间的良好关系能够为关系各方带来经济利益，并且能够维持和促进彼此之间持正面态度的状态。

沿着公共关系管理职能的范式推演，已经出现了许多关于公共关系的定义。从实践角度看，有一些共同的要素对于公共关系概念的界定来说是值得考虑的，这包括以下几个方面。

一是职业的公共关系顾问，以及对于特定组织来说的公共关系部门。

二是传播行为。这种行为可能是主动的，也可能是被动的。虽然在理论上说是双向的，但必须承认的是，在实践中仍有单向传播的存在。

三是客体。既有公共关系学研究一直保有着“关键公众”的概念，认为关键公众是那些能够给组织带来经济利益或者社会利益的外部群体。不管是传播管理路径还是关系管理路径，它们所针对的对象都是关键公众。可以将公共关系的客体仍然定义为“关键公众”，意指对于组织的

---

① GRUNIG J E，HUANG Y H. From organizational effectiveness to relationship indicators：antecedents of relationships，public relations strategies，and relationship outcomes［M］// LEDINGHAM J A，BRUNIG S D. Public relations as relationship management：a relational approach to the study and practice of public relations. New York：Routledge，2000：23-53.

② LEDINGHAM J A，BRUNING S D. Public relations as relationship management：a relational approach to the study and practice of public relations［M］. New York：Routledge，2000：23-53.

发展具有决定性作用的群体，但其外延已经超越了传统意义上的“关键公众”。

四是传播关联行为。公共关系不仅要完成组织与公众之间的双向传播行为，更要促进组织进行相关的传播行为。公共关系的存在对于组织而言的价值不仅是完成传播行为本身，更重要的是通过传播行为以实现熵值管理——这里我们第一次正式提出了本研究的核心概念。公共关系的目的就是实现组织传播中的熵值管理，而这一目标的实现，需要组织根据公共关系双向传播所得的反馈，完成一系列的传播关联行为。这种传播关联行为根据具体传播行为的时间节点，可分为传播前行为——包括分析客体可能存在的既有意见、组织的政策实施可能带来的影响，及传播后行为——包括较为具体的根据传播反馈对于组织政策的调整、较为宏观的对于组织整体结构或者内部意见观点等进行适应性变革的建议、对于组织与公众之间关系的维护和拓展（包括对于新的传播行为的鼓励）等。

五是组织所处的环境，概念从小到大的社区、社会和作为整体的环境。

这里没有完全采取经典认识论所持有的“主体—客体”的认知模式，放弃了对于公共关系“主体”概念的引入。同时，并不能将“职业的公共关系顾问”认为是公共关系的主体，这样极易陷入单向传播的窠臼。这里并不可简单地归结为公共关系传播行为的双向性，更重要的是公共关系应当对作为雇主的组织服务，即对于其所存在的组织的依赖性——这种依赖性类似于组织对于其所存在的社会环境的依赖性。也就是说，公共关系所进行的行为、开展的活动、以期达到的目的，并非公共关系本身所希求的，而是公共关系所服务的组织的行为——公共关系是作为组织的一个部分，为组织的利益而开展工作的。

同时，即便是回溯至传播行为本身的角度，双向传播相对于单向传播最关键的改变，并非反馈的实现，而在于这种反馈所产生的意义，即传播主体的模糊化。在施拉姆于1954年所提出的“循环模式”的传播框架中（图2-1），很难将真正的传播主体固定化。组织只有在传播过程中才得以成为“传播主体”，同样地，公众也只有在传播过程中才得以成为“传播客体”。但是组织的传播行为又是受到公众所产生的传播关联行为的影响而进行的，也就是说，在组织成为“传播主体”之前，就已经成为“传播客体”了；而公众对于组织的影响也受到了组织之前进行的传播行为的形塑，因而在公众成为“传播客体”之前，就已经成为“传播主体”了。这种模式使得在传播过程中很明显地区分“主体”和“客体”是很困难的，也是不恰当的。

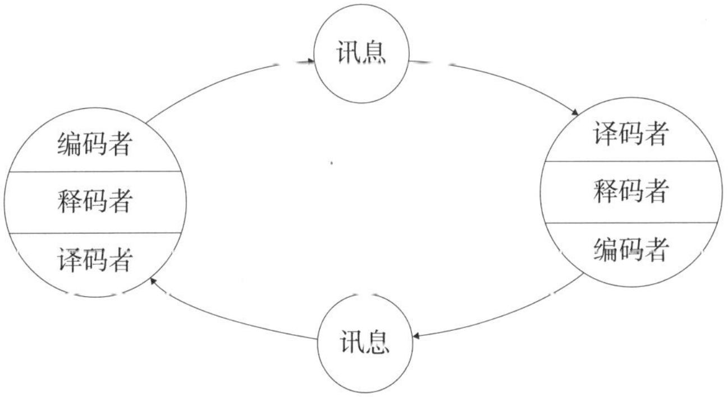

图2-1　施拉姆提出的循环模式①

在以上论述的基础上，我们认为公共关系作为组织的一种熵值管理职能，通过传播等方式，建立、维护并促进着一个组织与关键公众之间的良好关系。我们通过对公共关系的目的、职能以及手段进行概括的方法对公共关系进行定义。这个定义将公共关系放置于组织的整体框架内，将公共关系实践定位为管理功能，明确了公共关系的目的在于熵值管理，

① 麦奎尔，温德尔.大众传播模式论［M］.祝建华，译.2版.上海：上海译文出版社，2008：19.

根本在于“组织—公众”关系管理，提出了公共关系开展工作的主要方式是传播，并且对于公共关系的边界进行了概括。事实上，在“21世纪，无论对公共关系作出怎样的定义，公共关系已经成为众多组织处理各种关系时不可或缺的基本要素”[①]。

二、职能

相较于定义是从内涵方面去理解公共关系，职能（function）更多地体现了公共关系应当做些什么。同时在一些经济体中，尤其是那些市场经济体制不甚发达的国家或地区，公共关系与其他部门之间仍未能体现出明确的区分——这一点我们在后文会有更详细的阐释。既然除了教科书上的定义，对于公共关系的理解是抽象的，那么从外延的角度去衡量公共关系的具体表现形式也是可行的。这些表现出来的外在的形式，就是公共关系的职能。

美国公共关系学会将公共关系实践归结为7个主要内容：

（1）预测、分析和解释可能对组织的运营和计划产生影响的公众意见、态度和问题，无论好坏。

（2）就政策决定、行动方案和沟通（包括危机沟通）向组织各级管理层提供咨询，同时考虑到其公共影响以及组织的社会或公民责任。

（3）保护组织的声誉。

（4）在持续的基础上研究、实施和评估行动和沟通计划，以实现组织目标成功所需的知情公众理解。这些可能包括营销，财政的筹资，员工、社区或政府关系，以及其他程序。

（5）规划和实施组织影响或改变公共政策的努力。

---

① 西泰尔.公共关系实务［M］.张晓云，译.14版.北京：清华大学出版社，2020：18.

（6）制订目标、规划、预算，招聘和培训员工，开发设施——简而言之，管理执行上述所有任务所需的资源。

（7）监督内容的创建，以推动客户参与并产生潜在客户。

同时，美国公共关系学会还提出了一些与公共关系有关的学科，包括企业沟通、危机沟通、高管沟通、内部沟通、投资者关系沟通、营销沟通、整合营销/整合营销沟通、媒体关系、内容创作、新闻事件、社交媒体、多媒体、声誉管理、演讲稿撰写和品牌新闻等①。

博雅公共关系公司（Burson-Marsteller，简称“博雅”）高级咨询顾问、纽约大学兼职教授弗雷泽·P.西泰尔（Fraser P. Seitel，1946—　）认为，与组织的其他职能不同的是，公共关系对于组织的意义是整体性的，而“现代公共关系归根结底是管理关系、打造战略故事、传递专业知识和技能并通过战略沟通解决组织问题”。在这个基础上，西泰尔将公共关系的职能归结为以下15个方面：

（1）写作。这是最根本的公共关系技巧，写作的载体很多，从新闻报道到演讲报告，从宣传手册到整个领域的广告。

（2）媒体关系。处理与媒体的关系是公共关系的另一个前沿职能。

（3）社交媒体界面。创建网站，这通常是组织与公众的主要界面，同时还要创建与脸书、推特、YouTube（优兔）、照片墙、阅后即焚等社交媒体的关联。同样重要的还有对万维网进行监控，在适当的时候回应对组织的不利言论。

（4）策划。策划公关活动、特别活动、媒体活动、管理职能以及类似事件。

（5）咨询。与管理层打交道，并帮助其与关键公众进行沟通。

（6）调研。调研影响行为与信仰的态度和选择。

① 参考https://www.prsa.org/about/all-about-pr。

（7）宣传。这是与营销相关的职能，经常被错误地理解为公共关系“唯一”的职能，它能为客户或雇主提供积极的宣传。

（8）营销传播。与营销相关的另一个职能，包括产品推广、宣传手册制作、销售文件、会议展示和促销活动等。

（9）社区关系。向社区传递组织积极的信息和形象。

（10）顾客关系。通过书面和口头的方式与顾客沟通。

（11）政府事务。处理与立法者、监管者、各级政府官员以及所有涉及政府事务的人士的关系。

（12）投资者关系。对上市公司来说，就是要与股东及给他们提供建议的人进行沟通。

（13）特别公众关系。处理与那些对特定组织有独特意见的人群的关系，如非裔美国人、妇女、亚裔美国人和老年人。

（14）公共事务和事件管理。协调公共政策及其对组织的影响以及找到并处理对组织产生影响的事件。

（15）危机沟通。当组织面临威胁自身声誉的紧急情况时与重要的公众打交道。①

比较经典的对于公共关系职责的界定来自《有效的公共关系》（*Effective Public Relations*）一书。作者将公共关系的功能职责归结为8个方面：

（1）新闻宣传。公共关系通过安排和管理具有新闻价值的事件来试图吸引媒体的报道，并且获得对于报道内容的某些控制，但是公共关系在对于信息是否被采用、什么时候被采用以及如何被采用等方面很少或者几乎没有控制。

---

① 西泰尔.公共关系实务［M］.张晓云，译.14版.北京：清华大学出版社，2020：14-15.

（2）广告。广告是由明确的发布者在媒体上投放的信息，他为所占用的时间或空间支付费用。与新闻宣传不同，广告的发布者通过付费的方式可以对其内容、位置和时间等进行控制。一般来说，只要有足够的预算，各种组织都愿意通过做广告来获得对于公共关系讯息的控制。

（3）新闻业务代理。新闻业务代理创造有新闻价值的报道和事件，以吸引媒体的注意力并获得公众的关注。新闻代理人试图吸引公众注意力的愿望，与其试图建立公众理解相比较大得多。

（4）公共事务。公共事务是公共关系的一项专门领域，旨在建立和维护政府及地方社区关系，以便影响公共政策。

（5）问题管理。问题管理是对于影响到组织与其公共关系的公共政策的问题进行预测、确认、评估和反映的前摄过程。能够及早识别对一个组织具有潜在影响的问题；并设计用以缓和或者利用其后果的反应。①

（6）院外游说。院外游说活动是公共关系的一个专门领域，主要是通过建立和维护与政府的关系，以便达到影响立法和管制的目的。

（7）投资者关系。投资者关系是企业公共关系的专门领域，用于建立和维护与股东及在金融界能使市场价值最大化的其他人之间互利互惠的关系。

（8）组织发展。组织发展是慈善或者非营利组织公共关系工作的一个专门领域，它建立和维护同捐赠者及会员的相互关系，以获得金融支持和志愿者的支持。②

目前来看，《有效的公共关系》一书对于公共关系职责的定义是较为

① 有观点将问题管理扩大，以至于超出了公共关系功能范围，认为问题管理是填补企业行动和风险承担者预期之间差距的过程，其目标是保护一个组织及其主要风险承担者两者的利益，帮助维护市场、减少风险、创造机会并且管理作为组织宝贵资产的形象。

② 卡特里普，森特，布鲁姆.有效的公共关系［M］.明安香，译.8版.北京：华夏出版社，2002：10-21.

科学和规范的。也有观点将公共关系的职能划分为两大类：内部关系和外部关系。公共关系的内部关系（internal relations）是指“建立、维系以及完善内部员工的沟通”，外部关系（external relations）是指公共关系要“成为组织与外界沟通的桥梁、瞭望的窗口”[①]。

三、协作

对于任何一个组织而言，公共关系工作绝不是公共关系一个部门单打独斗就能够完成的。组织开始运用公共关系工作——不管是在内部设立公共关系部门，还是与外部独立的公共关系公司寻求合作——的原因总是多样的。很难去发掘出一个固定的理由促使组织去开展公共关系工作，可能是需要应对高级管理人员的不当言论、可能是自己旗下品牌的代言人出现了为公众所不能容忍的事件，或者是需要对产品或服务进行广告宣传以打开市场等。而一般的情况是，公共关系自然而然地就在一个组织中产生了，因为组织需要公共关系。

组织需要公共关系，但是组织最初并不是需要如前文所述的公共关系。毋庸赘言公共关系的定义，组织需要的是能够去解决问题的部门，而不管这个部门是叫公共关系还是叫其他的什么名字。很明显，实用性是公共关系对于组织的第一价值。如，某公司形象代言人因涉嫌不当行为而被拘留，公司需要紧急向社会表明自己的态度、与该形象代言人解约，以及处理公司内外一些很琐碎的事情。这时，如果公司还没有自己的公共关系部门，事态紧急到也来不及和外部独立公司联系，高级管理人员会组织公司内部一些持有新闻学或者其他相关专业毕业证书的工作人员着手去解决这个问题。一般来说，危机都能渡过。渡过危机，对于

① 胡百精，宫贺.公共关系学教程［M］.北京：高等教育出版社，2022：47.

公司高级管理人员而言就是一件好事情。极大的可能是，这些持有毕业证书的工作人员会被相对固定下来，作为应对这种随时可能出现的传播危机之用。尽管就目前来看，形象代言人“塌房”对于组织相关财报数据的影响并不大。随着时间的推移，不定期的工作会逐渐程式化、人员也会相对固定，为了应对组织不断增长的传播需要——不仅是应对危机，尽管多数组织秉承着“祸到临头许猪羊”的理念——包括一些媒体接触、新闻代理、广告发布以及内部通信等工作，这些人员会形成一个新的部门，或者从其他部门中独立出来，这个新的部门就是公共关系部门。从理论上说，公共关系部门的使命是“去改善信息传播和建立与公司内部、外部所有主要风险承担者的更良好的相互关系”[①]。

（一）内部协作

组织内部公共关系部门的位置是决定公共关系工作成效的关键因素之一。在以营利为目的的组织中，可以将这些形形色色的部门归结为两大类：生产部门和管理部门。如以“经营业务是一种社会行为，意味着对工作、员工和所在地区切实负起责任”为口号的Prada（普拉达），就有包括皮革制品、鞋履、服饰、物流中心等在内的24个生产基地，以及作为企业管理部门的董事委员会，包括审计与风险委员会、薪酬委员会、可持续发展委员会等[②]，具体的管理部门包括风格设计部（Style Area）、营销与传播部（Marketing and Communication Department）、个人品牌部（Individual brand Department）、工业和物流部（Industrial and Logistics Department）、工程部（Engineering Department）、行政和财务部（Administration and Finance Department）、管理控制部（Management

① 卡特里普，森特，布鲁姆.有效的公共关系［M］.明安香，译.8版.北京：华夏出版社，2002：55.

② 参考https://www.pradagroup.com/zh.html。

Control Department）、内部审计和风险管理部（Internal Auditing and Risk Management Department）、人力资源部（Human Resources Departments）、信息技术部（Information Technology Department）、法律和公司事务部（Legal and Corporate Affairs Department）和房地产部（Real Estate Department）等[①]。这些生产基地可以被认为是生产部门，即以直接从事产品生产或者提供服务为主要任务的部门；这些委员会和部门可以被认为是管理部门，即不直接从事生产或提供服务，而以进行组织管理为主要任务的部门（图2-2）。

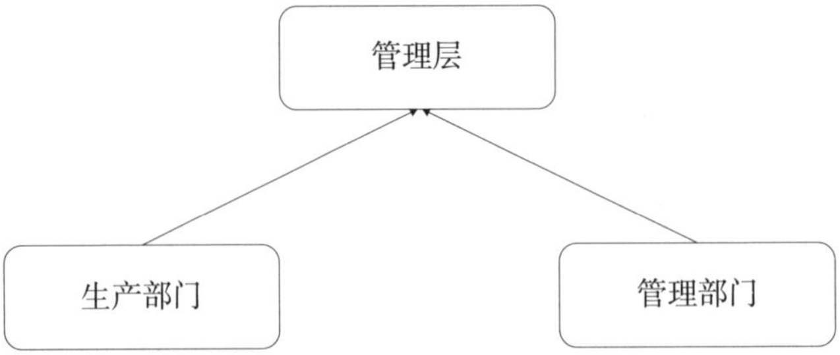

图2-2　组织的部门构成

在绝大多数组织中，公共关系部门都可以归属为管理部门。即便是以公共关系为工作的组织，为了构建组织与关键公众之间的良好关系，也需要对自己的公共关系工作开展公共关系。公共关系部门在自己的职责和权限范围内，与生产部门和其他管理部门相配合，为管理层提供支持——这就是公共关系工作管理职责发挥作用的方式。也就是说，公共关系工作并不是为了组织的主要目的在生产一线工作，而是作为智囊团发挥作用。尤其是在极其强调信誉的现代社会，公共关系工作越来越显示出其重要性。绝大多数大公司都在高级管理层中为公共关系留下了一把交椅——世界上最大的传媒公司美国国际电话电报公司

① 参考Prada Group：Organisation，Management and Control Model（2021.07）。

（American Telephone & Telegraph，AT&T）设有“集团通讯官”（AT&T Communications）职位，现任集团通讯官为杰夫·麦克尔菲什（Jeff McElfresh），他于2023年6月同时被任命为首席运营官（Chief Operating Officer，COO）。而上一任首席运营官约翰·斯坦基（John Stankey）已于2020年7月擢升为首席执行官（Chief Executive Officer，CEO）。而早在1927年，阿瑟·佩奇（Arthur Page，1883—1960）就已经以AT&T副总裁的身份处理集团公共关系事务（vice president and public relations director of AT&T）。1912年，艾维·李就受聘为宾州铁路公司副总裁，他也是“历史上第一位做到副总裁级别的公关人”[①]。

在组织内部设立公共关系部门的优势也是显而易见的，首先，这有利于形成亲密的工作关系。组织内部的工作人员相互熟悉，能够很快地进入工作状态，如果能有共同的价值观的话，这种亲密的工作关系能够极大地提升工作效率。如美国梅西百货公司（Macy’s，1994年前为美国联合百货公司，即Federated Department Stores Inc.）在一次内部改革中，将传播相关部门移转至与高级管理层的办公室相同的楼层。时任传播副主管卡洛尔·桑格（Carol Sanger）在一次采访中表示：“部门移转以后，公共关系部门就处在事情的正中心。这是一个非常非正式的传播过程，这里有非常多的接触和交往……这种接触和交往是相当随机的，但是这确实是一个能够接触整个思考进程的过程。”亲密工作关系的建立应当首先来自高级管理人员和公共关系主管之间，这种接触应当是惯例——正如柯达公司公共关系高级主管一天的工作基本都是以会见首席执行官开启的[②]。只有高级管理人员和公共关系顾问之间建立亲密的工作关系，才能在遇到危机的时候存有信任和支持。

---

① 胡百精，宫贺.公共关系学教程［M］.北京：高等教育出版社，2022：18.

② 卡特里普，森特，布鲁姆.有效的公共关系［M］.明安香，译.8版.北京：华夏出版社，2002：59，61.

其次，在内部设立公共关系部门能够使组织在应对突发事件时更有效率。公共关系不仅着眼于日常形象维护，在危机管理中更应该有所作为。事实上，多数公共关系工作得到承认都是在应对危机的过程中体现的。危机爆发时可利用的节点少之又少，而在关键时刻的失语将是导致组织信誉损失的直接因素。作为亲密工作关系的延伸，组织内部的公共关系部门对于各种事项是熟悉的，它比外部独立公司更有可能及时解决问题，尽管最好的状态是将问题扼杀在萌芽之中，这同时也是公共关系问题管理的职责所在。善战者无赫赫之功，优秀的公共关系顾问善于提前解决矛盾。而效率同时体现在公共关系部门向管理层报告的工作，以及随之而来的工作安排。同样是出于亲密工作关系的理由，内部公共关系部门能够在工作报告中基本安排好人员及其工作，避免让镜头感差的同事出任发言人的角色。更多时候，出于对公共关系部门能力和品行的信任，管理层不会对涉及公共关系的工作计划做出太多修改——而这是外部独立公司很难迅速完成的。

不仅在突发事件中，在日常程序性工作中的高效率也是内部公共关系部门的相对优势。在实践中，公共关系部门不仅要处理外部关系，也要处理内部关系。诸如各种周报、月报、季报、会议纪要、工作总结、情况统计等，可能也都需要公共关系部门来完成，而这种程序性的工作由那些与信息来源最接近、最熟悉的部门来完成是最有效率的。

经济上的考量也是内部公共关系部门的优势。成本的降低往往来自对于间接成本的控制，组织的成本控制能力也主要指对于间接成本的控制能力。间接成本是指那些不能或不便于直接计入某一成本计算对象，而需先按发生地点或用途加以归集，待月终选择一定的分配方法进行分配后才计入有关成本计算对象的费用，属于不可控费用。内部公共关系部门能够通过组织内部传播的扁平化和系统化，提高管理的效率和精度，降低摩擦成本（friction cost）。同时，对雇员传播事实上带来的效率性习得，让雇员能够以高效率的方式进行交流，传播效率的提高就相对减少了人力资源管理成本。更重要的是，针对投资者和作为市场的公众所展开的公共关系能够赢得投资者和公众的信赖、维持更为稳妥的长期关系，并在此过程中降低成本。

虽然具有产生亲密工作关系的优势，以及效率上和经济上的有利条件，但是内部公共关系部门的设立也面临着一些挑战。显而易见的就是公共关系部门的位置问题。公共关系部门的位置，是指在组织结构中向谁报告工作的上下级关系。从组织内部开始出现公共关系的过程，我们就会发现公共关系部门所处理的事情是复杂的，甚至是混乱的。事实也正是如此。前述公共关系的职能也只是从理论上来剖析公共关系应当发挥的作用，但是公共关系顾问的角色也影响着高级管理人员将一些奇奇怪怪的事情交给公共关系部门去做，甚至曾有公共关系主管表示曾被“指派去负责管理内务并且与无家可归者打交道”。有一些组织事实上从事公共关系工作的部门却没有使用“公共关系”的名称。有研究表明，在组织内部的公共关系部门中，大约有30%使用“公共关系”这一名称，另有20%采用“企业传播”或“传播”的名称。分别约有10%使用“公共事务”“广告/公共关系”的名称，其余普遍使用的名称还包括“企业关系”“公共信息”等。如图2-3所示，另一项来自《财富》杂志的研究表明，大概仅有20%的公共关系部门在使用“公共关系”的名称，其中还有一部分是将公共关系与其他词语合用，而超过50%的部门使用“传播”来概括这一部门[①]。而不管如何，一个不可否认的事实是，超出其本来职能的工作安排往往会影响正常的公共关系工作的开展。

① 卡特里普，森特，布鲁姆.有效的公共关系［M］.明安香，译.8版.北京：华夏出版社，2002：63.

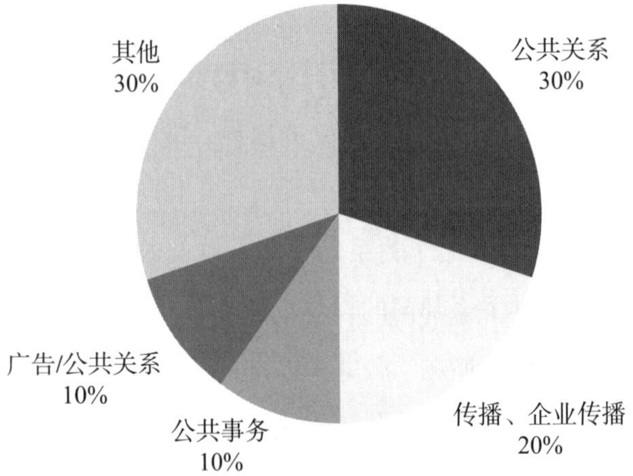

图2-3 公共关系部门所使用的名称

更主要的不利条件来自存在于组织内部的公共关系部门的客观性问题。既然在组织内部存在着公共关系部门的一席之地，那么就存在向谁报告工作的问题，这种上下级关系极容易使得公共关系部门唯上级部门的意志马首是瞻。尽管公共关系部门应当出于维护组织整体的利益而为管理层提出建议，但在应对问题的时候，如果公共关系部门主管和管理层的意见发生了冲突，出于不愿将自己从问题解决者变成问题本身的考量，保留意见往往是合适的选择。更不应该的情况是，公共关系部门最终丧失了自己的职业特性，成为为管理层的决策论证合理性的工具。另外，“沉默的螺旋”也会使得公共关系部门的意见被同化。这样一来，包括公共关系部门在内的整个组织就会为了实现其既定目标而冒着很大的风险。这种主观性的存在，往往使得同时存在的外部咨询公司十分苦恼。

（二）外部独立公司

外部独立公司的出现表明了整个市场对于公共关系的认可程度在加深。20世纪80年代以后，美国许多新闻代理机构、广告公司等纷纷改名为公共关系公司，以期让自己被认为和律师事务所、会计师事务所一样有更多的专业性。很难去统计世界上有多少独立的公共关系公司，尤其是在还有很多个人顾问的情况下；也很难去评价谁是世界上最大的公共关系公司——互联网上有很多排名，如果一家公司能够在多个排名中同时上榜的话，那么它大概率是被认可的。

以博雅公共关系公司为例。创办于1953年的博雅最初由哈罗德·博森（Harold Burson，1921—2020）和威廉·比尔·马斯特勒（William Bill Marsteller，1914—1987）为了给马斯特勒的客户罗克韦尔制造公司（Rockwell Manufacturing）开展公共关系业务而创办。在此之前，博森和马斯特勒都有自己独立的广告公司，很明显这次合并是为了在提升专业性的同时降低成本。博雅成立后，归博森和马斯特勒的广告公司共同所有，1979年被电通扬雅广告公司（Dentsu Young & Rubicam，简称“电扬”）收购。2000年电扬被英国WPP股份有限公司（Wire and Plastic Products PLC.，简称“WPP”）收购后，于2018年将博雅和凯维公共关系公司（Cohn & Wolfe）合并为“布尔森—马斯特”（Burson Cohn & Wolfe，但习惯上仍称为“博雅”）。WPP表示，两家公司合并主要是由于博雅和凯维分别在商业公关和公共事务、数字产业和消费者沟通方面的优势存在互补关系[①]。目前，博雅宣称自己的业务范围主要涵盖品牌营销（Brand Marketing）、企业声誉（Corporate Reputation）、创意策划（IDEA）、商业传播（Financial Communications）、政府关系（Government Relations）、影响力宣传（Influencer Advocacy）、危机应对（Issues & Crisis）、公共事务（Corporate Public Affairs）、目的和ESG[②]体系（Purpose & ESG）等方面，并且通过媒体拓展和业务代理的方式

① BRADLEY D. WPP announces the merges of Burson-Marsteller and Cohn & Wolfe［N］. PR Week，2018-02-27.

② ESG，是指Environmental、Social和Governance体系，强调组织在环境、社会及公司治理维度方面的绩效表现。

在品牌研究与战略（Brand Research & Strategy）、创意技术（Creative Technology）、数据与分析（Data & Analytics）、自有媒体（Earned，Paid & Owned Media）、数字与社交（Digital & Social）等方面为客户提供一整套的技术手段和服务（expanding suite of tools and services）[①]。

目前，外部独立公司的发展呈现的许多特征中最显眼的一点就是全球化布局。随着经济和市场的全球化，以及互联网普及带来的信息在世界范围内的即时传递，业务不断拓展的外部独立公司需要在世界各地开设分支机构，或者收购一些当地的公共关系公司。仍以博雅为例，目前其业务主要涉及亚太、欧洲、拉美、中东、北非、北美以及南非等几大板块。博雅在南非的机构奥凯博雅（Arcay Burson-Marsteller）最初就是约翰内斯堡本地的公共关系公司奥凯传媒（Arcay Communications）。2007年起，奥凯传媒就已经成为博雅在非洲的独家合作机构，2011年底，博雅正式收购奥凯传媒的大部分股份，将自己的业务版图向非洲拓展。与全球化布局同时而来的就是地方化运作。许多跨国公共关系公司在收购或者与当地的公共关系公司联营后，基本仍使用收购前的名称，并且出于“更了解所服务的这个地区的媒体和文化”[②]的考虑而聘用当地公众。博雅日本（BCW JAPAN）的总裁就是在东京有着20多年公共关系和企业声誉管理经验的竹村聪（Tsuyoshi Takemura）。哈罗德·博森曾表示：

> 跨国公共关系公司不能仅依靠一个国家的人才，这并非公共关系发挥作用的机制。博雅在全球的各个子公司几乎都聘用了当地国民为职员……在法国，博雅巴黎是一个与我们在当地的任何一个竞

---

① 参考https://bcw-global.com/capabilities。

② 卡特里普，森特，布鲁姆.有效的公共关系［M］.明安香，译.8版.北京：华夏出版社，2002：71.

争者一样的地道的法国人办事处。和全世界的其他地方一样，博雅在法国的许多同事在与我们一起工作之前，曾在其他法国的公共关系公司工作过。①

一方面，跨国公共关系公司使用更熟悉地域环境的当地雇员，同时还通过一整套规范的执行程序和企业文化来加以指导，使其符合公司的运作规范。正如纽约特许金融分析师协会（CFA Society New York）首席执行官彼得·拉什（Peter Rush）所言：

我们要求在其他国家的子公司同样需要具备我们所具备的东西：信誉、经营责任、专业技术、工作经验、职业道德和最重要的绩效。尽管我们认为应当允许他们在工作时尊重当地的文化准则，尤其是在处理媒体关系的时候。②

毫无疑问，外部独立公司和组织内部公共关系部门的优劣是差不多对应的。外部独立公司的优势正是在于其独立性，独立的地位使得公共关系公司能够相对处于更加超脱的地位，为了更好地解决组织所面临的问题提出恰当的方案，尽管不一定是更有价值的。但是组织从外部独立公司获得的建议相对于内部公共关系部门来说往往是更客观的，这样能够促使管理层从另一个角度去思考问题。抽样调查显示，超过75%的公司与外部独立的公共关系公司有合作关系，尽管其中绝大多数都有自己

① BURSON H. Letter to the editor［J］. O'Dwyer's PR magazine，1997（8）：61.

② LEVITT L. Firms tapforeign shops for client work［J］. Dwyer's PR services report，1997（6）：34.

的公共关系部门；而在政府机构和非营利组织中，这一比重还要更高[①]。此外，外部独立公司所具备的专业性，以及在营业范围上的优势，也是组织考虑合作的关键因素。尽管如此，外部独立公司的业务仍面临着一些问题。首先就是费用。收费方式、服务内容、是否会追加投资以及更常见的组织付给外部独立公司的费用等，如果组织在本财年发展顺利，没有遇到需要外部独立公司解决的公共关系问题，这样一来，组织就会觉得花了冤枉钱，下一财年便不愿增加甚至维持这一支出。而问题的关键在于变革的建议往往会遭到组织内部既得利益者的反对，后者或因外来的身份贬斥外部独立公司，认为其提出的建议只是舐皮论骨。工作方法迥异以及关键时刻合作失败导致的矛盾就更毋庸赘言了，而这种矛盾不仅存在于公共关系工作之中。

（三）组织需要公共关系

不管出于什么原因，越来越多的组织开始重视公共关系工作，不管是设置独立的公共关系部门，或者和外部公共关系公司建立合作关系，还是更常见的把内部部门和外部公司结合起来的操作，都表明组织管理层已经认识到公共关系对于组织的发展来说是必不可少的。目前，一些卓越的“管理者在做出决策之前，越来越多地寻求公共关系的参与和咨询，而不是首先做出决策，然后传达决策”[②]。公共关系顾问在组织中发挥着越来越重要的管理职能，首席公共关系官也不再被限制在传播技术工作中，而更多地上升到战略高度。

公共关系在组织中的贯彻，首先要能够得到管理层的支持。这种支

① 卡特里普，森特，布鲁姆.有效的公共关系［M］.明安香，译. 8版.北京：华夏出版社，2002：78.

② 卡特里普，森特，布鲁姆.有效的公共关系［M］.明安香，译. 8版.北京：华夏出版社，2002：59.

持是如此重要，以至于有观点认为“公共关系的首要和持续的任务就是赢得和保持高级管理层的支持”[①]。公共关系应当根植于管理层。只有在首席公共关系官领导下的部门和管理层之间处于相互信任、相互尊重的状态时，公共关系工作在组织内部的顺利开展才是有可能的。为此，管理层的支持大概包括对于公共关系活动的参与、代表组织进行媒体接触、在战略规划中融入公共关系思维、对于与内外部关键公众的传播活动的实质性参与，以及更重要的：言行一致。如前所述，组织高级管理人员行动中的实质组成部分是组织形象树立的关键，这不仅包括管理层的决策（言）和公共关系传播的内容（行）要一致，也包括公共关系部门对于管理层一些言论的“紧急救场”。

公共关系工作不仅要根植于管理层，同时就像内部公共关系部门和外部独立公司的合作一样，公共关系部门还要与其他部门进行合作。在实践中，公共关系和市场营销的工作范围存在相当大的交叉，主要原因在于两者都是外延性的、联系公众的工作。在一个营利性的组织中，公共关系和市场营销都与作为关键公众的消费者产生关联，都使用广告作为自己的工具，更重要的是两者之间工作内容的重叠：市场营销旨在推广商品的广告活动，不仅其广告效果受到“组织—公众”关系的前置性影响，而且对于“组织—公众”关系又会产生新的作用。很明显，“组织—公众”关系在这里产生了价值——这一关系作为公共关系的主要着力点，又受到市场营销的极大影响，进而也就导致两者之间存在交集。有的组织从公共关系部门的位置着手去解决这个问题，要求公共关系部门向市场营销部门报告工作。调查显示，这种情况大概占六分之一[②]，尽

---

① 卡特里普，森特，布鲁姆.有效的公共关系［M］.明安香，译. 8版.北京：华夏出版社，2002：57.

② 卡特里普，森特，布鲁姆.有效的公共关系［M］.明安香，译. 8版.北京：华夏出版社，2002：107.

管这种做法在一定程度上缓和了市场营销和公共关系之间的矛盾，但是正如前述所言，这种做法实质上使得公共关系工作从属于市场营销，最终会使得组织失去“在传播策划中提供替代观点的好处”[①]。也有一些组织将公共关系部门或者使用了其他名称的公共关系部门置于“办公室”这个使人一馈十起的工作部门之下。以银行系统为例，中国工商银行在办公室下设公共关系处、中国农业银行在农行企业文化部下设新闻处、交通银行在企业文化部设立公共关系专员、中国邮政储蓄银行在办公室下设品牌管理处、中信银行和中国光大银行在办公室下设宣传处、华夏银行在办公室下设公共关系室、广发银行在办公室下设品牌与新闻管理处、招商银行在总行办公室下设首席品牌顾问等。不过也有一些银行设置了独立的公共关系部门，如上海银行公共关系部、中国建设银行公共关系与企业文化部、中国农业发展银行宣传部等。尽管存在着不同的位置设置，但是当代公共关系中仍有一个规律是值得注意的：只有当首席公共关系官能够直接向首席执行官汇报工作时，组织的公共关系工作才有可能达到最有效率的状态。

促进组织公共关系工作高效率的因素，除了公共关系部门的位置，公共关系顾问的个人努力也是极为重要的因素。有研究将公共关系顾问的角色类型区分为传播技术专家（communication technician）、传播服务商（communication facilitator）、解决问题服务商（problem-solving process facilitator）和专家诊断者（expert prescriber）四类，认为这四类角色基本能够涵盖公共关系实践的主要范围。同时，尽管公共关系顾问的角色承担会比较模糊，但一般会在实践中“表现出一个主导角色”[②]。

---

① 卡特里普，森特，布鲁姆.有效的公共关系［M］.明安香，译. 8版.北京：华夏出版社，2002：72.

② 卡特里普，森特，布鲁姆.有效的公共关系［M］.明安香，译. 8版.北京：华夏出版社，2002：35.

不管如何进行区分，公共关系顾问在认知层面的达成度影响着工作效率却是一个不争的事实，即公共关系顾问——包括级别更高的公共关系主管、首席公共关系官，如何看待公共关系工作——是将其认定为一个传递信息的常规工种，还是作为整个组织管理职能的一部分。前述研究也表明，卓越组织中公共关系从业人员将自己的工作看作组织管理职能的一部分，并且能够从宏观角度考虑问题的比重，是其他组织的三倍[①]。因此，仅仅把公共关系看作程序性工作的观点是狭隘的，尽管公共关系工作或许包含着这些例行公事。

四、目的

每一个组织都有自己的目的，这种目的一般以宗旨、愿景、任务等方式表现出来。《德国民法典》将组织分为社团、基金会和公法法人三大类（第一编第一章第二节），社团又分为不以经营为目的的社团和以经营为目的的社团两小类（第21、22条）。我国《民法典》将组织分为法人和非法人组织，法人包括营利法人、非营利法人和特别法人三大类。其中，特别法人包括“机关法人、农村集体经济组织法人、城镇农村的合作经济组织法人、基层群众性自治组织法人”等四小类（第96条）。一般地，我们依照组织目的的营利性质，可以将组织分为两类：以营利为目的的组织和不以营利为目的的组织。我国《民法典》规定的特殊法人中的“农村集体经济组织法人”和“城镇农村的合作经济组织法人”等可以归为前一类；“机关法人”和“基层群众性自治组织法人”等近似于《德国民法典》意义上的公法法人可以归为后一类。不管是以营利为目的

① DOZIER D M，GRUNIG L A，GRUNIG J E. Manager’s guide to excellence in public relations and communication management［M］. New Jersey：Lawrence Erlbaum Assoc Inc.，1995：78-81.

的组织，还是不以营利为目的的组织，都存在着自己的目的，这也是组织存在的前提条件。那么，组织如何实现自己的目的呢？

对于以营利为目的的组织来说，自不待言，营利是组织设立的目标，也是组织运行的第一要求，组织要通过向社会提供产品或者服务的方式，换取社会所支付的对价，从而实现自己营利的目的。对于不以营利为目的的组织来说，它的存在多是为了社会公益目的，那么除了设置这些组织而遵循的行政逻辑，这些组织要在社会中生存和发展还要遵循市场经济规律，即为社会提供后者所需要的服务。如果只遵循行政逻辑，而不遵循市场经济规律，就会出现一个不能向社会提供服务、社会也不需要它提供服务的组织存在——可能社会上确实有这样的组织，但这并不是一个正常现象，也终究会被社会所淘汰。也就是说，不管是哪一类组织，要想实现自己的目的，总是在与社会发生着这样或那样的联系。从宏观角度看，组织正是通过与社会发生联系而实现自己的目标，从而为自己的存在铺陈合法性。组织存在于社会之中，但不是存在于虚无缥缈的社会之中，组织是存在于社会的某一个具体的部分之中。一个组织，总有特定的住所，总有与之产生联系的具体的人、事、物，总有在特定范围内、通过某种形式联系着的环境的集合体，这个包含着自然环境、公众环境、社会环境等在内的集合体，即社区。“与随着工业化出现的、建立在理性意志之上的社会相比，社区是指建立在血缘、地缘、情感和自然意志之上的富有人情味和认同感的传统社会生活共同体。”[①]社区中最重要的关系是“默认一致”，这“是对于一切真正的共同生活、共同居住和共同工作的内在本质和真实情况的最简单的表示”[②]。这个集合体的关

① 杨敏.作为国家治理单元的社区：对城市社区建设运动过程中居民社区参与和社区认知的个案研究［J］.社会学研究，2007(4)：137-164，245.

② 滕尼斯.共同体与社会：纯粹社会学的基本概念［M］.林荣远，译.北京：商务印书馆，1999：74.

键是人，而“组织都存在于特定的社区之中”的同义词就是，组织都存在于特定的不特定的人之中——公共关系就是要帮助组织处理与公众的关系，即“组织—公众”关系。

这也就是公共关系对于组织而言总体上的目的。公共关系通过自己的工作帮助组织处理“组织—公众”关系，从而有助于实现组织的目的。正如组织的目的是组织存在的理由一样，公共关系的目的也是公共关系存在的理由——不能为组织处理好“组织—公众”关系的公共关系工作是失败的，并且一定会被一个遵循市场经济规律的组织、社会所抛弃。公共关系通过自己的工作来帮助组织达成目标，这些具体的公共关系工作我们将其称为公共关系的职能，前已详述。那么这些工作有没有共性呢？我们先引入一个概念——“熵增定律”（principle of entropy increase）。

熵增定律即热力学第二定律，是指系统内物质的热量从高温物体向低温物体的转移是不可逆的，除非有外力因素的加入。在孤立系统内，任何变化都不可能导致熵的总值减少。也就是说，孤立系统自发的趋势就是熵值的不断提高。“熵”是描述物体内部混乱程度的指标值，熵值越大，表明这个物体内部的系统化程度越低、混乱程度越大、整体效率也就越低；反之，熵值越小，表明这个物体内部的系统化程度越高、混乱程度越小、整体效率也就越高。“熵增”不仅是热力学的重要定律，在社会科学领域也是同样适用的。将熵增定律用系统论的语言进行表述，就是在一个孤立系统内，任何自发变化都不可能影响作为必然趋势的系统内部混乱程度的增加。对于任何一个系统来说，熵值增加是必然的。熵值增加带来的结果就是系统的混乱程度加大、系统的整体效率降低。在公共关系领域，熵增定律的意义主要体现在两个方面。

第一，明确了公共关系对于组织的意义。熵增定律明确了系统混乱程度的加大是必然趋势，但是同时强调了除非有外力的作用。对于组织来说，“组织—公众”关系作为一个系统，其混乱程度的增加也是必然的，那么如何通过外力作用来对抗这种熵增趋势呢？答案就是公共关系。公共关系通过自己的工作帮助组织处理好“组织—公众”关系，避免“组织—公众”关系因混乱程度加大而影响组织目的的实现——公共关系工作所发挥的就是前述“外力”的作用。公共关系帮助组织处理好“组织—公众”关系，使得“组织—公众”关系能够以良好状态高效率地运行，这就是公共关系对于组织的意义所在。

第二，明确了公共关系的开放式系统模式的重要性。熵增定律存在的前提是系统的孤立性质，只有对于孤立的系统来说，热量不可逆的定向移动才是存在的。从管理学的角度来看，对于一个组织来说，混乱程度增加的前提也是组织的孤立性质，也就是组织缺乏与外界交流的程度和方式。如果能够破除“孤立性质”这个前提，熵增定律便不会以上述方式展开。公共关系在帮助组织处理好“组织—公众”关系的过程中，要能够促进组织以开放的态度与社会同频共振，始终与社会产生开放性联系，这才是组织真正的生命之源。更重要的问题在于，不仅组织要保持开放性质，公共关系本身也应当在工作中不断调适自身，形成公共关系的开放性系统模式。专业公共关系的从业者应当依靠自己所掌握的知识方法，并且把公共关系视为组织战略目标的实施过程，即管理冲突和建立与关键公众之间的相互关系——后者对于组织的发展具有关键作用。①

总结来看，公共关系的目的就是通过自己的工作帮助组织处理好“组织—公众”关系，降低“组织—公众”关系中的混乱程度，以促进组织实现自己的目的。这也是公共关系之所以为组织所需要的原因。在这个过程中，公共关系不仅帮助组织，也帮助自己形成开放式的系统模式。

---

① GRUNIG J E. Excellence in Public Relations and Communication Management [M]. Hillsdale，NJ：Lawrence Erlbaum Associates，1992：312.

公共关系一头连接着组织，一头连接着社会/公众，这种开放性系统模式的意义就在于帮助组织适应社会需要而存在，并且能够通过促进组织为社会提供高质量的产品或服务的方式维持“组织—公众”关系。社会是在不断变化的，组织也应当是跟随着社会的变化而不断变化的——同样的道理也适用于对公共关系本身的考察过程。“一个成熟的、经过训练和有实践经验的公共关系开放式系统模式的实践者非常容易被包括在组织的决策层之中，而且在决策过程中所发挥的作用也绝不是单纯地提供建议。当首席公共关系官在组织的决策层中足够有力量的话，公共关系就可以也应当通过制订战略级别的公共关系规划去影响组织整体的思想和选择。”[①]公共关系工作主要通过传播的方式帮助组织和自己适应社会，这是后文所要讨论的主题之一。

五、学科地位

行文至此，我们已经基本将公共关系作为一项工作所应当包括的主要内容介绍清楚了。公共关系的着眼点在于组织与关键公众之间良好关系的建立、维护与促进，是组织熵值管理职能的一种表现形式。而公共关系工作在不断职业化、理论化的进程中逐渐形成了作为一门学科的“公共关系学”——自从1923年伯内斯在纽约大学开设了世界上第一门公共关系学课程至本书写作之时，公共关系学刚好已经走过了整整一百年的历史。那么，我们现在所指陈的公共关系学应该处于什么状态呢？

① GRUNIG J E，GRUNIG L A. Toward a theory of the public relations behavior of organizations：review of a program of research［J］. Public relations research annual，1989（1）：60.

（一）学科联系

公共关系学是以组织的公共关系为研究对象的一门科学，而其研究对象又可以进一步划分为公共关系理论、公共关系史和公共关系实务等三个主要方面。公共关系理论主要包括对于公共关系的主体、客体、职能、规律、协作、伦理等方面的研究，这是公共关系学的核心部分。公共关系史又可以分为对于公共关系实践史的研究和对于公共关系思想史的研究两方面。对于公共关系实务这部分的划分方法比较多，有观点认为公共关系实务包括公共关系策划、公共关系战略表现、公共关系传播策略、公共关系传播工具等方面[①]，也有观点将公共关系策略、公共关系写作和危机传播管理等三方面视作公共关系方法[②]，也有著述从较为宏观的作为公共关系方法论的角度出发，提出了职业道德、法律考虑、调整与适应、交际理论与语境、内部关系与员工沟通、外部媒体和媒体关系等内容[③]。但一般来看，对于公共关系实务的理解都仍处于卡特里普在《有效的公共关系》一书中所提出的“公共关系四步骤管理法”的框架之中。

公共关系使用传播（communication）作为自己发挥作用的主要武器，正因如此，对于公共关系实务的研究总是绕不开对于传播策略、传播手段、传播技术以及相关问题的研究。公共关系所应当发挥的职能，基本都是通过传播才能实现的，或者从本质上说也都属于传播行为。早期传播学的研究主要集中在对于传播效果的考察，当然这也是公共关系最为关注的问题。20世纪中叶以后的传播学研究，逐渐开始将传播效

① 陈先红.现代公共关系学［M］.2版.北京：高等教育出版社，2017.

② 胡百精，宫贺.公共关系学教程［M］.北京：高等教育出版社，2022.

③ BROOM G M，SHA BEY-LING. Effective public relations eleventh edition［M］. London：Pearson Education，2013.

果的效果——传播行为所产生的效果对于社会所带来的长期影响——纳入考察视角。传播如何形塑公众对于社会的认知、如何影响公众舆论的形成以及信息传播的模式等问题，都是传播行为所产生的长期效果，这些问题同传播渠道对效果的影响、传播垄断、传播参与者权利保护等问题一起，作为工具为公共关系所使用。公共关系主要借助传播来发挥作用，更主要的是，公共关系以及公共关系所服务的组织所处的社会是由于传播而形成并联系的。“传播不仅把信息从相互关系中的一方转运到另一方，而且界定了我们全都在其中运作的相互关系和社会环境。”①

如果把“传播”的理解更为具体化一些，就会得到一个更细致的考察对象——媒介（medium）。作为一个比“媒体”（media）来说更稍显中观的概念，“媒介”是公共关系实际发挥作用所经由的渠道。公共关系会借助传统媒体渠道，但更多的是新媒体平台——不管是自营平台还是借助更具有话语权的专业传播平台。进行传播活动，内部也会有办公系统、例会、各种报表以联系雇员和投资者。甚至一些小道消息、口头传播——如果能够被使用的话——也能够成为公共关系所使用的媒介。更多情况下，媒介采取了媒体的形式，但是公共关系与媒体之间的关系并非总是那么和谐，尤其是媒体不可能认识不到公共关系试图利用媒体的影响力以实现自己目的的企图。媒体从业人员总是习惯于选择不信任或者不相信公共关系从业人员，认为后者是进行洗白和信息控制的宣传者，在从事着具有偏见的传播行为；同时，公共关系从业人员本身应该

① 卡特里普，森特，布鲁姆.有效的公共关系［M］.明安香，译.8版.北京：华夏出版社，2002：232.

也认识到了来自媒体从业人员的不信任态度。[①]尽管如此，公共关系从业人员和媒体从业人员保持良好的联络关系总是必要的，尽管两者的传播目标（如果都有的话）很少体现出相似性。尝试着与媒体进行合作，“是公共关系部门的一项责任并且是维护良好媒介关系的一项必不可少的投资”[②]。

公共关系与广告之间的关系也偶然会被提起。“广告（advertising）是由已确定的出资人通过各种媒介进行的有关产品（商品、服务和观点）的，通常是有偿的、有组织的、综合的、劝服性的非人员的信息传播活动。”[③]广告是营销传播工具的一种，如果从这个角度来看，公共关系其实也是营销传播工具的一种，两者处于平行地位。一般观点将广告视为公共关系职能之一，认为许多组织都“运用做广告来达到公共关系目的”[④]。与同样作为公共关系职能的新闻宣传相比，由于广告的付费性质，所以组织对于广告的内容、时间、频率等方面更具有话语权。公共关系利用广告以实现自己的目的，广告传播活动本身也在影响着“组织—公众”关系。也有观点将广告划分为企业广告和产品广告两类，认为企业广告是公共关系的一部分，而产品广告是市场营销的一部分[⑤]。

比较复杂的是公共关系和市场营销之间的关系。市场营销是指“以与组织目标相一致的方式识别并满足人类与社会的需求”，“是创造、沟

① VAN SLYKE T J. Information subsidies and media content：a study of public relations，influence on the news［J］. Journalism monographs 100，1986（December）：26-27.

② 卡特里普，森特，布鲁姆.有效的公共关系［M］.明安香，译. 8版.北京：华夏出版社，2002：279.

③ 阿伦斯.当代广告学［M］.丁俊杰，程坪，钟静，等译. 8版.北京：人民邮电出版社，2006：8.

④ 卡特里普，森特，布鲁姆.有效的公共关系［M］.明安香，译. 8版.北京：华夏出版社，2002：12.

⑤ 井之上乔.公共关系［M］.王冕玉，王熙威，译.北京：东方出版社，2018：15.

通、传递和交换对顾客、客户、合作伙伴和整个社会有价值的产品的一种活动、制度和过程”①。市场营销的目标在于在长期的基础上吸引和满足顾客的需要，以便达成特定组织的经济目标，其基本的责任是建立并维护组织的产品或服务所占据的市场②。简而言之，市场营销是一种商品销售行为，而公共关系是一种关系维持行为。不可否认的是，市场营销和公共关系之间具有密切的联系：最为直接的表现在于公共关系方面的支出大约有80%分配给了支持营销的活动③，这是一项针对美国的研究所表明的数据。同时，公众的购买行为受到作为前置性存在的对于组织认知的影响，公众每一次新的购买行为又会重新强化或者弱化既有认知。也就是说，公共关系影响着商品或服务的销售行为，销售行为也在塑造着公共关系。市场营销和公共关系是相互联系的——产生联系的原因在于两者都将主要精力放在处理组织所面临的外部公众上。甚至有观点认为，市场营销的“焦点正在向维持老顾客并与之建立长期的互惠关系转变。其中的关键就是要向顾客提供超价值的和高满意度的产品或服务”④。同时，两者也是有区别的，不仅在于所发挥作用的区别：市场营销聚焦于经济交换关系，努力控制着组织的成本投入与公众的对价输出之间的平衡；而公共关系通过处理广泛范围中的“组织—公众”关系来保证组织本身存在的价值。

---

① 科特勒，凯勒，切尔内夫.营销管理［M］.陆雄文，蒋青云，赵伟韬，等译.16版.北京：中信出版集团，2023：4.

② BROOM G M，TUCKER K. An essential double helix［J］. Public relations journal，1989（November）：39.

③ 迈特拉，阿尔提格.公关造势与技巧：通向21世纪的桥梁［M］.欧阳旭东，译.北京：中国人民大学出版社，2009：132.

④ 科特勒，阿姆斯特朗.市场营销原理［M］.赵平，等译.北京：清华大学出版社，1999：9.

一般来说，一个特定的组织在为公众提供产品或服务的过程中，总会有着市场营销和公共关系两方面的考量，因为组织与公众之间的交易流和认知流出现了重合。而当交易流和认知流（信息流）出现分离、组织的市场销售行为不直接面向公众的时候，两者之间的关系就更好理解了。

如图2-4所示的就是一种交易流和认知流出现分离的情况。商品/服务提供者（组织）并不直接与公众发生营销关系，而是通过作为中介的代理商进行。代理商首先与组织产生包销（underwriting）或者代销（consignment）关系，再由代理商面向公众进行销售。在这种情况下，交易流并不是直接从公众指向组织，而是经过了代理商这一环，但是仍存在着公众指向组织的认知流，尽管同时也会存在着公众指向代理商的认知流。也就是说，公众虽然没有直接从组织购买商品或服务，但仍然对于组织产生了某种形式的认知。在这种关系中，公众的消费行为不仅受到与商品/服务提供者的关系的影响，同时也受到与代理商的关系的影响。

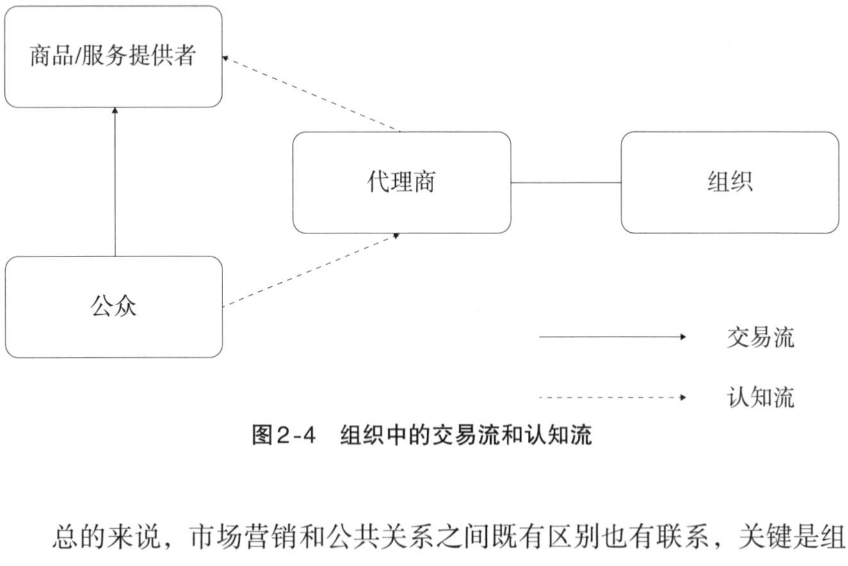

图2-4　组织中的交易流和认知流

总的来说，市场营销和公共关系之间既有区别也有联系，关键是组织要能够为社会提供高质量的产品或服务。

（二）学科归属

公共关系学作为一门学科与传播学、广告学和市场营销学之间是相互交叉的，公共关系学正是在融合了多种学科的理论、观点、方法的基础上，结合自身的独特价值而形成的。我国一般将“公共关系学”（120409T）作为“公共管理学”（1204）一级学科下设的二级学科。“公共管理学科是以公共利益、公共价值为导向，研究如何运用公共政策和公共组织管理公共事务，提供公共产品和公共服务，提升国家治理水平，促进国家治理体系和治理能力现代化的学科。其目的是为党政机关、事业单位、社会团体等公共部门培养公共管理与服务人才。”[①]我国《普通高等学校本科专业目录》在公共管理学一级学科之下，除了公共关系学，还设置了公共事业管理（120401）、行政管理（120402）、劳动与社会保障（120403）、土地资源管理（120404）、城市管理（120405）、海关管理（120406TK）、交通管理（120407T）和海事管理（120408T）共计9个二级学科，2015年以后又陆续增加了健康服务与管理（120410T）、海警后勤管理（120411TK）等11个二级特设学科或控制布点学科。“在国务院学位委员会《授予博士、硕士学位和培养研究生的学科、专业目录》中，公共关系学属于传播学（代码050302）下的应用传播学领域；在中国标准化研究院《中华人民共和国国家标准学科分类与代码表》中，公共关系学是社会学（代码840）下的二级学科（代码84054）。”[②]西方一般

① 教育部高等学校教学指导委员会.普通高等学校本科专业类教学质量国家标准［M］.北京：高等教育出版社，2018：860.

② 刘晓程，李旭红.专业化与学科化共生：改革开放40年中国公共关系学发展的回顾与展望［J］.南昌大学学报（人文社会科学版），2019，50（3）：93-100.

把公共关系学作为工商管理学的一个分支学科。一般认为，由于“公共关系实践已经成为大多数组织日常运作和关系维护不可分割的一部分。因此，商学院的学生在就业前应该学习公共关系基础理论和实务技能”。在以美国为代表的一些西方国家的工商管理学院中，“公共关系教育应并入商学院”基本成为共识[①]。

不同领域的学者对于公共关系学的学科归属问题给出了不同的答案：或认为公共关系学属于公共管理学科，或将公共关系学划入工商管理学科之中——对于这个问题的不同回答反映了对于这一问题在价值观方面的不同判断。公共管理学科具有学科价值的公共性，“公共管理学科主体和客体的公共性以及公共管理所追求的公共利益决定了公共管理学科的公共价值取向，这也是公共管理学科与其他管理学科之间最本质的区别”[②]。正是出于公共关系关注社会利益方面的考量，因此存在着将公共关系学划入公共管理学科的观点。耶鲁大学政治学教授哈伍德·L.蔡尔兹（Harwood L. Childs，1898—1972）也认为，公共关系按照公共利益去整合或者调整在公众个人和组织行为中那些具有社会意义的方面。[③]而工商管理学科将视野更微观地放在经济组织方面，研究组织的管理活动及决策的普遍规律。工商管理学以企业或经济组织的管理问题为研究对象，以经济学和行为科学为主要理论基础，以统计学、运筹学等数理分析方法和案例分析方法等为主要研究手段，探讨和研究企业或经济组织各项管理行为和管理决策的形成过程、特征和相互关系，以及企业作为一个整体与外部环境之间的相互联系，并从中探究、归纳

① 西泰尔.公共关系实务［M］.张晓云，译.14版.北京：清华大学出版社，2020：44.

② 教育部高等学校教学指导委员会.普通高等学校本科专业类教学质量国家标准［M］.北京：高等教育出版社，2018：860.

③ CHILDS H L. An introduction to public opinion［M］. New York：John Wiley and Sons，1940：3，13.

和总结出旨在获得成效、提高效率的一般理论、规律和方法。[①]工商管理强调有效率、有效果地完成工作任务，效率（efficiency）是指以尽可能少的投入获得尽可能多的产出，效果（effectiveness）是指从事的工作活动有助于组织达成其目标。“在成功的组织中，高效率和高效果往往是相辅相成的，而糟糕的管理通常既是低效率的也是低效果的，或者虽然有效果但却是低效率的。”[②]狭义的工商管理指企业管理，包括财务管理、市场营销、人力资源管理等，广义的工商管理将管理对象的概念扩展到组织战略管理、企业文化管理、品牌形象管理等方面。公共关系也正是从微观的组织角度入手，通过处理“组织—公众”关系以实现组织的广义目标。公共关系应当以服务社会公共利益为根本目标，而从本质上来看，社会公共利益和组织利益应当存在价值上的同一性。公共关系学对于工商管理一级学科的从属性，也在学科设置中得以体现。我国《普通高等学校本科专业目录》在工商管理学一级学科（1202）下还设置了工商管理（120201K）、市场营销（120202）、会计学（120203K）、财务管理（120204）、国际商务（120205）、人力资源管理（120206）、审计学（120207）、资产评估（120208）、物业管理（120209）、文化产业管理（120210）等17个二级学科。很明显，从学科相似性的角度看，公共关系学更宜作为工商管理学一级学科下设的二级学科。

（三）课程设置

公共关系学隶属于工商管理或者公共管理一级学科之中，管理学的

① 国务院学位委员会第六届学科评议组.学位授予和人才培养一级学科简介［M］.北京：高等教育出版社，2013：380.

② 罗宾斯，库尔特.管理学［M］.李原，孙健敏，黄小勇，译.11版.北京：中国人民大学出版社，2012：8-9.

学科属性是公共关系学的本体所在，公共关系学主要采取传播学的方法去解决问题，传播学的技术策略是公共关系学的方法论所在，公共关系又涉及组织、市场、经济等核心概念，这些都应当在公共关系学本科课程设置中得以体现。因此，除了公共关系模块，公共关系学专业课程设置还应当包括传播与媒体模块、法律与社会模块、经济与金融模块和工商管理模块等部分。我们结合美国公共关系教育委员会（Commission on Public Relations Education）在1975年和1993年分别对于公共关系学本科专业课程设计的研究报告①、我国教育部高等教育司2012年编定的《普通高等学校本科专业目录和专业介绍》②以及上海外国语大学国际工商管理学院的课程体系③，制订了公共关系学专业本科课程的设置建议（表2-1）。

表2-1　公共关系专业本科课程的设置建议

模块	课程	理论学分	实践学分
公共关系	公共关系理论	3	
	公共关系史	2	
	公共关系管理	1	1
	公关表达与写作		2
	公共关系实践		4

① 参考美国公共关系教育委员会网站https://www.commissionpred.org/cpre-resources/5/。

② 中华人民共和国教育部高等教育司.普通高等学校本科专业目录和专业介绍［M］.北京：高等教育出版社，2012.

③ 参考上海外国语大学国际工商管理学院网站http://www.sbm.shisu.edu.cn/kctx/list.htm。

续表

模块	课程	理论学分	实践学分
传播与媒体	传播学	3	
	广告学	2	1
	公众舆论	2	
	危机管理	1	1
	整合营销传播	1	1
	数字媒体技术	1	1
	新媒体与数字传播	1	1
	网络与新媒体经济	2	
	网络传播与社交媒体	1	1
法律与社会	经济法	3	
	商法	3	
	公共管理	2	
	公共政策	2	
	行政管理	2	
	商务沟通与谈判		2
	社会学	2	
	社会调查		2
经济与金融	微观经济学	3	
	宏观经济学	3	
	金融市场分析	2	
	证券市场分析	2	
	消费者行为	2	
	金融风险管理	2	
	商业伦理	1	

续表

模块	课程	理论学分	实践学分
工商管理	企业管理	2	
	市场营销	1	1
	财务管理	2	
	品牌管理	2	
	客户关系管理	2	
	组织战略管理	2	
	人力资源管理	2	
	资产评估	1	1
	组织行为学	1	1
	项目评估与管理		2
	数字建模与智慧决策	1	1

第二节　作为职业的当代公共关系

一、概说

本节主要讨论这样一个问题：是谁在从事着公共关系工作。前文我们已经提及了作为机构或部门存在的公共关系，而公共关系工作最终需要落实到每一个具体的人身上。到底是谁把公共关系当作一种职业、一份工作来完成，这些人是谁，他们在做什么，他们如何认知自己和自己的工作，他们受过怎样的教育，他们在组织中处于什么位置？首先必须明确的一点是，很难对从事公共关系工作的人的数量进行很准确的界定，一方面，公共关系工作的性质决定了除了一些专门从事公共关系工作的人，组织的其他人事实上也都在从事着“组织—公众”关系的维护工作——近年来在一些商业机构，以及政府部门、医院等非营利组织中出现的“首问负责制”就是很好的例证。另一方面，一些组织中那些认为自己在从事公共关系工作的人，事实上可能并不以公共关系为主要工作任务。“由于在基础性概念上缺乏共识和名称的不一致，使得统计究竟有多少人在公共关系中工作的努力更加复杂化了。”[①]这一模糊性在以美国为代表的西方国家可能表现得更为显著。

而尽管存在统计方面的缺失，但有两点规律还是确实存在的。一是，公共关系事业的发展程度和市场经济的发展程度呈正相关关系。我们在对公共关系从实践到理论的发展过程的介绍中已经基本得出这个规律：市场经济的发展程度越高、市场越是在社会资源配置中起到决定性作用，公共关系就越快地发展起来。当代公共关系实践的主要推动力就是网络传播与社交媒体的遍及化——在高速通信网络和移动智能终端设备的复合加持作用下，尽管对于社会信息系统进行控制的努力从未消失过，但社会信息系统的可控制性进一步下降，因而社会观点会更加多样化，社会必要劳动时间的减少又使得社会公众可能对与社会利益、自身利益相关的话题产生更多兴趣，而社会变革、矛盾和冲突又迫使公众关注这些话题[②]。信息传播权——如果真的存在这种权力的话——从职业媒体和具有话语权的组织转移到既有方法论中仅被视为对象的人的身上，无论是抽象的公众还是具体存在的人——而这基本都是建立在市场经济发展的基础之上的。二是，商业机构始终是雇佣公共关系劳动的主体，尽管在

① 卡特里普，森特，布鲁姆.有效的公共关系［M］.明安香，译.8版.北京：华夏出版社，2002：29.

② 西泰尔.公共关系实务［M］.张晓云，译.14版.北京：清华大学出版社，2020：43.

20世纪70年代两次石油危机以后，“政府事务成为公共关系的一项主要任务，并且给公共关系功能带来了问题管理和目标管理等专门词汇”[①]。2005年版的《奥德怀尔企业传播名录》（*O'Dwyer's Directory of Corporate Communication*）表明，在美国就有超过“5000多家公司、2100个商业协会、189家驻外使领馆以及350个联邦政府部门、办事处、代理处设立了公关部门”[②]。也有研究表明，商业机构作为雇主容纳了大约40%的公共关系从业人员，在所有统计类型中最高[③]（图2-5）。

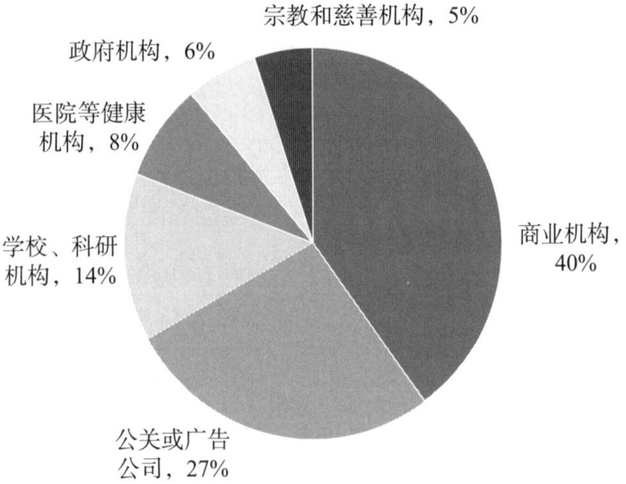

图2-5　公共关系从业人员的工作分布

虽然统计结果中政府机构所容纳的公共关系从业人员比重不大，但是起码对于美国来说，无法得到在政府机构中工作的公共关系从业人员

① 卡特里普，森特，布鲁姆.有效的公共关系［M］.明安香，译.8版.北京：华夏出版社，2002：114.

② 西泰尔.公共关系实务［M］.张晓云，译.14版.北京：清华大学出版社，2020：45.

③ 卡特里普，森特，布鲁姆.有效的公共关系［M］.明安香，译.8版.北京：华夏出版社，2002：30.

的可靠数字。在美国，“公共事务”更像是一个文字游戏而被政府和军事部门普遍运用，因为1913年众议院就联邦政府的预算问题做出决议，要求联邦政府机构不得出资用于新闻宣传，除非得到国会的特别授权。这一法案在1972年被再次确认。在这种情况下，政府机构不得不使用“公共事务”这一术语来描述建立和维护与选民关系的过程。同时，美国的院外游说也是一个兴盛的行业。2019年，大约35.1亿美元被花费在政治游说上，占当年美国GDP的万分之二，甚至超过了同年美国国会的年度预算（21.6亿美元）。在2019年，有大约11885名在册的活跃游说家。研究发现，约有60%的退休或退出的立法者最终进入了游说业。根据玛西·麦克斯温介绍，作为游说家，必须尽力取得并保持特定议员对她的信任。她本人在2019年成立自己的游说公司前，就为国会议员雷·麦格拉斯工作了近十年。2019年，美国商会共花费游说资金7700万美元，其中亚马逊、脸书、谷歌和苹果一共花费了5500万美元以上。2020年第一季度，全美政治游说支出达9.4亿美元，是有史以来支出最多的一个季度。但是其效果也是有目共睹的：医药公司共支出1.68亿美元用于游说，收到1500亿美元的政府救济；航空运输公司共支出2900万美元，收到320亿美元的政府救济；农业部门共支出3840万美元，收到了190亿美元的政府救济。有业内人士表示：“游说的目的是为政客提供最具真实性、相关性的信息，来辅助他们的决策。当然，我们会保证我们的政策建议基于道德。”但是，即便是政治游说确实能提高政府决策的准确性、及时性，使政策更加贴近产业诉求，但是像美国这样过度膨胀的游说产业，很难说不会造成资源的浪费和资本操纵政府的可能。尽管存在一些负面印象，但是对于美国各种公民团体、工会、公司和其他组织来说，为了影响政府决定，院外游说活动仍然是一个合法的和可接受的方式。

二、教育背景

前述章节已经讨论了公共关系从业人员应当接受什么教育的问题，事实上去统计从事公共关系工作的人具体接受了什么教育却是一件很困难的事情，主要原因还是在于难以确定从事公共关系工作的人的数量。尽管如此，也有一些抽样调查给了我们可资参考的结论。有调查显示，大约有92%的公共关系从业人员取得了大学本科学位，有23%的人完成了研究生课程但并未取得学位，有25%的人具有硕士学位，还有不到2%的公共关系从业人员具有博士学位。从专业上看，公共关系从业人员的专业最多的来自新闻学，有40%左右的公共关系从业人员获得了新闻学方面的学位，其次是英语、传播学和工商管理①。这项比较早的抽样调查给了我们两方面的启示。

第一，新闻学和传播学方面的学位仍然是公共关系从业人员主要的教育背景，尽管公共关系学应当隶属于工商管理学科。方法论方面的要求使得开设公共关系学专业的高校都将其部署在新闻传播学相关院系中，不过也有一些学校将公共关系学专业放在工商管理学院中。截至目前，我国有14所大学开设了公共关系学专业②，按学院和系部划分可列出表2-2（表中学校排序无意义）。

① Salary survey of public relations professionals［M］. New York：Public Relations Society of America，1996：69.

② 数据（含下表）截止到2023年12月31日，不含港澳台地区。如您在阅读过程中发现遗漏，作者深表歉意，并恳请您与作者联系。

表2-2　我国各高等院校公共关系专业开设情况

学校	学院	系	备注
上海外国语大学	国际工商管理学院	公共关系学系	2006年开设
南昌大学	公共政策与管理学院	社会学系	2008年开设
中国传媒大学	广告学院	公共关系学系	2000年批设，2001年招生
东华大学	人文学院	传播系	创办于2001年
上海第二工业大学	外语与文化传播学院	公共关系学系	
大理大学	经济与管理学院	公共管理系	2005年开设
贵州师范学院	商学院	公共关系学系	2018年开设
内蒙古财经大学	公共管理学院	公共关系学系	2000年开设公关文秘专业（专科），2007年申报公共关系学专业（本科），次年开始招生
宜宾学院	法学与公共管理学院	公共关系学专业学教研室	2015年开设
山东管理学院	人文学院	公共关系学教研室	1993年开设并招收专科生，2016年升格为本科
广州南方学院	公共管理学院	公共关系学系	
广州新华学院	公共治理学院	公共管理学系	2012年开设
浙江传媒学院	文化创意与管理学院	公共关系系	2007年开设
贵州医科大学神奇民族医药学院	经济商务学院	公共事业管理系	2021年后未招生

值得一提的是，沈阳航空工业学院（2010年更名为沈阳航空航天大

学）曾于1999年开设三年制专科公共关系学专业，主要培养空乘方向的学生，按艺术类录取，2007年以后改为空中乘务专业。这应该是最早开设从艺术类录取考生的公共关系学专业的高校。除了作为专业开设的公共关系学，还有大量高校开设了公共关系学的课程，相关课程主要分布在新闻传播学专业和工商管理学专业之中。

第二，尽管存在着方法论方面的要求，但是将公共关系学开设为专业、系的高校的数量在下降，这主要是源于公共关系学在本体上对于工商管理学科和在方法论上对于新闻传播学科的依附性，而这两个专业在国内各高校的开设情况使得再单独设立公共关系学系就略显重复。对于目前国内存在的普通高校教学缺乏实践性的回应也是可能的原因。与此同时，高级学位的获取越来越被重视，这更多地来源于对公共关系从业人员研究能力的强调。组织需要公共关系，但并不是需要完成琐碎的例行公事，而是要求公共关系能够为组织的发展提出更有建设性的观点。这就需要公共关系从业人员不仅要具备本学科的能力，跨学科的尤其是在计算机、经济或金融、法律方面的多样性能力也更显重要。组织所遇到的问题，从来就不是宏观的"问题"。处理这些具体问题不仅需要一般的应对方法，相关专门领域内的教育或经验也越来越被看重，尤其是在金融行业中，缺乏相关知识的公共关系从业人员很难在组织中发挥建设性作用。

三、职业化与行业协会

外文出版社高级英文编辑大卫·弗格森（David Ferguson）早年仍在从事媒体工作的时候，曾对位于印第安纳州的鲍尔州立大学（Ball State University）的学生表示："公共关系将永远也不会取得专业的地位，只要人们还是不用完成在这个领域的相当严格的课程学习，就可以进入这一领域而且兴旺发达的话。”①弗格森是从公共关系专业教育的角度阐述这个问题的。而公共关系专业教育的目的——按照弗格森的观点——是要对这一领域的准入形成一个严格的标准，以促进公共关系工作的职业化。

公共关系职业化的前提是公共关系工作的专业化，也就是要让专业的人去做专业的事，能够真正发挥组织中公共关系的作用。对于公共关系职业化的关注要求这个行业的从业者不仅要能够从事符合要求的专业化实践，而且能够以一定的行为规范和价值观标准去对这种实践进行判断。似乎每一种行业都在为了争取更加职业化的地位而努力，尽管一开始的目标并非多么利他，利益方面的考量往往是职业化的主要动力。职业化能形成科学的工作方法、建立起完备的质量考核标准以最大限度地提高工作效率。很明显的是，这种努力也是有益于社会的。

我们认为，公共关系的职业化一般有以下标准可供参考。第一，有系统的、在理论研究基础之上的高等教育体系，能够给准备从事公共关系职业的人提供相关的学科思维、知识准备和技能训练。第二，公共关系从业人员具有完成公共关系工作的能力，并且具备为公共利益服务的思维。第三，公共关系从业人员所提供的服务能够得到所在社区的认可，即便不是所谓“高质量的”，但提供服务本身是为社会所需要的。第四，公共关系从业人员能够在相互认同和帮助的基础上形成自治性质的同业公会，为行业提供并解释行为准则、道德和价值观，并且在教育方面提供建议。这样的标准实质上将公共关系从业人员的外延限定在一个比较小的范围之中，排除了那些在组织中兼职从事以及名义上从事公共关系工作的人员。伯尼斯认为，应当对真正从事公共关系工作的从业者实行

① 卡特里普，森特，布鲁姆.有效的公共关系［M］.明安香，译. 8版.北京：华夏出版社，2002：131.

许可制（be licensed），以资格确认的方式对这一行业的准入进行限制，要对公共关系工作的标准进行明确规定，而且颁布职业道德准则是必不可少的行为，以排除那些不够资格的从业者。[①]他认为，现在公共关系领域内很多人都没有系统接受过训练和教育，存在违反职业道德的行为，因此需要在公共关系领域内使得执业许可制度和注册登记制度得到法律规定，就像律师、医师和其他行业一样。[②]但是也有观点认为，以颁发执照、实行营业许可等方式允许特定的人从事公共关系工作，无疑也是对其余人从事公共关系工作的限制，而这种一般性质的禁止行为不应当属于政府的权力范围。目前，美国仍然没有出现针对公共关系工作的许可制度，只有一些专业组织进行了内部认证。如美国公共关系学会开展了一个认证维护项目，对目前正在从事公共关系工作、能够积极参与继续教育和社会服务、具有一定管理能力和战略思维而不是仍处于手工层次的从业者进行专业认证，具备认证资格的会员可以在其姓名后加上“APR”（Accredited，Public Relations Society of America），表示该从业者的能力已经得到了美国公共关系学会的认可。

自治性质的同业公会的形成是公共关系职业化最重要的标志。同业公会的形成标志着公共关系工作能够在社会承认其有用性的前提下，进行将职业道德制度化的自我管理的努力，这也是同业公会的价值所在。将职业道德制度化以内化公共关系从业人员的素质和能力，防止败坏行业形象的害群之马出现，后者往往会导致公共关系行业被权力部门接管的情况。在权力部门和权利阶层之间形成了中间地带，同业公会正是在其中发挥着作用。目前，世界上有一些同业公会是值得注意的。

---

① BERNAYS E L. Should public relations counsel be licensed?[J]. Printers ink，1953(December).

② BERNAYS E L. The case for licensing PR practitioners[J]. Public relations quarterly，1983(Spring).

（一）美国公共关系学会（PRSA）

美国公共关系学会的前身是成立于1936年的全美公共关系顾问协会和成立于1939年的美国公共关系委员会，两者于1947年达成了合并的意向，并于次年2月4日在费城召开了第一次会议。1944年，美国公共关系协会（American Public Relations Association，APRA）成立，并于1961年并入美国公共关系学会。次年，PRSA开始了它对于公共关系专业人员的认证计划（accreditation program for public relations professionals）。这一认证主要从研究、规划、实施和评估等四个方面的能力对公共关系从业人员进行考察，目前约有20%的PRSA成员获得了认证。

PRSA对于公共关系最重要的贡献在于制定了《PRSA道德规范》（PRSA Code of Ethics，简称《规范》）。1950年，PRSA制定了在公共关系实践中的道德规范，并且在1954年、1959年、1963年、1977年、1983年、1988年和2000年进行了修订。《规范》制定了维护公共关系核心价值观的六个原则，包括建设性、诚实、专业知识、独立、忠诚和公平，以及PRSA会员在面对竞争、处理信息来源、内幕信息披露、商业秘密保护、协调利益冲突等方面应当做出的专业选择。《规范》要求PRSA会员应当保护和促进准确和真实信息的自由流动，通过公开沟通促进知情决策，并努力加强公众对行业的信任。① 2000年的修订使《规范》不再以强制执行的方式存在，但仍然要求PRSA会员遵守，并认为可以撤销因被政府机构、司法机构处罚或者不遵守《规范》的个人的成员资格。

PRSA设立了“砧奖”（The Anvil awards）以鼓励公共关系事业的发展。其中，“金砧奖”（The Gold Anvil）被授予那些在公共关系理论或者

---

① SOMMER S. PRSA Alaska plays vital role at 35［J］. Alaska business monthly，2012（1）：34-35.

实践中具有突出贡献的个人，“银砧奖”（The Silver Anvil）和“铜砧奖”（The Bronze Anvil）分别以在公共关系方面卓越的战略和战术而授予。PRSA还于1945年10月至1995年之间出版过学术期刊《公共关系杂志》（*Public relations journal*），并且从1986年开始组织公共关系知识主体工程（The Body of Knowledge），发表公共关系理论研究的成果。尽管发表的文章多以摘录的方式进行，但这仍显示出PRSA试图在对理论知识有迫切需要的从业者希望与研究者展开主体对话这方面的努力。这一工程吸引了许多杂志参与——包括PRSA主办的《公共关系策略》（*Public Relations Tactics*）和《公共关系战略家》（*Public Relations Strategist*）、国际商业传播协会主办的《传播世界》（*Communication World*），以及《公共关系季刊》（*Public relations quarterly*）、《公共关系评论》（*Public relations review*）以及《公共关系研究》（*Journal of public relations research*）等，这反映了公共关系在寻求作为职业而独立存在的集体特征、正当理由以及获得社会认可的努力的同时所产生的对于自我价值的内省式思考①。

（二）国际公共关系协会（IPRA）

1949年11月，来自荷兰和英国的几位公共关系从业人员首次提出了建立一个超越国家的公共关系组织的想法，以促进各国公共关系实践标准的国际化和行业内的信息交流及跨国合作。1955年5月1日，国际公共关系协会（International Public Relations Association，IPRA）在伦敦成立。

IPRA成立的目的在于推动公共关系行业标准的国际化，IPRA的定期会议将组织的注意力集中在公共关系实践中新出现的问题上，这反映了IPRA对于国际化实践活动的关注。IPRA每三年主办一次世界公共关

① BROOM G M，et al. The gap between professional and research agendas in public relations journals［J］. Public relations research annual，1989（1）：141.

系大会（World Public Relations Congress），这一全球公共关系从业人员的集会旨在评估最新的实践标准和技术，并探索加强合作的方法。1961年IPRA威尼斯会议通过了《IPRA行为准则》（IPRA Code of Conduct），形成了一个公认的公共关系领域的职业道德和行为标准，供IPRA成员遵守。1965年IPRA雅典会议通过的《国际道德准则》（International Code of Ethics）对于《IPRA行为准则》中所涉及的价值观和方法论问题进行了进一步阐释。IPRA于1977年设立了“主席奖”（The IPRA President's Award），旨在表彰“对更好地理解世界所做出的杰出贡献”[①]，诺贝尔基金会、红十字国际委员会和创可贴等都曾获奖。IPRA还于1990年倡议设立“金球奖”（The IPRA Golden World Awards），以表彰在全球公共关系实践中的卓越表现。

IPRA与联合国关系密切，被联合国承认为国际非政府组织，并与联合国全球传播部（UN Department of Global Communications）合作，“为联合国的目标和工作提供支持”[②]。1983年，IPRA获得了联合国教科文组织的咨商地位（consultative status），次年获得联合国经济及社会理事会的咨商地位，并在2002年以后参与了联合国环境规划署的工作。近年来，IPRA在反对假新闻、零饥饿、应对环境变化等方面和联合国合作频繁。

（三）国际商业传播者协会（IABC）

1938年，美国工业编辑协会（American Association of Industrial Editors, AAIE）成立，1941年加入国际工业编辑理事会（International Council of Industrial Editors，ICIE），但在1946年退出。1970年两者合并为国际商业传播者协会（International Association of Business Communicators,

---

① 参考https://www.ipra.org/history/ipras-story/。

② 参考https://www.ipra.org/news/ipra-and-the-un/。

IABC），总部设在旧金山。1974年加拿大商业传播者协会（Corporate Communicators Canada）并入。

与PRSA和IPRA相比，IABC的规模不大，而且活动范围以美国和加拿大为主，但在欧洲、非洲和亚太也有分会。2005年，IABC开始举办“世界年会”（Annual World Conference），均在美国或加拿大进行。自成立之日起，IABC一直提供对于会员的认证计划（Accreditation for Business Communications，ABC）。经认证的会员可以在其姓名后加上“ABC”以表明身份。到2013年计划结束时，仅有1003人获得了认证。作为替代，2014年起IABC成立了全球通信认证局（Global Communication Certification Council）以进行新的专业认证，同时为公共关系从业人员的行为规范制定了一个国际标准，这一标准得到了ISO的认可。

IABC宣称自己的目标是通过活动和专业发展计划以及分享最佳的公共关系实践来相互联系和激励，IABC在其发布的《IABC道德准则》（IABC Code of Ethics for Professional Communicators）中认为，IABC会员应当对各种价值观和理念保持敏感，同时应当诚实、准确和相互尊重。《IABC道德准则》还就相互竞争、风险代理、信息披露进行了规定①。

IABC设立了“金榛奖”（The Gold Quill Awards），授予对当地社区做出贡献的“创造性和有效的沟通”。IABC还出版了电子月刊《传播世界》（*Communication World*）。

（四）佩奇学会（APS）

佩奇学会（Arthur W. Page Society，APS）是一个为纪念阿瑟·佩奇而成立的面向高级公共关系管理人员的组织，以加强首席危机官（Chief Crisis Official，CCO）在组织中的领导作用为使命，于1983年成立于纽约。

---

① 参考https://www.iabc.com/About/Purpose/Code-of-Ethics。

APS是一个小而精的组织，主要面向世界顶尖公司、公益组织或慈善机构、政府部门的首席公共关系官，世界级公共关系外部咨询公司的首席执行官以及商学院或者新闻学院的公共关系教育者，而且成员资格仅限于邀请。APS强调CCO在组织中应当有机会也有责任通过帮助组织赢得公众信任、保证声誉以确保组织对于利益相关者的职责，强有力的CCO不仅能够确保组织营利目标的实现，而且能够为社会利益做出贡献。

自1927年阿瑟·佩奇担任AT&T副总裁处理集团公共关系事务以来，他在实践中形成了一系列卓有成效的公共关系实践原则，佩奇学会成立的初衷之一就是要维护并践行这些原则。佩奇原则主要包括7条：

1.说实话。以诚实和善意的态度让公众知道正在发生的事情；为企业的性格、价值观、理想和行为提供合乎道德的准确描述。

2.用行动证明这一点。公众对一家企业的看法90%取决于它的所作所为，10%取决于它所说的话。

3.听取利益相关者的意见。为了更好地为企业服务，了解公众的愿望和需求，倡导与所有利益相关者接触。让高层决策者和其他员工了解利益相关者对企业产品、政策和实践的反应。为了有效倾听，通过包容性对话，让各种利益攸关方参与进来。

4.为明天做好准备。预见公众的反应，消除制造困难的做法。产生商誉。

5.进行公关，就好像整个企业都依赖它一样。任何战略的实施都不应不考虑其对利益相关者的影响。作为管理和决策职能，公共关系应鼓励企业的决策、政策和行动要考虑利益相关者的不同观点、价值观、经验、期望和愿望。

6.认识到一个企业的真正品格是由它的人来表现的。对一个企业最强烈的看法——好的或坏的——是由越来越多样化的劳动力的言行所决定的。因此，每一位在职或退休的员工都参与到公共关系中来。企业沟通的责任是倡导员工队伍中的尊重、多样性和包容性，并支持每位员工拥有成为客户、朋友、股东和公职人员诚实、知识渊博的大使的能力和愿望。

7.保持冷静、耐心和幽默。通过持续合理地关注信息和利益相关者，为公共关系的成功奠定基础。当危机发生时，请记住，头脑冷静的人沟通得最好。[①]

（五）中国公共关系协会（CPRA）

中国公共关系协会（China Public Relations Association，CPRA）于1987年6月成立于北京，是中国第一个国家级公共关系协会，业务主管单位为中共中央宣传部（国务院新闻办公室）。CPRA以“开展公共关系理论研究和实践，推动新时代中国特色公共关系事业健康发展；广泛开展国际交流，讲好中国故事，树立和展示国家形象，推动构建人类命运共同体；策划组织公共关系活动、提供决策咨询，推动社会和谐发展”[②]为宗旨，下设包括学术委员会、政府公共关系委员会等在内的十个机构。

CPRA致力于全球公共关系理论的引介和吸收，并在与中国实践相结合的基础上，发展具有中国特色的公共关系学。1988年创办了中国大陆最早的公共关系高级培训班、师资研讨班。从20世纪90年代末起，多次召开公共关系理论与实践研讨会、全国公共关系组织联席会，并出版文集总结理论成果。1999年推动原劳动部编制《中华人民共和国职业分

① Page Principles［EB/OL］.［2024-12-12］. https://page.org/who-we-are/page-principles/.

② 中国公共关系协会章程［EB/OL］.［2024-12-12］. http://www.cpra.org.cn/2020-08/22/content_41182027.html.

类大典》收录公共关系职业，2008年发布《中国公共关系职业准则》，同年开始举办每年一度的中国公共关系发展大会。

（六）中国国际公共关系协会（CIPRA）

中国国际公共关系协会（China International Public Relations Association，CIPRA）于1991年4月成立于北京，是中国第一个全国性公共关系涉外专业组织，业务主管单位为外交部。CIPRA以“公共关系的理论研究和实践探索，制定中国公共关系业发展战略；提高公共关系业及其从业人员的社会地位，维护公共关系从业人员的合法权益，规范公共关系业及从业人员的行为；开展高层次、多渠道、多形式的公共关系活动，促进公共关系及相关领域同海内外机构的相互了解和联系，开展国际交流与合作；搭建与政府间沟通平台，为政府购买公共服务提供咨询与帮助。推动中国公共关系业的职业化、规范化和国际化发展，为我国改革开放和经济社会发展服务，为夺取新时代中国特色社会主义伟大胜利、实现中华民族伟大复兴的中国梦助力”①为主要任务，下设传播战略委员会、学术工作委员会等7个机构。

CIPRA从1993年起举办中国公共关系行业最佳案例大赛，与中国公关嘉年华同步举行。1998年开始组织中国公共关系业年度行业调查活动，这也是目前中国大陆公共关系行业唯一的权威性的行业调查。2005年创办《国际公关》杂志，从2007年起举办中国大学生公共关系策划创业大赛。

四、身份特质

身份特质——亦即一个合格的公共关系从业人员应当具备哪些能力，

① 中国国际公共关系协会简介［EB/OL］.［2024-12-12］. https://www.cipra.org.cn/site/content/4260.html.

前述佩奇原则也就是对这方面的规定。海曼合伙（Heyman Associates）曾对一些公司的公共关系高管进行过一次调查，得出工作经验丰富、业绩成果、传播技巧、善于与人建立关系、主动和热情、富有团队精神，以及包括亲和力和个人魅力等在内的无形特质等七个方面是公共关系从业人员应当具备的身份特质[①]。国内有研究认为，那些“以公共关系作为终身职业的人，不管今后从事哪一个行业、哪一项公共关系作业，都必须具备四项基本才能：写作能力、研究能力、策划能力和解决问题能力”[②]。前述抽样调查也显示，公共关系从业人员想要获得成功应当具备传播技术、媒体等相关方面的知识、解决问题的能力、良好的个人特质等条件[③]，如表2-3所示。

表2-3 公共关系从业人员想要获得成功应当具备的条件

传播技术	· 写作能力 · 演讲具有说服力 · 使用多媒体进行传播的能力
媒体等相关方面的知识	· 对于媒体的深入了解 · 管理 · 在商业和金融方面的分析能力
解决问题的能力	· 发现问题的敏感性 · 解决问题的能力 · 决策力
良好的个人特质	· 活力和热情 · 兴趣广泛、懂得倾听 · 风度

① DONAHUE M. Heyman associates study finds critical patterns for public relations success［J］. Business wire，2004（6）.

② 陈先红.现代公共关系学［M］.2版.北京：高等教育出版社，2017：145.

③ Salary survey of public relations professionals［M］. New York：Public Relations Society of America，1996：69.

西泰尔将公共关系从业人员的身份特质分为“特别的技巧”和“对待这些职业的正确态度”两方面。如表2-4所示。

表2-4　公共关系从业人员的身份特质①

特别的技巧	对待这些职业的正确态度
（1）对该领域的了解。公共关系的基础——公共关系是什么，它都做些什么，它应代表什么。 （2）沟通知识。他们工作的媒介和沟通方式研究以及最重要的——如何写作。 （3）技术知识。必须熟悉电脑操作和相关技术以及网络。 （4）时事知识。了解你身边正在发生的事情，也就是可能会影响社会的日常事件，包括历史、文学、语言、政治、经济及其他所有方面……公关人员必须成为真正意义上的文艺复兴时期全能的人。 （5）商业知识。商业如何运作、追逐利润的导向以及对你的公司及行业的了解。 （6）管理知识。高级管理层如何决策，公共政策是如何形成的以及管理者承受着怎样的压力和责任。	（1）积极沟通。要倾向于公布信息而非保留信息。公关人员应当希望与公众沟通而不是逃避沟通。 （2）拥护。公关人员……必须代表雇主的立场。虽然他们永远都不应该歪曲、隐藏事实和撒谎，但是偶尔为了机构的利益，他们也可能会避免对一些事件做出评论。如果公关人员不信任其雇主，那么他们最该采取的行动就是……另谋工作。 （3）咨询导向。给高级管理层提出建议的欲望。公关人员……必须乐于不时地反对管理层的意见。公关人员必须有魄力说“不”而绝不是顺从。 （4）道德。公关人员所给出的咨询意见必须始终符合道德。公关人员的原则就是“做正确的事”。 （5）乐于冒险。……公关人员必须对自己的信念和个人信心充满勇气，在任何机构里扮演自己充满求知欲的重要角色。 （6）积极的态度。……公关人员要想以最佳效率进行工作就不能容忍自己成为一个“闷闷不乐的人”……在公共关系领域，无论如何，最重要的事情是继续保持积极和微笑。

综合来看，公共关系从业人员在三个方面的身份特质是主要的。首先就是具备专业性，传播、管理、商业、金融等方面的知识储备和技术

① 西泰尔.公共关系实务［M］.张晓云，译.14版.北京：清华大学出版社，2020：16-17.

专业性是公共关系从业人员被组织需要的前提。结果导向、学习能力、客观思考、自我意识、为组织利益和社会公共利益同一化而努力等也是值得提出的，这些能力素养将会促使公共关系从业人员通过直接的行动去寻求解决问题的实际办法，从而从合格走向卓越。与此同时，还应重视态度、勇气、善良、信心等可以归结为个人性格的方面。公共关系从来不是存在于真空中的，它存在于实际的“组织—公众”关系中，需要与人打交道以预判和处理各种问题，所以对于公共关系从业人员个性的要求是保证有效率的沟通所必需的。

此外，需要单独强调的一点是公共关系从业人员的伦理道德——这将是本节后述部分的主题。将公共关系从业人员的伦理道德放在单独强调的地位，就需要明确诸如讲真话、言行一致、真诚对于公共关系活动的意义——不仅对于公共关系，对于公共关系从业人员的职业生涯、组织的声誉和发展以及组织的高级管理人员而言，都是毋庸赘言的真理。

此外，表达能力也是值得单独强调的，这一点在之前被称为写作能力。公共关系工作总要实现一定的效果、达到一定的目标，公共关系从业人员总是需要做点什么事情。用“传播”这个存在双向性的词语来理解似乎削弱了公共关系从业人员的主动性——尽管公共关系应当是双向的，但从公共关系从业人员应当具备的身份特质的角度看，表达的主体、对象、方式、渠道，以及最重要的效果，都应当是值得重视的部分。但目前来看，这一点似乎并不能令人满意。卢卡舍夫斯基集团（Lukaszewski Group Inc.）主席詹姆斯·E.卢卡舍夫斯基（James E. Lukaszewski，1942—　）认为，相关领域内的毕业生写作能力的缺乏是“令人震惊”的[①]。

---

① HABERSTROH J. PR graduates don’t measure up as writes［J］. Public relations quarterly，1994，39（4）：22.

五、伦理问题

公共关系的伦理问题，主要考察公共关系向外提供的核心价值问题，即公共关系的意义生成。格鲁尼格在卓越公共关系项目研究中，提出了公共关系的四种模式，也就是四种不同的价值提供方式——包括19世纪末以巴纳姆为代表的新闻代理/宣传模式、20世纪初作为进步主义产物的公共信息模式、二战时期形成的“同意工程学”（engineering of consent）即双向不对等模式，以及20世纪90年代后逐渐成熟的双向均衡模式，格鲁尼格团队正是基于此而提出了卓越理论。这四种模式的区分主要基于两个变量：指向和目的。“指向探讨的是一个模式是单向的还是双向的。单向沟通只传递信息，它是一种独白；而双向沟通则是交换信息，它是一种对话。目的探讨的是一个模式是不对等的还是对等的。不对等沟通是不平衡的；它在组织我行我素的情况下，只努力去改变公众。而对等沟通是平衡的；它调整组织和公众之间的关系。”[①] 如图2-6所示。

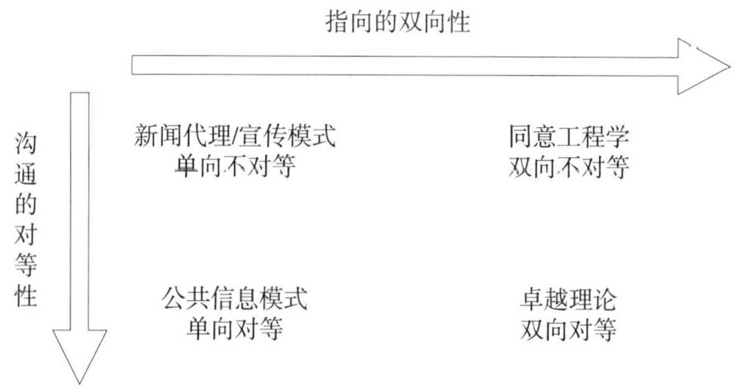

图2-6　四种模式中的沟通性和指向性

① 格鲁尼格，等.卓越公共关系与传播管理［M］.卫五名，等译.北京：北京大学出版社，2008：226.

对等模式以沟通作为公共关系的目标，而不对等模式更加强调公共关系的劝服目的。格鲁尼格认为，尽管“在规范性意义上，双向对等模式指出了最好的实践公共关系的方法；在实证性意义上，相关的研究也表明这一模式对组织的有效性贡献最大”[①]。

对等与否、沟通与否，都是公共关系向外提供价值的方式，无非不同方式的效果因事而异——尽管格鲁尼格认为公共关系的双向对等模式最为有效，但是这四种存在于公共关系历史上不同发展阶段的模式“在今天仍然被运用着”[②]。21世纪以后出现的企图整合格鲁尼格双向对等模式和美国实用主义价值取向的努力，促进着公共关系伦理的对话主义转向。格鲁尼格也认为，“今后公关研究的中心问题是对话”[③]。这种对话主义范式强调公共关系对外提供价值的方式的总和所存在的意义，认为“公关是组织与公众之间有意识的、规程化的对话，它培养和维系共识、促进利益互惠和价值分享”[④]，而公共关系的目的就是要“建立和维护与利益相关者之间有道德的对话关系”[⑤]。公共关系的对话主义范式将公共关系所依存的组织与其关键公众之间的互动性关系作为分析重点，这种关系代表着价值的抽象建构中组织与关键公众之间的意义是如何生成的，以及公共关系在其中发挥着什么样的作用。

公共关系伦理的对话主义转向主要从事实层面和价值层面考察组织

① 格鲁尼格，等.卓越公共关系与传播管理［M］.卫五名，等译.北京：北京大学出版社，2008：29.

② 格鲁尼格，等.卓越公共关系与传播管理［M］.卫五名，等译.北京：北京大学出版社，2008：226.

③ GRUNIG J E. Constructing public relations theory and practice［M］//DERVIN B，CHAFFEE S H. Communication，a different kind of horse race：essays honoring Richard F. Carter. Cresskill NJ：Hampton Press，2003：85.

④ 胡百精.公共关系的“元理由”与对话范式［J］.国际新闻界，2007(12)：11-16.

⑤ 胡百精，宫贺.公共关系学教程［M］.北京：高等教育出版社，2022：332.

与关键公众之间进行对话的意义生成，认为“在事实层面，对话促进信息传播和利益互惠；在价值层面，对话推动信任生产和意义分享”，“基于信息和利益两个范畴可制定公关伦理实践的行动纲领，由信任和意义两个范畴出发则可确立公关道德追求的价值方向”[①]，而这事实上为公共关系提供了“事实—价值”整体建构的伦理框架。事实层面主要满足公共关系对于组织的功利性需求，而价值层面更多地强调公共关系的道德特质，即具有理想性质的价值取向。

而公共关系伦理落实到组织的具体语境中，就产生了公共关系伦理的核心问题，即公共关系如何处理组织和社会之间的利益分配问题。以从业者个人或者作为从业者集合的部门，以及作为抽象的工作本身的公共关系通过处理“组织—公众”关系以实现组织目标。当然，这里的“公众”可以理解为具体的微观意义上的关键公众，以及由此集合而成的更为抽象的宏观的社会。这样，公共关系就处于组织和社会之间，发挥着以不同的向外提供价值的方式而表现出的不同功能，如图2-7所示。

图2-7　公共关系与组织、社会的关系

从事实层面来看，公共关系通过双向沟通和对话实现组织与社会之间良好关系的建立和维持，并以此作为组织目的的实现方式——这是对于组织的利益分配。从价值层面来看，公共关系通过维护组织声誉的方式倒推组织为社会提供高质量的产品或服务，从而进行有利于社会的利益分配。一般来说，这两种利益分配是能够实现同一的，公共关系促进

① 胡百精，杨奕.现代公共关系伦理史纲［J］.现代传播（中国传媒大学学报），2013，35（1）：38-44.

组织承担社会责任、参与社会变革、推动社会进步，在此过程中组织也能得到进一步发展和壮大。而问题的关键在于，当组织与社会发生利益冲突时，公共关系应当在这个天平中倾向何方。

也许，公共关系部门是组织所有部门中唯一可能与组织产生对立的部门。一般来说，组织的首席公共关系官能够直接向首席执行官汇报工作的状态才是最有利于公共关系工作提高效率的状态，而公共关系部门开展工作也应当获得管理层的支持——这是公共关系工作得以高效运作的规律之一。但是，在管理层出现严重错误的时候，最好的一般也是唯一的在公共关系方面的建议应当是尽快向关键公众坦白以获取他们的支持——公共关系从来就不能够“充当临时性的防御措施来弥补管理层的错误”①。一般来说，如果应对得当的话，组织都会很快渡过危机，否则将会带来极不好的舆论影响。一个有良知的公共关系部门会针对危机给出恰当的建议，而当组织的管理层拒绝接纳这一公关建议的时候，对立就出现了。也正是由于这样的情况，公共关系部门与组织内的其他部门存在着明显区别。如何处理这种利益分配问题，或者说在组织利益和公众利益之间做出衡量，应当是每一个有理想的公共关系从业人员应当着重思考的问题。也许美国公共关系学会所制定的《PRSA道德规范》中的一些内容能给我们一些启发：

> 我们应当忠实于所代表的人，同时履行为公众利益服务的义务。
>
> 应当为客户或雇主的最大利益行事，甚至将个人利益置于次要地位。
>
> 应当通过避免或减少个人利益或职业利益与社会利益相冲突的

---

① 西泰尔.公共关系实务［M］.张晓云，译.14版.北京：清华大学出版社，2020：18.

情况，从而与公众建立信任。

第三节　作为客体的关键公众

作为公共关系客体的关键公众主要讨论的是公共关系工作希望影响谁的问题，这个问题又分为两个方面，即关键公众由谁组成，以及什么是影响他们的最佳方式，后者涉及公共关系的效果测量问题。本节主要涉及问题的第一个方面。

公共关系工作的客体，可以横向分为内部公众和外部公众两类，也可以纵向分为非公众、潜在公众、知晓公众和行动公众四类；按照关系重要程度，公众可分为首要公众、次要公众和边缘公众；按公众对组织的态度，可以分为顺意公众、逆意公众和独立公众；按组织对公众的态度，可以分为受欢迎公众、被追求公众和不受欢迎公众；按公众的稳定程度，可以分为临时公众、周期公众和稳定公众[①]，也可以分为流散性公众、临时性公众、周期性公众、稳定性公众和权力性公众等[②]。

对于客体进行分类的意义在于能够更加有针对性地开展工作以提高公共关系效率，一般按照“他们的观点、行为方式以及考虑的内容进行的分类”是比较合适的，以“通过多种传播渠道来为受众的各个组成部分度身定制公关讯息”[③]。尽管在研究手段和传播技术的加持下，在对客体行为和态度追踪的基础上进行的一对一的个性化公共关系工作已经能够实现，但对于关键客体进行的定位也仍是必要的。我们根据客体与组

① 陈先红.现代公共关系学［M］. 2版.北京：高等教育出版社，2017：158-162.

② 胡百精，宫贺.公共关系学教程［M］.北京：高等教育出版社，2022：77-78.

③ 迈特拉，阿尔提格.公关造势与技巧：通向21世纪的桥梁［M］.欧阳旭东，译.北京：中国人民大学出版社，2009：101-102.

织的关系，将作为客体的关键公众分为外部公众、雇员和投资者三个方面。

一、外部公众

公众始终是作为公共关系最重要的客体而存在的。我们已经反复强调了这样一个规律——从根本上说，一个组织的社会声誉来自它能否向社会提供高质量的产品或服务。因此，公众始终是公共关系工作的重要对象。

公共关系作为一种旨在实现组织目的的信息传播活动，应当把如何实现公共关系效果作为首先需要考虑的内容。公共关系的效果达成不是以组织的意志为转移的，也不是开展了相关公共关系工作以后就能自然实现的——公共关系的效果达成需要组织和公众之间的相互配合。“现代传播格局中，自说自话等于没有说话，不适应受众的传播等于无效传播。”[①]公众总是在主动地进行信息的选择性接收，而只有能够被公众所选择接收并且接受的公共关系工作才有可能达成效果。不管组织的公共关系工作开展得多好、相关工作如何实现所谓的传播合力，如果没有引起公众的兴趣，仍处于公众视而不见、听而不闻的状态，就毋宁说有什么效果了。也就是说，公众才是公共关系效果达成的关键因素。因此，公共关系应当首先明确公众在公共关系工作中的价值。公众从来不会主动地接受公共关系传播，甚至可能出现排斥心理。如果不能够洞察公众的需求，抓住组织和公众之间联系的关键节点，组织的公共关系工作的开展就会是一句空话。

① 段钢，汪仲启.互联网时代主流话语传播要强化受众意识［J］.红旗文稿，2017(1)：29-32.

（一）公众变化

组织需要积极适应网络传播时代公众整体的和个体的新特征、新变化。公众从来就不是古今一辙的存在，而是与经济社会发展、传播技术进步同频共振。从整体性看，网络传播时代公众最重要的特征是社会价值观念的碎片化、多元化。价值观念的多元化发展趋势是改革开放以来我国市场经济发展所带来的必然趋势，同时在大约15年以前第三代移动通信技术普及的加持下进一步加速。既有的社会结构随着"单位"的退出也被瓦解，个人代替组织成为社会交往的主体。但是，人从来就不是"单个人所固有的抽象物，实际上，它是一切社会关系的总和"①，因此与个人的原子化相伴的必然是新的社群结构的出现，网络传播与社交媒体助力了这种结构的重组。新的社群结构的价值观与既有价值观之间存在差异，而每一个具体的人不再对新的社群结构具有传统从属意义上的依赖性，也加速了社会价值观念的多元化。

从个体性看，网络传播时代公众最重要的特征是思维方式的解构化。信息获取渠道的多样化、受教育程度的提高、网络传播的互动性在社会价值观念的碎片化、多元化的加持下，对于当下公众的思维方式产生了解构化的影响，如质疑主流话语、轻视营销传播、消解意识形态等，具有一系列典型的现代性特征。这种情况不能简单地以"对错""好坏"来判定，一个时代有一个时代的标签。同时，生活节奏的加快、短视频传播的普及以及媒体接触的啮合性行为等，都使得传统的公共关系工作方式难以再深刻影响公众，如果不将公众放在一切工作的首位，很难说在公共关系工作中能取得什么理想的结果。

---

① 马克思恩格斯全集：第3卷［M］.北京：人民出版社，1960：5.

（二）外部公众的细分界定

许多研究都有将外部公众进行各种各样细分的习惯，而问题的关键是找到组织所需要的核心公众。按照前述定义，核心公众的概念包括行动公众、首要公众、顺意公众、受欢迎公众和稳定公众等，是指那些对于组织的生存发展具有持续性、决定性影响的外部公众。对于以营利为目的的组织而言，核心公众就是那些能够实现组织营利目标的消费者。对于不以营利为目的的组织而言，核心公众因组织特点而异，如慈善机构的核心公众应当是它的服务对象，包括接受慈善服务的对象以及提供慈善捐赠的对象；医院的核心公众就是前来就医的患者等。

这里可以借用费孝通“差距格局”的思路来理解外部公众的细分界定对于组织开展公共关系工作的意义。离组织越近、对于组织目标的影响越大，就越容易成为组织的核心公众。当然，这里的核心受众并不一定与市场营销中的核心公众有绝对的同一性。对于以营利为目的的组织而言，毋庸置疑的是，大客户对于组织目标的实现是具有话语权的，但组织所要追求的不仅是这些大客户，组织也不应当以大客户的利益需求为唯一标准。一些有影响力的新闻媒体，本身未必对组织很感兴趣，甚至会带着“挑刺”的眼光来看待组织，但是组织建立并维持与这些媒体公众的良好关系，有利于组织开展建设性公关传播，对于组织的长远发展大有裨益，即所谓“媒体关系”。曾有美国联合碳化钙公司一幢52层的新总部大楼竣工后，有一大群鸽子飞进这幢大楼的一个房间，把那里当作栖息场所。公关部经理知道此事后，认为这是一次扩大公司社会影响和提高公众地位的机遇，便着手策划了一次有声有色的新闻事件。他首先打电话给城市动物保护委员会，请他们来捕捉鸽子，紧接着又将这座城市从未有过的“群鸽来访”奇事通报给新闻媒介。城市动物保护委员会为了不损伤鸽子的羽毛，用网兜捕捉鸽子，前后足足用了三天时间。

在这三天中，电视台、电台和各大报社竞相采访，跟踪报道，使这件事成为这座城市的新闻热点。这期间，公司首脑充分利用在电台和荧屏中亮相的机会，频频向公众介绍公司各方面的情况，加深了社会公众对公司的了解，从而不花一分钱就很好地宣传了公司形象，达到了扩大公司知名度、美誉度的目的[①]。

简而言之，对于核心公众而言，组织应当努力建立并维持互惠互利的良好关系。对于非核心公众而言，组织应当尽可能多地展示自己的组织形象，促使非核心公众转化为核心公众。对于那些与组织目标相反的外部公众，组织应当直面问题、真诚面对，对于一些明显带有敌意的言论，则应当据理力争、摆明事实。

在明确了核心公众（铁粉）、非核心公众（路人[②]）、反对公众（黑粉）这三个带有差序格局性质的概念以后，组织还应当明确公众多元化的意义。

（三）公众的多元化

一个组织总是在面对着它的用户，即购买其产品或者使用其服务的人。但是公共关系的客体——公众的范围要远大于它的用户。对于婴儿奶粉的生产者来说，婴儿是它的用户，但是它的公共关系工作需要面对的几乎是这个社会中除了婴儿以外的所有群体：为人父母者、监管部门、社会上的一般人等。公共关系工作希望影响谁，谁就是公共关系工作的公众；谁在影响着公共关系，谁就不得不是公共关系工作的公众——当

---

① 殷娟娟.公共关系学教程［M］.2版.北京：中国人民大学出版社，2017：94.

② 当然，纯粹的、与组织毫不相关的“路人”并非组织公共关系应当主要面对的对象，尽管存在着转化的可能性。这里借用网络用语来指代那些边缘公众、次要公众，即与组织目标有着联系，但是对于组织的生存发展不具有持续性、决定性影响的外部公众。

然是组织的公共关系所面对的公众。同时需要明确的一点是，从来就不存在一般意义上的公众，这种把社会上的所有人看作同质化的看法必须为公共关系所抛弃。有效的公共关系形成的前提是必须在对公众进行划分的前提下与公众产生传播关系。

对公众进行人口统计学属性的划分，将其分为男性/女性、老年人/中年人/年轻人、城市人口/农村人口/城市中的外来人口等这样的方法，在公共关系中或许仍有其重要性，尽管这种程度不言而喻地在显著降低，尤其是在公众整体和个体特征都发生急剧变化的当今时代。这种方法“有助于从业人员走捷径，但是如果没有有关人们是怎样受到某个事件、问题或形势牵涉或者影响的额外信息的话，那么它们通常几乎不能为制定战略和战术提供指导”[①]。其他的一些划分方法，如按照地理区域、种族、宗教、生活方式等，或许也能为公共关系工作提供一定程度的有益指导。但是，考虑到目标公众的确认具有公共关系管理的起点这样的关键意义，因此这种大而化之的划分仍不足以满足我们的要求。目标公众的界定需要明确的是，公众产生于具体问题。

目标公众——主要是指公共关系工作希望影响的那部分人，因为影响公共关系的那部分人的存在是客观的——的形成，受到每一个具体的人与问题之间的利益牵涉的影响。公共关系工作在明确问题的基础上，要探究问题所涉及的人，以及具体的人受到影响的方式和程度，受到影响后的反应，包括观点和具体的行为表达，并在此基础上制定公共关系方案。关于目标公众的相关问题在后文中仍会谈及。

当然，除了目标公众，总是会有一些与组织联系不多、与问题牵涉不深但是受到公共关系传播影响的人。约翰·杜威（John Dewey，

① 卡特里普，森特，布鲁姆.有效的公共关系［M］.明安香，译.8版.北京：华夏出版社，2002：322.

1859—1952）曾认为公众是那些受到传播影响的人所构成的社会系统，这个系统和组织通过传播相互联系起来[①]。杜威意义上的公众几乎可以和一般的公众的概念等同起来，但是仍存在具体传播行为的时空限制。格鲁尼格从三个方面对于杜威意义上的公众进行了划分以找到目标公众[②]，我们将其修正为四个方面：问题识别、束缚识别、价值判断和参与层次。问题识别是指公众是否能够意识到自己和问题之间产生着联系，束缚识别是指公众在这种形势下认识到自己能做和不能做的事情，价值判断是指公众在决定采取行动与否之前所进行的利害决策，参与层次是指公众参与到问题当中的程度。通过这四个方面的界定，也可以形成上述差序格局性质的同心圆，而在这里，我们对于这个同心圆的认知更清晰了，它是以利益牵涉的程度来界定的。对于具体问题而言，牵涉程度不同的公众所呈现出的多元化样态的意义在于公共关系传播的细分化策略。

传统研究将媒体选择放在印刷媒体、广播电视、互联网、社交媒体等方面，有的还将广告、电影等也纳入研究范围。“作为不同的传播渠道，每一种媒体都有自己不同的优势，公关人员应根据公关活动的需要选择适当的媒体，以确保向目标受众有效地传递信息。”[③]而当我们把视野从“媒体”扩展到“媒介”的时候，思路则会更加开阔。社交媒体能够将组织与公众更加紧密地结合起来，就连NBA球队也开始将社交媒体纳入其整体传播策略中。曾长期担任菲尼克斯太阳队数字媒体执行官的杰拉米·麦克皮克（Jeramie McPeek，1966—　，曾任萨克拉门托市市长）曾表示：“越来越多的年轻一代内容消费者正在转向数字平台。年轻

① DEWEY J. The public and its problems［M］. New York：Henry Holt and Company，1927：15-17.

② GRUNIG J E. Excellence in public relations and communication management［M］. Hillsdale，NJ：Lawrence Erlbaum Associates，1992：135-137.

③ 威尔科克斯，卡梅伦，雷伯，等.公关：公共传播的革命［M］.尚京华，张毓强，郭娟，译.北京：中国人民大学出版社，2019：224.

人喜欢在智能手机和平板电脑上登录Snapchat或Instagram等社交平台，在Youtube或Netflix上观看视频内容。他们现在已很少看电视，取而代之的是经常在智能设备上点播自己喜欢的视频内容。”①尽管社交媒体能够超越既往所有媒体而实现全天候的传播，但这种形式的实现还是依赖于作为媒介的机器。如果能够在现在这种机械复制时代实现人与人之间的具身传播，可以想象这种具有人情味的形式或许会比经由机器的传播具有更好的效果。组织向社会提供产品或服务，说到底是通过每一个具体的公众完成的。尊重你的公众——这是公共关系传播达成效果的最好方式。

（四）尊重公众

组织务必要尊重它所面对的公众，无论组织对这个具体个人的界定是首要公众、次要公众还是边缘公众。组织每一次和公众接触，不管是正式的接触，还是偶然的交流，都是进一步修正公众印象中组织形象的过程——这是一项由雇员完成的公共关系工作。尽管公共关系部门并未介入也不可能介入每一次具体的接触行为中，但是组织形象正是在这一次又一次普普通通的接触行为中建立起来的。组织雇员与具体公众进行一次简单的接触行为，甚至能让核心公众“粉转黑”，也能让边缘公众“路转粉”。尤其是对于一个发展比较成熟的组织而言，核心公众应当始终是其维护的重点，特别是在新市场开发更加困难的情况下。有研究认为：“发展一个新顾客所支出的费用是留住一个老顾客的5倍。企业若能减低5%的顾客流失率，则可增加25%—85%的利润。”②同时，对于组织忠诚度越高、对组织忠诚时间越长的顾客就越具有价值，因其具备较高

① 体育赛事电视直播：生存还是毁灭？[EB/OL].（2017-10-17）[2024-12-12]. https://www.163.com/dy/article/D0VQKAVK0529CQD6.html.

② 陈先红.现代公共关系学[M].2版.北京：高等教育出版社，2017：192.

的复购率和交易效率，并且会通过人际传播影响其他公众的认可度。因此，组织需要维护核心公众的忠诚度，而其首要的就是要尊重公众。

尊重公众最根本的是要能够实际满足公众的需要。因为从根本上说，一个组织的社会声誉来自它能否向社会提供高质量的产品或服务。很难想象存在着一个不能向社会提供服务、社会也不需要它提供服务的组织存在，并且这样的组织也拥有它的“核心公众”。组织首先应当向社会提供高质量的产品或服务，在这个基础上才有可能通过传播、广告、营销或者其他手段去塑造组织形象、维护“组织—公众”关系。应当时刻牢记威廉·伯恩巴克（William Bernbach，1911—1982）的告诫：“为拙劣的产品做广告，只会加速它的一败涂地。品牌持有者必须致力于对高品质的追求和维护，仅想凭广告的堆砌塑造品牌，简直是舍本逐末。”而在一次具体的接触中，即便不能及时满足公众的需要，也应当提供这样的可能性以使得公众认为自己的需要被满足这件事看起来是将要实现的，前述“首问负责制”的大量出现就是这样的原因。

尊重公众需要站在对方的角度去思考问题，以为对方解决问题为第一要务。曾有“日本奥达克余百货公司的营业员因为一时疏忽，将一台未装内件的唱片机卖给了顾客。当天下午在清点商品时，营业员发现了这一失误，立即报告公司。公司经理接到报告后，认为此事非同小可，立即采取积极的纠正措施。公司的公关人员根据顾客留下的名片连夜开始查询，连续打了32个紧急电话，向东京各大宾馆查找，没有结果；于是又根据名片找到顾客在美国的工作单位，又从工作单位查到顾客在美国的父母家的电话号码，再从他父母处找到顾客在东京的住处。第二天一早，该顾客就收到奥达克余百货公司打来的道歉电话。50分钟后，奥达克余公司的副经理和提着大皮箱的职员来到这位顾客的住处。两人一进客厅，便表示歉意，并送来了一台新的合格唱片机，还加送了蛋糕一盒、毛巾一条、著名唱片一张。经理还拿出了一份记载公司通宵达旦地纠正这一失误全部经过的材料，顾客看后深为感动。她是一名美国新闻记者，起初在买到‘伪劣’产品后，原准备写一篇《笑脸背后的真面目》的批评稿，但当她看到奥达克余公司的员工如此重视这样的失误后，立即改变了主意，写了一篇题为《35次紧急电话》的表扬稿”[①]。这就是一次由雇员完成的公共关系工作。虽然在这次组织雇员与具体公众接触的过程中并没有公共关系部门的参与，但是由于奥达克余公司将公众的利益放在第一位，以解决这位之前是非核心公众且中间一度有转向反对公众可能的顾客的问题为目的。奥达克余公司不仅获得了顾客谅解，也迅速化解了这次可能发生的公关危机，为组织赢得了声誉。奥达克余公司的雇员在工作中贯彻了公共关系的思维，同时也是前述提供高质量的产品或服务是组织声誉的来源这一规律的体现。

但是，站在对方的角度去思考问题不能代替对方做决定。曾有网友表示，自己曾在国内某以服务著称的火锅店就餐时，提出以现金方式结账。工作人员在请示了主管以后，表示只愿意接受100元纸币整数倍的现金，剩余的零头部分要求顾客使用电子方式结账。该工作人员给出的理由是，“我们这也是为您考虑，您身上带着找零的现金也不方便”，“现在年轻人出来吃饭也没有用现金支付的了吧”等，并且当即退回了一张纸币，要求顾客扫码支付。该网友对此表示不满，认为自己可以使用电子方式结账，但是工作人员应当以商量的口吻进行沟通，从商家的立场提出原因并请求谅解，而不是直接代替他本人做出决定。

尊重公众所需要完成的工作涉及方方面面，不仅需要公共关系部门的努力，组织高管、雇员等都需要在每一次具体的公众接触行为中贯彻“组织—公众”良好关系的建立和维护。首先是宏观上的组织能够满足公众的需要，能够提供高质量的产品或服务，其次是真正地在工作中

① 殷娟娟.公共关系学教程［M］.2版.北京：中国人民大学出版社，2017：88.

摆正态度。

二、雇员

对雇员传播是21世纪以来许多组织开始重视的一个环节。过去的公共关系工作比较重视外部公众，如处理各种媒体关系、政府关系以及消费者关系等。随着社交媒体的普及，以及个体对于组织形象构建作用的增强，对雇员传播日渐成为公共关系工作的重点，尽管它还有着类似于员工关系、内部公关或者内部沟通等其他名称，不过还是那个观点——称谓的不同并不影响我们对它的理解。

对雇员传播的重要性是伴随着21世纪以后社会信任的缺失而逐渐出现的。原子化社会的固化、科技与人工智能对包括脑力劳动在内的工作岗位的取代、普通员工与高管之间的收入不平等所带来的被剥夺感激化以及内卷化社会的形成，导致雇员对组织的不信任感在提高。与此同时，组织也逐渐意识到雇员的归属感对于组织的意义。有研究表示，“员工全身心投入的公司业绩超过了股票市场的整体表现，股东总体投资回报率比平均值高出19%；而那些员工工作投入度不高的公司，其股东总体投资回报率则比平均值低44%”[①]。同时，维持良好的员工关系也可以降低组织在可变资本方面的投入，进而降低组织的生产成本。此外，每一个雇员都是组织的“形象大使”——这种观点的流行使得组织在进行形象建设的时候，也必须将雇员的士气、归属感等列入考虑的范围之中。总之，对于成本和组织形象两方面的考虑要求组织更加重视对雇员传播，以实现和谐的员工关系。

---

① 西泰尔.公共关系实务［M］.张晓云，译.14版.北京：清华大学出版社，2020：260.

（一）三点原则

对雇员传播有三点基于共识的原则是值得注意的。第一点原则是应当保持信任，同时这种信任应当是双向的。雇员缺乏归属感的直接原因是对组织的不信任。爱德曼国际公关公司（Edelman Public Relations Worldwide）的一项关于信任度的研究表明，三分之一的员工存在对组织不信任的情况，认为管理者会别有用心地掩饰他们做出决定的真实动因。如何填平管理者和雇员之间的信任鸿沟？答案只有有效沟通。沟通首先应当是有效的，是具有一定信息量的。我们也许经常见到类似这样的对话——总编看到一篇稿件（姑且认为是湿地生态环境保护）的点赞、转发和评论量不高，便问对应的部门主任采写这篇稿件的记者是谁。部门主任首先分析了稿件对于当下环保工作的响应，其次强调了记者和编辑的有力配合，最后讨论了类似稿件因其不具备这个性质、那个特性，因而受关注的可能性不大等。可能部门主任是在保护这位记者，以为总编要去追责，也有可能是在通过话术的敷陈以缓解可能存在的紧迫感。但不论如何，这种沟通是错位的，因而是无效的。就像明恩溥（原名阿瑟·亨德森·史密斯，Arthur Henderson Smith，1845—1932）当年所写的那样，“用事实本身来解释原因”：

> 你问一位中国厨子：“你们做馒头时为什么不放盐呢？”“我们做馒头时就是不放盐。”这就是解释。“你们这个城市有这么多、这么好的冰，为什么不在冬天储存起一些冰块呢？”“没有，我们这个城市不在冬天储存冰块。”[①]

① 明恩溥.中国人的气质［M］.刘文飞，刘晓旸，译.南京：译林出版社，2011：61.

这种无效沟通所带来的就是信任的丧失。组织所遇到的大部分问题都能归结到沟通上来：信息的无效性和不对应、信息的单向性以及沟通与行为之间的断隔。沟通成本以及在此基础上的决策成本是一个成功的组织须臾不可忽视的问题。

致力于研究和推广最佳职场实践的米尔顿·莫斯科维茨（Milton Moskowitz，1927—2019）曾提出一个雇员与管理者相互信任的组织的六条标准：雇员愿意表达不满、雇员能够接触到管理者、内部沟通的优先性、内部沟通的简洁易懂、气氛和谐和幽默感。可以想象的是，能够达到这六点的组织应该是一个工作气氛很不错的组织。有效沟通同时要求真诚。真诚在公共关系中永远不会过时，在对雇员传播过程中也是一样。很多研究都已经表明，面对面的真诚沟通是实现亲密工作关系最有效的方法。真诚沟通表明管理者需要和雇员坦诚相待，需要让后者知道自己在组织中的地位以及在组织目标中的作用。目前，很多组织“已经意识到掌握完整的信息的员工是组织最好的形象大使”[①]，倘使雇员能够明确这两点，在每一次具体的公众接触行为中营造“组织—公众”之间的良好关系就是可能的。

特别需要注意的是第二点，沟通必须是双向的。双向沟通同时意味着反馈、执行、公开和持久。如果是没有反馈的沟通，只是管理者向雇员发送信息、雇员向管理者提出建议，雇员既不会用心去工作，管理者也不会认真听取，一切就都成了没有任何价值的表演，这种单向度的传播甚至比没有更糟。当然，如果双向沟通加上言行一致，沟通的意义则会更大，关键是要能够把沟通的内容落到实处。“这都是为了你好”的道德绑架以及充耳不闻都不会产生正面的效果。公开是沟通的应有之义，

---

① 西泰尔.公共关系实务［M］.张晓云，译.14版.北京：清华大学出版社，2020：265.

任何内幕消息的提前曝光只会加剧雇员对组织的不信任。并且“千万不要在员工尚不知情的情况下先对媒体宣布”[①]。

对雇员传播的第三点原则是要形成适当的激励机制。许多研究都将激励认为是有效沟通的结果，有观点认为“一旦让员工了解了组织的发展方向和目标以及他们在其中的作用，即使是最喜欢抱怨的员工也会不得不接受你对他们提出的要求”[②]，而问题不在于有效沟通是否能够导向激励，关键在于是否还需要其他因素与有效沟通一道共同产生激励的结果。

答案是肯定的。“有经验的公关人员都知道有效的员工关系可不是仅凭一系列文辞优美、内容翔实的信息就可以搞好的。”[③]组织不仅要能够形成亲密的工作关系，还要满足雇员在物质上的要求。“画饼不能止渴，给钱才是王道。”多劳多得、少劳少得、不劳不得，不管是在哪一种制度中都应当被贯彻。自己的劳动有应得的回报，而且别人的回报与付出的比例与我也是一样的，这种公平感的产生是维系雇员归属感的最佳武器。管理者务必知道的一点是，员工是来工作的，工作不仅需要一个和谐的环境，更需要一份应得的收入。“有恒产者有恒心”，如果雇员所能感受到的被剥夺感远大于公平感，那么不管是怎样幽默的沟通都会被认为是一种讽刺。

（二）两类媒介

首先请明确媒介（midium）和媒体（media）的区别。

---

① 威尔科克斯，卡梅伦，雷伯，等.公关：公共传播的革命［M］.尚京华，张毓强，郭娟，译.北京：中国人民大学出版社，2019：317.

② 西泰尔.公共关系实务［M］.张晓云，译.14版.北京：清华大学出版社，2020：266.

③ 威尔科克斯，卡梅伦，雷伯，等.公关：公共传播的革命［M］.尚京华，张毓强，郭娟，译.北京：中国人民大学出版社，2019：317.

组织一般会采取很多方式完善对雇员的传播。当然，我们必须先提出的一点是，不管是怎样的传播，在制订沟通计划前，都应当进行缜密的调研，在了解了雇员的一些基本想法以后，再带着问题进行传播。

第一类是比较正式的传播媒介，这也是组织在花钱维持员工关系时资金的主要去向。一些比较大的组织使用了内部网络。如国际商业机器公司（International Business Machines Corporation，IBM）仅使用内部网络以实现遍及世界各地的员工之间的联络。使用内部网络所要求的技术和资金比较高，并非所有组织都能承受，因此选择社交媒体也是一种方式，如国内常用的微信、企业微信、钉钉，以及有东山再起之势的QQ等，尽管发挥了组织传播作用的社交媒体有让雇员“隐形加班”的嫌疑。一些组织还保留着意见箱、公告牌，以及内部参考、内部通讯等印刷物作为对雇员传播的媒介，这些具有物质载体的媒介可能因其默认的权威性而被保留。除了有介质的媒介，面对面传播仍然是维持良好员工关系的重要方式，尤其是在一些很紧急的时刻，以及一些需要付出一定人情的场合，如表达感激、募捐筹款、希望对方完成一件特定的工作等。面对面传播的优势在于反馈的即时性，但并非效率最高的方式。一些扩大会议能够跨越管理层级，实现高级管理人员和普通雇员之间的会面，如能形成制度化和实效性，将会是对雇员传播的良好方式。

在此类媒介的运用中，首先需要考虑的是雇员的接受程度。即便是极为发达的内部网络，也不能保证信息的有效抵达。关键在于让雇员能够在媒介中获得他所需要的信息，并且以高效率的方式进行。媒介使用越便捷，媒介内容越被需要，媒介使用越能与自己的私生活区分开来，越是能够通过媒介实现目的达成，媒介也越容易被雇员接受。其次是对于媒介内容的监管问题，不同的组织有着不同的做法。百思买（Best Buy）放弃了这一做法，允许雇员在不受监管的环境中对自己关心的问题发表意见，甚至顾客也可以参与进来。但是联邦快递（FedEx）会对内部媒介中的内容进行审查，并根据“评论与主题的相关性以及是否符合公司管理规则进行筛选”[①]。应当做出怎样的选择，依组织传统和企业文化而定，关键在于能否实现既定的传播效果。

第二类是非正式的传播媒介，如小道消息、流言等。小道消息可能是真的，也可能是假的，但它一定是由于雇员对某些敏感问题的关注而产生的。没有必要去追溯小道消息的源头，事实上这也几乎是不可能的。由于雇员会倾向于按照小道消息的内容形成自己对事件的预测，而这大概率会扭曲事件的本来面目，因此关键在于通过有效的沟通来遏制小道消息的传播。坦诚的、迅速的、互通的、通畅的内部沟通系统是击碎小道消息以重建组织内部信任的最好办法。当然，小道消息也并非一无是处，它可以作为组织环境的预警器，给管理者的决策提供依据，或者在管理者想要做出一件对雇员影响较大的改变时，可以通过小道消息事先释放相关信息，使雇员形成心理预期。这类似于公共关系职能中的问题管理过程，是一个将问题前摄的过程。这种经由咖啡间的交流方式往往会发生作用，因为人们似乎总是愿意相信坊间传言。当然关键在于管理者要能够获得真实的反馈，并据此修正自己的下一步行动，否则管理者放出的小道消息最终会成为组织内的不稳定因素。

（三）整体性

如果将视野从作为组织代表的公司扩展到其他类型的组织时，我们仍然可以看到对雇员传播的重要性。事实上，对雇员传播是形成和维持组织形象的关键步骤。一个组织尽管内部可能存在这样或者那样的差异性，但是它在对外进行接触的时候，是以组织的名义进行的，而不管对

① 西泰尔.公共关系实务［M］.张晓云，译.14版.北京：清华大学出版社，2020：272.

外接触的是哪一层级的雇员。上至高级管理人员，下至普通雇员，在每一次具体的公众接触行为中都充当着形象大使的角色。外部公众通过接触所得到的评价不是针对雇员个人的，而是对组织整体的。因此，对雇员传播的系统化建设是每一个成功组织都应当贯彻的管理实践。

三、投资者

处理投资者关系（Investor Relations，IR）是公共关系的职能之一，用以建立和维护与股东及在金融界能使市场价值最大化的其他人之间互利互惠的关系[①]。美国投资者关系协会（National Investor Relations Institute，NIRI）认为，投资者关系是一项“战略管理责任，能够整合财务、沟通、营销和证券合规，实现公司、金融界和其他支持者之间最有效的双向沟通，最终有助于公司证券实现公允估值”[②]。中国证券监督管理委员会2022年5月开始施行的《上市公司投资者关系管理工作指引》第三条对于投资者关系管理也进行了规定：

投资者关系管理是指上市公司通过便利股东权利行使、信息披露、互动交流和诉求处理等工作，加强与投资者及潜在投资者之间的沟通，增进投资者对上市公司的了解和认同，以提升上市公司治理水平和企业整体价值，实现尊重投资者、回报投资者、保护投资者目的的相关活动。

① 卡特里普，森特，布鲁姆.有效的公共关系［M］.明安香，译. 8版.北京：华夏出版社，2002：19.

② 参考https://www.niri.org/niri/media/protected-documents/practice/niri_standardspractice_updated_lr.pdf。

一般认为，投资者关系管理“是指投资者关系管理人员在规范、充分的信息披露基础上，与投资者、证券分析师等就公司的战略规划、公司治理、经营业绩、财务状况、发展前景等沟通，以消除公司股票的市场价值与内在价值之间的差异，保持股票的合理流动性，增强公司在资本市场中的竞争力，同时向公司决策层和管理层反馈来自市场和投资者传递的信息，以提升公司治理水平和企业价值的双向互动式持续战略管理行为”[①]。同时，投资者关系还被用于评估组织行为以评价组织在资本市场中的地位，如组织信用、竞争地位、公众认知等。投资者关系的主要工作是处理投资者以及其他可能对公司股价产生实质性影响的人的询问，以及定期或不定期地向后者汇报相关问题。

投资者关系的产生主要源于组织对品种相对过剩的资本市场结构中投入性资本的竞争和维持方面的考量。就目前宏观的全球金融市场来看，不管是投资集团还是个人投资者可做出的选择已不再受到局限，市场环境非常拥挤，以至于一些长期稳定增长的蓝筹股都容易被忽视。同时，很明显的一点是，对于组织经理层而言，只在财务报表上实现赢利已经不能使投资者眼前一亮，组织的社会责任、发展潜力以及竞争力等信息都应纳入考察范畴——这就要求有专门的机构完成对于投资者信心的维持。另外，金融市场中事实上存在着的信息不对称会导致管理者决策的短视化，即以牺牲投资者的长期利益和稳定回报为代价以获得短期的溢价，进而获得一张好看的财务报表。但这不仅伤害了投资者的长远利益，也加剧了金融市场的不稳定性。为了保障市场公平，缓解金融市场的信息不对称引发的逆向选择和道德风险，以及由此产生的管理者激励行为的短期化，各国多采取强制信息披露的方式，即要求公司按照法律规定

① 潘功胜，等.上市公司投资者关系管理［M］.北京：中国金融出版社，2008：8.

和监管规则的要求，在规定的时间、以规定的方式向社会披露其主要信息，包括财务状况、经营管理状态、公司治理结构等，以接受投资者和社会监督。强制信息披露逐渐衍生出投资者关系管理。

投资者关系的工作目的在于促进投资者对组织管理层的信赖，这是组织所有权和经营权分离后所需要完成的一项工作——正如公共关系工作离不开高级管理人员的支持一样，组织的经营者也离不开投资者的支持。设想当组织的经理层准备以一项规模巨大的风险投资转移组织的主营业务以摆脱当前所面临的窘境时，因涉及重大事项，因此需要召开股东大会以得到董事会的支持。将经理层的意见统一起来已属不易，如果得不到董事会的支持，很可能将功亏一篑。如果董事会对于经理层是信任的、对于组织信用是认可的，那么极有可能会同意经理层背水一战；反之，如果董事会将组织视为不良资产，尽管不会有大的盈利，但是更倾向于维持现状，经理层也就别无他法——此时投资者关系的工作就显现出其重要性。有观点认为，投资者关系管理的目标包括微观和宏观两个方面。微观层面是实现公司价值最大化，包括实现公司证券价格的公允，或实现公司整体利益最大化。宏观层面主要是达到证券市场的有效性，如实现公平有效的资本市场，或帮助资本市场对股票和公允价值做出明智判断，或实现公司证券价格公允，或投资者合法权益保护制度的完善①。

投资者关系的作用不仅是在组织遇到危机时候进行说服，更多的是通过日常的沟通建立起投资者对于管理者的信任和支持。因此，投资者关系应当充分了解组织当前可能面临的和即将面临的问题，特别是与组织股价和社会声誉有关的问题。同时，还应当能够评估组织宏观

① 杨理强.投资者关系管理的框架与目标分解研究［J］.国际金融，2022（4）：59-65.

的发展战略、微观的交易流水对于资产性质所产生的影响，以及内部的财务报告、外部的声誉和社会责任承担等问题。这就意味着投资者关系在处理与投资者和股东的关系（handle the relations with investors and shareholders）之前，应当足够了解组织的战略方向、治理政策、财务状况、社会责任、公众声誉等，并要求首席执行官充分支持。投资者关系使得组织经理层和董事会能够实现更深层次的相互信任，这是组织得以进一步发展的基础。不仅如此，投资者关系还可以促进组织扩大投资者基础、增强组织股票流动性、提升股价，以加固组织的再融资基础。组织开展良好的投资者关系管理工作既是组织管理发展和完善治理结构的内在要求，又是组织获得持续低成本融资能力和提升自身投资价值的自发需求。

因此，对于投资者关系专家的高要求也是在所难免的。他不仅应当了解组织内部的情况，还需要熟悉组织所处社会的变化，以及更为遥远的国际金融市场。信用评级机构、石油价格、股票价格指数、环保、立法动态、媒体接触等内容也应当成为投资者关系专家的必修课。首席执行官是这样认识投资者关系专家的："那些在商业、管理和法律方面没有扎实的培训和经验的公共关系从业人员很明显将无法在投资者关系中胜任哪怕是入门层次的职务。"①

投资者关系的职能一般由公共关系部门承担，不过也有一些组织将其外包给独立的投资者关系公司，或者由财务部门来完成。一些规模比较大的组织都设立了专事投资者关系的岗位（Investor Relations Officers，IRO）。无论如何，投资者关系应当首先与财务部门、法律部门和公共关系部门形成亲密的工作关系。

---

① PETERSEN B K，MARTIN H J. CEO perceptions of investor relations as a public relations function：an exploratory study [J]. Journal of public relations research，1996，8（3）：205-206.

除了在组织面对危机时候进行说服，IRO日常的例行公事就是投资者关系一般的工作方式，而问题的关键就是要能够通过“例行公事”赢得投资者信任——这就要求IRO不仅能够掌握组织的各项指标，而且能够以高效率的方式向投资者传递这些信息。一般来说，年度/季度/月度报表、组织社会责任报告、重点事项说明、市场占有调查、市场反馈意见调查、新技术新产品的情况、媒体报道、政府关系及其他补充事项说明等内容是必需的。究其根本，投资者关系所传播的内容就是足以影响投资者决策的信息，因此各国法律都对相关信息的披露进行了强制性要求。中国现行《中华人民共和国公司法》《中华人民共和国证券法》《上市公司信息披露管理办法》等法律法规对于公司信息披露进行了明确规定。美国2002年在安然公司破产后通过的《萨班斯—奥克斯利法案》（Sarbanes-Oxley Act）大大提高了投资者关系在金融市场中的重要性。该法案对公司治理和合规性提出了新的要求，尤其是在审计和公开披露的准确性方面。在适用于投资者关系的方面，法案提出加强财务披露和财务报告的准确性，以及信息的实时披露、资产负债表外交易、财务信息披露、内部控制的管理评估以及组织对财务报告的责任等内容。同时，除了强制信息披露的内容，投资者因其个性特征所提出的个性化问题也对IRO提出了更高的要求。其中，日本投资者关系协会（Japan Investor Relations Association，JIRA）调查显示，投资者关系所需要处理的主要问题在于“对很难由财务状况来呈现企业价值的说明”[①]，这是对于组织所承担的社会责任的要求。

投资者关系的核心在于通过沟通促进组织经理层和董事会的相互信任、理解和认同。在金融市场投入品种极大丰富的情况下，如何让潜在

---

① 井之上乔.公共关系［M］.王冕玉，王熙威，译.北京：东方出版社，2018：28.

的和已有的投资人认可或继续认可组织的价值，并且保持正面评价并非易事。投资者关系就是要通过充分的信息披露实现与投资者的有效沟通，这种沟通形式可以是多样的，以提升效率为手段，但是在内容性质上存在一些错误认识。一些组织可能觉得要赢得投资者的认可，就只能报喜不报忧，甚至陷入了只向投资者传播好消息、避免投资者知晓坏消息的误区。从长远来看，这种避重就轻的做法只会损害组织利益和形象。组织要想获得持续的投资和长久的发展，必须获得投资者的支持、信赖和认可。因此，组织必须重视投资者关系，通过充分的信息披露实现与投资者的有效沟通，赢得投资者对于组织的认同、增强投资者信心、形成良好的相互信任关系、形成稳定的忠实的投资者群体并进一步吸引潜在的投资者，从而有利于组织良好资本市场形象的建立、提升组织在资本市场中的融资能力，最终提升组织价值，助力其可持续发展。

第三章　方法与管理

第一节　当代公共关系面临的社会环境与社会系统

当代公共关系面临着怎样的社会环境？公共关系在这样的社会环境中所形成的与整个社会系统的关系是怎样的？当代公共关系所面临的社会环境和20世纪初已经截然不同，与改革开放初期和20世纪90年代以后也不同。当代公共关系应当如何开展，首先需要明确所面临的社会环境，以及在这种社会环境中，公共关系如何形成开放式的运作体系。

一、当代公共关系面临的社会环境

当代公共关系正处于媒介化社会，面临着用户逐渐形成的复杂视域，同时还要应对多元文化交互状态的加深、人工智能时代的到来等多重社会环境因素。公共关系应当首先正视行业所面临的社会环境，在其中抓住机遇、趋利避害。

（一）媒介化社会的到来

“媒介化社会并不是随着媒介的诞生一蹴而就的，而是在媒介技术的变革下不断驱使社会信息系统的发展而形成的社会形态特征。当今社会的媒介融合之势加速了社会的媒介化进程，无论是不断革新的媒介技术，还是不断求变的媒介内容，抑或不断提升的媒介服务，都以融合为基点，参与到受众对社会信息的选择和接受之中，使得社会信息系统获得了前所未有的建构。”①媒介化社会的本质是网络信息社会，是人与人之间经由网络的互相连接。高速互联网和移动通信设备的普及加速了媒介化社会的到来，消除了人与人之间客观存在的物理间隔的传播成为媒介化社会传播的主体模式，或许可以说，互联网实现了所有人对所有人的传播。

“媒介化社会的一个重要特征，就是媒介影响力对社会的全方位渗透，在真实世界之外，媒介营造出一个虚拟的无限扩张的媒介世界，人们通过媒介来获取对于世界的认知，甚至依据从媒介获取的信息来指导现实生活，这也恰恰验证了李普曼关于真实环境与虚拟环境的预言。”②媒介化社会的到来对于组织/公共关系的意义在于，一方面在危机突然爆发时，需要快速反应、积极应对，而不能以拖延、隐匿的方式企图蒙混过关；另一方面也要求公共关系善于利用媒介工具，尤其是各种社交媒体平台，做好媒体接触和信息发布，以日常建设构建组织的良好形象，维持“组织—公众”相互关系。

（二）用户复杂视域的形成

用户复杂视域的形成主要是指在个人门户传播模式基础上的个体传播系统的形成。“在个人门户的传播模式中，社交和分享是内容生产与传播的动力。人们基于社交的需要而不断发布内容，这些内容也作为社交

① 张晓锋.论媒介化社会形成的三重逻辑［J］.现代传播（中国传媒大学学报），2010（7）：15-18.

② 孟建，赵元珂.媒介融合：粘聚并造就新型的媒介化社会［J］.国际新闻界，2006（7）：24-27，54.

的谈资被他人分享。反过来，社交因素常常也有助于推动人们对某些内容的关注。经由个人的社会关系网络进行的信息传播，更好地实现了信息消费的个性化。”[①]个人门户的传播模式是一种建立在具体个人的社会关系网络基础之上的信息传播，而由于每个人的社会交往是不一样的，因此这种信息传播模式实现了信息消费的个性化，尽管信息的生产行为在很大程度上仍以工业化的方式存在。因此，每一位用户都可以根据自己的社会关系网络对社会信息进行过滤，以减少获取信息的成本。这种对于社会传播系统的解构化传播虽然存在着形成所谓“信息茧房”的可能性，但是对于低成本传播的追求，加之个体传播系统事实上所具备的社交属性和个体社会关系网络的复合也使得这样的行为被追求着。个体基于趣缘基础的关系网络也处于不断调整、不断生成的过程中，以减少由于差异所带来的认知失调。

当代公共关系需要认识到个体传播系统的形成是对于社会传播系统的协同过滤，这意味着不管是职业的媒体传播者还是个体传播者，事实上都被拉到一个相对平权的位置上。即使是再专业的媒体，如果没有足够充分的社会关系网络的加持，特别是从个体用户层面来看，其实都很难实现有效传播。公共关系需要关注个体、尊重公众，同时把握社会传播系统中的关键节点，在网络传播话语权力分化的表面下，找到有可能形成的新的权力中心。

（三）多元文化交互状态的加深

改革开放以来的“思想解放运动打破群体意识而建立起来的个人主义，既体现了当代中国社会价值观念的现代变迁，又体现了当代中国社

① 彭兰.新媒体传播：新图景与新机理［J］.新闻与写作，2018（7）：5-11.

会对西方价值观念的借鉴”①。这种多元的价值观念影响着社会结构的稳定性，也使得构建个体意识存在着固有价值体系和极端个人主义两个方向上的错误。个体意识的形成是现代化过程中的关键一步，而问题就在于健康的个体意识——既跳出既有文化语境所培养出的思维习惯和个体意识的影响，又不至于堕入极端的个人主义而丧失社会责任和集体意识，这是社会主义核心价值观教育中所面临的关键问题。

公共关系不仅要面对国内的多元价值体系，还需要面向世界、面向全球。中国开放的大门永远不会关上。“中国的实践已经表明，经济要发展壮大，就必须坚持对外开放，主动顺应经济全球化潮流……大胆开放、走向世界，是中国正确的战略抉择，也为世界各国提供了有益经验。拥抱开放的国家才会赢得美好未来。”②有研究曾提出公共关系在国际传播中的意义，包括对国际传播工作的借鉴性、能有效服务于对外舆论和文化推广工作、为企业“走出去”赋能、能有效促进对外讲好中国故事、重视对象的研究和效果的实现等方面③。在公共关系走向全球传播的进程中，必然面临不同语境文化之间的冲突，需探寻不同语境下公众所共有的意义共识。有观点认为：“国际公关要求你弥合文化差异或语言差异，或两者兼而有之……当受众的价值观发生了变化时，你作为公关从业人员也需要采用新的工作手法。”④

---

① 戴茂堂，李家莲.改革开放以来中国社会价值观念变迁研究［J］.学习与实践，2008(12)：34-37.

② 栾笑语.中国对外开放的大门永远不会关上［N］.经济日报，2018-03-31(3).

③ 郭卫民会长应邀参加远集坊文化论坛并主讲“公共关系助力提升国际传播效力”［J］.公关世界，2024(19)：1-2.

④ 迈特拉，阿尔提格.公关造势与技巧：通向21世纪的桥梁［M］.欧阳旭东，译.北京：中国人民大学出版社，2009：215.

（四）人工智能时代的到来

“当代中国正在进入的人工智能社会面临着新全球化、新工业革命、社会转型三重叠加的挑战。”[①] 人工智能时代尽管存在这样或者那样的争论，尤其是新一轮“赛博空间与马”观点的出现，人工智能已经开始以某种方式渗透入人们的生活当中。从文心一言、ChatGPT 等人工智能生成内容（Artificial Intelligence Generated Content，AIGC）到 AI 摄影，从无人驾驶到智能安防，与其说人工智能技术带来了某种“革命”“颠覆性”，还不如客观地表述：人工智能技术在日常生产生活中被广泛运用。

有观点认为，“在新科技革命背景下，机器人与人工智能已经成为下一个产业新风口和产业转型升级新机遇”，“以现代性为基础构架的技术社会中的主奴关系、发展不均衡性以及目的与工具关系中隐藏的三重逻辑悖逆正持续延展到信息社会中”[②]。当代公共关系必须考虑人工智能时代所带来的各种风险挑战。人工智能所存在的最为显著的伦理风险就是算法偏见，这是对于信息传播的客观性的挑战，而后者是职业新闻传播活动中的一项行业规范，罗尔斯也曾提出所谓“无知之幕”（veil of ignorance）的观点。“所谓算法偏见，指的是算法开发者或所有者可以调控程序参数，从而得到想要看到的结果。”[③]

当代公共关系面临着复杂的社会环境，而具体到某一个国家、某一个社会、某一个社区的具体环境又都是不同的。下文我们将公共关系所面临的环境进行抽象化，以系统论和控制论分析公共关系的运作模式。

---

① 张成岗.人工智能时代：技术发展、风险挑战与秩序重构［J］.南京社会科学，2018（5）：42-52.

② 张成岗.人工智能时代：技术发展、风险挑战与秩序重构［J］.南京社会科学，2018（5）：42-52.

③ 仇筠茜，陈昌凤.基于人工智能与算法新闻透明度的“黑箱”打开方式选择［J］.郑州大学学报（哲学社会科学版），2018，51（5）：84-88，159.

二、系统：开放式公共关系的运作体系

当代公共关系所处的社会环境构成了公共关系的系统。一个系统是一套相互作用的单元，它在一个现存的边界范围内通过对来自环境的变革压力做出反应和调整而长时间发挥作用，从而获得和维持目标状态。[①]从这个意义上说，公共关系的系统就是公共关系所处的社会环境，包括各个组织、公众及其相互之间的关联。这些因素不仅影响着公共关系以及公共关系所处的组织，它们之间也是互相影响的。尽管地理意义上的接近性已经不再具有决定作用，就像生态学里面的环境系统一样，但地理因素和心理因素以及内容上的相互作用程度共同影响着环境对于公共关系的压力。将内容上的相互作用即具体问题对于公共关系的干涉作为公众的边界，和前文所述公众产生于具体问题的观点是一致的，即系统以及系统中各要素所涵盖的内容是根据不同的问题、所面临的情况来确定的。比如说，当某品牌的代言人因税务问题被有关部门查处时，在合同没有其他约定的情况下，组织的行为可以包括：沉默且继续履行合同；沉默且解除合同；谴责且继续履行合同；谴责且解除合同。四种不同的行为都会给公共关系构成不同的系统边界，组织内部的法务部门、销售部门、投资者，组织外部的消费者、监管部门、社会上其他有影响力的团体、普通公众等因素对于公共关系的重要程度和影响程度因组织所做出决定的不同而不同。也就是说，组织的决定给公共关系建构了一个系统的构成和边界，这个范围和组织平时所面对的公众有共通之处，但是一般来说范围要更大一些。公共关系活动的开展也就是一个组织想要获得预定目标的有目的的行为。一般来说，组织日常的公众关系维系工作

① 卡特里普，森特，布鲁姆.有效的公共关系［M］.明安香，译. 8版.北京：华夏出版社，2002：194.

就可以满足其要求，然而公共关系处于一个不断变化的环境之中，为了针对一个不断变化的社会做出反应，组织必须不断地调整他们与各类公众的相互关系。因为“组织—公众”系统是在变动的环境中生存的，所以它们必须有能力使它们的目标和各种关系适应来自其复杂和动态背景的变革压力。[①]

处在特定环境中的公共关系必须承受随时可能变化的外界因素所带来的压力，这种环境变革压力会通过公共关系传递给组织，尽管这种传递效率是受到一定质疑的。如前文所述，代言人发生“塌房”以后组织可能会有四种行为，一般来说为了维护社会声誉，组织会选择第四种行为，即对于偷税漏税的行为进行谴责并且解除和代言人的合同。但是我们需要思考的问题是，促使组织做出这样的行为选择的原因是什么？很明显，最终因素还是会归结到经济方面的考量，因为再继续和代言人合作会给组织带来负面影响，包括收益和形象等方面。如果继续合作不会给组织带来负面影响，甚至代言人能够依靠其影响力提升组织的营业额，那么第一种行为就可能会被组织更多地选择。也就是说，在其中发挥作用的是公众所带来的影响，这就是公共关系所处的环境变革压力。公共关系需要对变化着的社会因素进行监测以做好应对准备，如果公共关系一成不变——不管是出于什么原因，就会给组织传递滞后的甚至是错误的信息，那么就会导致组织与社会变革不适应，加剧组织内部的信息混乱程度——熵值。当组织内部的信息混乱程度超出了组织所能协调的极大值的话，就会导致组织崩溃。反映出来的就是社会对组织的不认可，就如前文所述，很难想象存在着一个不能向社会提供服务、社会也不需要它提供服务的组织存在。

---

① 卡特里普，森特，布鲁姆.有效的公共关系［M］.明安香，译.8版.北京：华夏出版社，2002：196.

如果我们把视野放得更大或者更小，就会发现，一个公共关系所处理的“组织—公众”系统同时也是作为一个更大的超系统下面的子系统。而一个组织本身也是一个系统，它是由一整套相互作用的单元组成的。因为组织生存在动态的社会环境之中，它们必须部分地修正内部程序和重新界定自身，以便对发生变化的环境做出反应。而公共关系的责任就是保持组织对于环境变化的敏感性，对环境变化的压力进行预测并且做出反应。公共关系应当主动监测组织所处的社会环境，根据已经获得的情况进行调整，并将这种变化高效地传递给组织——这就需要前文所述的亲密的工作关系和高效率的汇报关系等。而对于新环境的这种调整和适应，在很大程度上有赖于组织对环境的开放程度和敏感程度，这两个要素又构成了系统的开放性和封闭性特征。对于新环境的组织调整和适应，部分有赖于组织对其环境的开放程度。组织对其环境敏感程度的差别为公共关系职能进行进一步的系统分析提供了更有用的基础。①

一个系统不得不与它所处的环境进行各种物质、能量或者信息的交换。完全开放的系统与它所处的环境已经融为一体，而完全封闭的系统不与它所处的环境进行任何内容的交换。当然，这两种极端情况都是不存在的。系统封闭到何种程度，是它们对环境敏感与否的重要指示器。封闭系统不与外界进行交流，最终将不适应外部的变化并将崩溃，开放式系统的生存和发展有赖于它与环境之间的交换。最成功的组织是那些善于对其所处环境中发生的任何有价值的变化做出回应的系统。组织的最终目标是生存，由于开放式系统生存在一个不断变化的环境中，所以它们必须不断地调整以维持平衡的状态。也就是说，开放式系统必须不断地发生改变，才能维持原样。为了与封闭系统相区别，可以把这种

① 卡特里普，森特，布鲁姆.有效的公共关系［M］.明安香，译.8版.北京：华夏出版社，2002：198.

“原样”理解为动态平衡。尽管处于一种稳定的状态，但是作为系统输入的结果，组织是随着各种因素的变化而变化的。究竟会发生哪些变化以及变化的程度如何将取决于这个组织对于反馈的反应，以及反馈的性质和数量。作为系统输入的结果，开放式系统不仅产生出不同类型的反馈，而且在对输入的调试过程中表现出更大的机动性。在各种选择性适应战略中进行抉择的依据是，哪一个对于帮助这个系统在环境变化的压力下维持现状或者获得系统目标是最为有效的，即控制和反馈的意义。

在公共关系中运用控制论的意义在于对系统偏离目标的状态做出反应。一些没有反馈机制的公共关系计划已经常规化了，成为某种技术性、程式性的工作，不管是什么问题也不管面临的环境条件如何，其反应就是让新闻稿发布出去，“讲出我们的故事”。这种反应既是事先确定的，又是不加区别地适用于任何情况的，幸而社会变化程度不大加之公众善意，因此多数情况下也能“蒙混过关”。当外界环境的变化已经达到了系统忍耐极限的时候，发生结构上的变化也不失为一个选择的方案，结构上的变化包括组织目标甚至组织本身的变化。这样的变化帮助系统适应新的环境条件或者部分修正输出，以改变或者抵消变化的压力。当然，这样的前提是系统与它们的环境之间的交换是开放式的。只有开放才能使系统的目标或系统本身的变化成为可能。在这种情况下，就需要公共关系主动地研究组织所处环境的变化，以便探测和预测不断变化的条件。高级的开放式系统预测组织所处环境的变化，并且在这些变化可能成为组织发展的障碍之前，发起有针对性的矫正行动，旨在对抗或抵消这些变化，这也就是公共关系功能职责中问题管理的内容。被动反应计划采用比较封闭的系统态度进行项目的计划和管理，而主动反应的计划运用预警雷达搜集信息，并且产生内部和外部的输出，以避免负面影响。20世纪80年代末，当美国其他电力公司正在与酸雨管理和环保立法斗争的时候，美国明尼苏达州北部电力公司（Northern States Power Company of

Minnesota，NSP）已经把减少污染和环境保护作为运营因素考虑进去了。它所做的工作就是超出政策所要求它们的每一项标准，并且以此为动力改造整个组织的生产效率。北部电力公司的负责人表示，公司必须对环境负有进步的和可持续发展的责任。①

1984年1月1日，历时107年的美国电话电报公司（AT&T）被分解为八个独立的公司，包括新的美国电话电报公司和七个地区性的公司，这是一个超大系统对不断变化的环境进行调整和适应的典型例子。在反对分解的长期法庭斗争期间，AT&T都在进行新的构建，以便对新的法律、社会、经济和环境做出反应，但是希望渺茫。而分解最终发生的时候，AT&T发布了一个很有人情味的广告词："我们一直在努力，使得我们生活中的最大变革成为你们生活中的一个极小变化。"在被分解以后，AT&T继续发展，业务扩展到了计算机通信、出版甚至现金流交易等方面，在1999年以后还进入了有线电视、地方电话和网络服务领域中去。事实表明，AT&T在这种新媒体环境中已经重新转变，回到了它过去的霸主地位。但是这种发展是不容易的。长期担任AT&T公共关系顾问的切斯特·伯格回忆，在20世纪80年代中期以后，AT&T的工资花名册上有超过1700位全职公共关系专家和大约1.7亿美元的预算。切斯特·伯格谈到，当时相当多的在公共关系方面的努力，都是为这个公司在提供电话服务和系统连接设备供应方面的历史性垄断地位进行辩护。不过伯格仍然得出了三个有趣的结论，包括：公共关系战略不可能战胜广泛的社会因素；公共关系很容易使你自己确信，公司的自身利益和公共利益是一致的；最重要的是，技术正在改变我们的世界。简而言之，AT&T要么不得不改变自己，要么将步恐龙的后尘而走向灭绝。②

① WEINER S. Profit without pollution［J］. Forbes，1987（11）：46.

② BURGER C. Last word：when public relations fails［J］. The strategist，1997（3）：56.

三、公共关系的开放性模式

稳定不断地输出模板式的“情况说明”是传统的被动公共关系反应，这也是系统封闭性的主要表现。这种程式性公共关系运作模式只是基于公共关系的目的受实体环境变化的影响，并且假定组织有力量改变它所处的环境，因此忽视了组织自身进行变革的必要性。与此相对应的是，功能性公共关系是作为环境输入的结果，把公共关系作为给环境与组织两者都带来改变的功能性角色。在程式性公共关系中，重点是影响组织所处的环境以维持组织的现状；而功能性公共关系需要采取开放式态度，同时改变组织和环境——通过相互输出以及反馈调整来维持或改变“组织—公众”关系。格鲁尼格认为，具备充分知识储备、训练经验的公共关系双向模式的从业人员更可能被组织的管理层囊括在内，在这个组织中也可以发挥更具有建设性的作用，而不仅仅是作为顾问而存在。这种情况下，公共关系从业人员就可以通过战略层面的公共关系谋划以对组织和公众产生有力影响。[①]事实上，当公共关系努力改变组织所处的环境，同时试图在组织内部维持不变的时候，就是在实践程式性公共关系模式；而当公共关系成为组织战略组成部分的时候，试图调整和适应组织所处的动态环境的时候，这样的实践就反映出了公共关系的开放性模式。

程式性公共关系试图对环境进行控制，功能性公共关系力求调整和适应环境，这种格鲁尼格所谓的双向对称的方法所产生的信息交换将会引起“组织—公众”系统的改变。公共关系的开放式系统要求能够有目

① GRUNIG J E，GRUNIG L A. Toward a theory of the public relations behavior of organizations：review of a program of research［J］. Public relations research annual，1989（1）：60.

的地感知环境变化，对于受到组织影响和关注的公众保持敏感态度，并监测影响“组织—公众”关系的因素变化。除了监测功能，开放性系统模式还要求在公共关系中展开研究，以便给管理层提供具有说服力的报告。这种研究的范围根据组织目标的不同而不同，最终是有利于“组织—公众”良好关系实现的。因此，公共关系的开放性模式会使得组织在与社会和公众的互动中不断调整自己以适应环境的变化，从而维持组织发展。在这个过程中，有建设性的公共关系进而能够影响社会，达到公共关系有利于社会的目的。博克顾问公司（Buck Consultants）旗下著名的公共关系专家保罗·M.桑切斯（Paul M. Sanchez）也有类似的观点，公共关系筹划应当重视能动反应的传播过程，避免在纯粹的被动反应的传播行为中浪费时间，后者和组织的战略目标不是相向的。①

组织的自我调适同样也符合效率层面的考量。程式性公共关系尽管也开展了传播工作，但是这种“以不变应万变”的行为是局限在组织内部的，因而总体上并未增加社会福利，反而增大了组织内部的熵值，降低了组织的传播效率，增加了组织内部的沟通成本。公共关系从业人员作为联系着组织和社会/公众的桥梁，对于组织的变化、调整和适应过程起到了重要的催化作用，传播是他们的主要武器。

第二节　传播：当代公共关系的武器

尽管公共关系和传播仍属于两个不同的学科范畴，公共关系开展工作也多使用传播作为自己的武器。回溯到1948年拉斯韦尔提出的“5W”模式，可以从传播对象、传播内容和传播渠道（平台）来理解公共关系

① SANCHEZ P M. Agents for change［J］. Communication world，1997（3）：53.

如何借助传播开展工作。

一、关注你的对象

公共关系所关注的对象——“公众”具有实体存在性，但更重要的是社会构建的产物。公众的自我意识和参与意识的兴起，促使沟通管理与关系管理成为组织持续且深入的实际需求，进而推动了当代公共关系的诞生与演进。然而，公众似乎也只能存在于组织的感知、构想及描绘之中，是组织根据自身利益与价值观所构建出来的群体形象。“格鲁尼格认为，作为一套心智系统，世界观往往预设了组织的公关理念和模式。而公众观或对公众的想象正是组织世界观的重要组成部分，影响着组织公关的观念、逻辑、结构和实践选择。换言之，组织如何看世界、如何想象公众，乃公关理论和实践的双重母题。”[①]公共关系对于公众的认知，经历了一个过程。

（一）“愚昧的公众”

如果要追溯公共关系对于公众的认知历史，最早可以从柏拉图谈起。在《理想国》中，柏拉图认为：“一个按照自然建立起来的国家，其所以整个被说成是有智慧的，乃是由于它的人数最少的那个部分和这个部分中的最小一部分，这些领导着和统治着它的人们所具有的知识。并且，如所知道的，唯有这种知识才配称为智慧，而能够具有这种知识的人按照自然规律总是最少数。”[②]自此以后，从亚里士多德到塔尔德，从勒庞到李普曼、莫斯科维奇，公众始终被认为是一种盲目的、被动的、心智

① 胡百精，高歌.公共关系对公众的想象［J］.新闻大学，2017（6）：125-132，157，155-156.

② 柏拉图.理想国［M］.郭斌和，张竹明，译.北京：商务印书馆，1986：147.

不成熟、幻影般的存在。如乌合之众（the crowd）、暴民、群氓等词被早期的精英主义者赋予公众。这种高高在上的傲慢论调在19世纪末20世纪初达到顶峰，同时也被刚刚兴起的公共关系所吸收。公共关系对于公众的认知不可避免地受到当时“主流”认知的影响，早期的公共关系学者，如巴纳姆等人——如果真的能将其称为公共关系学者的话——将对待公众的态度确定为“知情—驯化”。

将公众认为是可愚弄的对象的观点从理论上早已被淘汰，尽管仍有一些实践者敢这么做。一些组织没有将自己的服务对象放在心上，不是站在公众的立场上考虑问题、解决问题，在遇到危机的时候存在侥幸心理，自以为能够蒙混过关。但是随着信息化社会的不断发展，普通民众通过公民新闻实现社会治理和监督权的途径也会不断被拓宽。

尽管明目张胆地愚弄公众的言论在当下已经很少出现，但是傲慢的姿态和精英主义的立场却屡见不鲜。组织立场或者说解决问题的态度是影响公关危机解决成效的重要因素，真诚待人会赢得公众同情，而高高在上只会加剧问题的棘手程度。组织程序化的道歉、表现出的自以为是的诚恳，实则处处显示出其高高在上的姿态，最终会被公众拒绝。组织解决问题的方式来源于它对待公众的态度，而这又与组织本身的综合能力相关。或者按照格鲁尼格的观点，组织的卓越程度，也是决定组织未来发展态度的关键因素。

（二）“上帝般的公众”

20世纪40年代的传播学研究进入一个新的发展阶段，保罗·F.拉扎斯菲尔德（Paul F. Lazarsfeld，1901—1976）在这一时期开展的伊里调查得出传播只能强化而不能改变受众倾向的结论。随后卡尔·霍夫兰（Carl Hovland，1912—1961）在一系列实验中进一步证明了这一观点，从而开启了传播学受众研究中有限效果理论的传统。这一思路同样被公共关系学所借鉴，形成了所谓“上帝般的公众”的观点。

这一时期公共关系的受众观又走向了另外一个极端，即所谓“公众中心”，大家比较熟悉的观点如“顾客就是上帝”。“公关对公众的想象便由温顺的绵羊和暴躁的群马，转向了倔强的驴子和灵动的猴子。这样的比喻似乎缺少善意，但承认公众的顽固和能动，实际上抬升了公众的地位。”[①]出现这种观点的原因有很多，经济上二战以后各主要国家都面临着恢复经济发展的需要，市场竞争的加剧使得“生产中心”的模式加速向“消费中心”转变。政治上，在20世纪60年代以后，公民的政治意识和参与意识继续觉醒，希望通过某种形式表达自己对社会事务的参与。与此同时，西方社会也出现了所谓“消费主义”的文化思潮，尽管存在着将消费主义认为是文化工业生产对于大众的控制的批评，但是作为具体个体的消费者的主动程度的提高却是一个无可争辩的事实。

回到公共关系这一概念的本身来看，如前所述，对于“公共关系”处理的是Public Relations还是Public Relationships，不同的语境给出了不同的答案。而出于对某些因素的考虑，组织将Public Relations理解为Public Relationships也是可以理解的，只不过后者具有主观性的价值取向，渴望与公众形成良好的相互关系。尽管如此。两者的核心概念都离不开Public这个前缀，马克思讲“人的本质并不是单个人所固有的抽象物，实际上，它是一切社会关系的总和”[②]，这一观点为我们理解公共关系的社会性和现实性提供了深刻的哲学基础。所以就本质而言，无论是何种形式的公众观，都需要将人与人关系的集合作为考察范围，将社会关系的表述放在突出位置。换言之，公共关系是一项社会性的组织活动，在针对某个群体的同时，也要考虑到整个事件和社会关系对社会的影响。

---

① 胡百精，高歌.公共关系对公众的想象［J］.新闻大学，2017(6)：125-132，157，155-156.

② 马克思恩格斯全集：第3卷［M］.北京：人民出版社，1960：5.

但是也存在着对“公众中心论”的一些批评，主要集中于公众对于组织而言是否处于一种天然正确的地位。也就是说，完全以公众/消费者为中心在现实生活中是否是必要、必须、可行的？答案可能是否定的。消费社会与文化工业遍及的复合几乎完成了具体公众与社会之间隔阂的建立，很难说前者不会落入后者为其营造的消费陷阱之中，而这种方式往往体现为“个性化推荐”、“增强用户体验”和“私人订制”。尽管伯内斯也提出要与公众对话、沟通，但是这样的前提在于公众的完全知情和有效行为，而这在被组织形塑的过程中很难实现。反思性、批判性和主体性的缺失，短视频对大量闲暇时间甚至是必要时间的侵占、每逢佳节清空购物车的狂欢、对于看似有价值的事件的众声喧哗……很难说这些行为不是被建构出来的，甚至连需求本身也是被建构的——我们似乎又回到了巴纳姆的时代。这种对于公众消费属性和工具价值的赞美导致的不是“公众中心”，而是另外一种积极的、能动的但又是隐蔽的驯化。

从“知情—驯化”的公众观到“公众中心论”的公众观的转变并非表明公众发生了多大的变化，而是组织公众观念的更新，而这又是与组织所处的社会环境的变化、所面临的目标达成方式的变化相关的。不可否认的是，公众在一些专业话题上仍表现出一些局限性。有观点认为，互联网时代的“公众迎来了又一场唤醒和崛起，但群体心智的某些根性犹存，非理性的民意冲撞和狂欢以及不以达成共识为目的的公共讨论遍斥网络空间”[①]。但是公共关系仍需十分注意公众朴素的情感认知和价值导向。

---

① 胡百精，高歌.公共关系对公众的想象［J］.新闻大学，2017(6)：125-132，157，155-156.

（三）对话的公众观

伯内斯抛弃了单向支配的宣传模式，转而倡导一种对话/沟通范式去理解公众。伯内斯认为个体和群体的积习和心理模式难以改正和调整，且人类的欲望难以捉摸与改变，因此一味迎合个体或群体的欲望非常困难，因此他主张修筑公众与组织之间的双行道，在彼此的“相遇”中抵达理解与谅解。因此，公共关系不应当是由组织操纵媒体针对公众发起的操纵性的宣传活动，也并非由公众主导的纯粹经济商业活动。公共关系并非狭隘的单行道，而是由组织与公众基于公共利益与社会利益一致的原则而相互合作和沟通的双行道。

公共关系理论研究最重要的无非是为组织与公众之间沟通提供原则。而公共关系实践中所存在的“知情—驯化”与“公众中心论”之间的矛盾也使得公共关系理论不可避免地落入了现代哲学、社会科学一直争论的主客二元对立的窠臼，因而关于组织与公众的关系也需要重新探讨。针对主客二元危机，不同学者给出了不同的答案：哈贝马斯的交往理性、吉登斯的对话民主理论、鲍曼的多元主义对话理想、泰勒的社群主义理性等。“对话”成了构筑理性的主体。哈贝马斯认为，在真正的对话中，对话者之间乃是一种动态的互为主体关系，即主体间性，而不再是主客二分的支配关系[①]。

作为公共关系的手段与观念，“对话”主张将受众与组织都视为平等、多元的主体，通过对话，双方共同寻找最优的解决办法。同时，对话也有别于以往的一方对另一方的驯服和顺从，而是将公众和组织都放在主体地位，作为一种开放、包容、求同存异的观念而存在。对话的目

① 哈贝马斯.现代性的哲学话语［M］.曹卫东，译.南京：译林出版社，2011：376.

的是在双方之间形成一种共识。公共关系通过对话所发挥的作用不仅是协助社会形成事实判断，更重要的是如何形成价值判断，即人对主观、精神和应然事物的理解。事实判断与价值判断是两个截然不同的概念。换言之，物质层面的利益问题与精神层面的意义问题都是影响公关效果的决定因素，这一问题直接指向了公共关系的核心。艾维·李与格鲁尼格都强调利益层面上的互利共赢，但利益认同并不能全然替代双方共同的价值判断。公众在接受组织承诺的某种利益的同时，未必在情感、尊严、伦理、审美和信念等价值意义层面承认组织的主张和行动。但是，价值契合和意义同构在一定程度上可以抵消实际的利益冲突。

海底捞成功的危机公关案例说明了公共关系中对话与价值认同的重要意义与作用，通过对话在组织与社会之间构筑起价值认同，在一定程度上可以抵消公众与组织在实际利益上的冲突。作为确立事实理性仲裁的工具，对话范式有利于公关在事实判断与价值判断之间提供判断依据。但是在社交媒体之下，“消费社会、碎片化、反权威、去中心化同样洪流汹涌。加之政经改革不均衡、社会阶层分化严重、公民启蒙和民主训练不充分等因素，借由多元对话、有效协商，再造社会生态和社会认同，构建转型时期的国家和社会共同体，便成为重要而切近的议程”①。

二、注意你的内容

媒介/渠道研究一直以来都是公共关系研究的重点。媒介/渠道与内容的关系在经历了一个“内容为王”还是“渠道为王”的讨论后逐步走向二元融合，甚至渠道本身在一定程度上影响着公共关系内容的意义生成。约翰·杜翰姆·彼得斯（John Durham Peters，1958—　）认为：“媒

① 胡百精.中国公共关系30年的理论建设与思想遗产［J］.国际新闻界，2014，36（2）：27-41.

介是容器和环境，它容纳了一种可能性，这种可能性又锚定了我们的生存状态。”① 作为容器的社交媒体无疑会时刻影响着公共关系的内容、姿态和形式，进而重构着人们的交往与公共关系的新生态。

（一）公关内容

传统意义上对于内容的理解就是通过大众传媒向公众进行传播的符号。社交媒体以其本身的互动性、海量内容等特点解构了“内容”的意义，社交媒体时代的公共关系内容基本不再也不应再具有告示、宣传的含义。介质的变化不仅是媒体形式的更迭，媒体接触逻辑本身也发生了改变，信息接触的方式由从前的定向接触转变为“信息偶遇”，海量化的信息无时无刻不在争夺着用户宝贵的注意力，短小的传播内容也阻碍了传播内容说理的可能性，情绪成为最佳爆点。

此外社交媒体内容传播的特点也在影响着公共关系内容的转变。微博、抖音、公众号成为社交媒体下组织发声的主要渠道。公共关系内容的篇幅相比于传统媒体都有了不同程度的缩短，而且对于同一事件的公关次数也在增多。尽管不能将公共关系的效果达成和公关次数联系起来，但是最及时的内容发布、最真诚的沟通态度、最充分的内容体现、最有效的沟通方式也是组织公众观的表现，是组织社会责任的体现，也能够赢得公众的信任。

（二）公关姿态

公共关系中组织采取怎样的姿态与公众展开沟通，在很大程度上影响着公众对于组织的信赖程度。为了拉近与公众的距离，越来越多组织放弃了之前那种高高在上的姿态，而更多地以朋友的身份和公众交流。

① 彼得斯.奇云：媒介即存有［M］.邓建国，译.上海：复旦大学出版社，2020：2.

事实上，高高在上的傲慢姿态从来没有被公众认可过，组织以何种姿态开展公共关系在很大程度上是组织公众观的反映。

采取拟人化元素展现自己的品牌形象是一种较为常见的方法。以蜜雪冰城为例，蜜雪冰城的IP角色是一个披着红色斗篷、戴着王冠、手举冰激凌权杖的雪人，王冠、权杖、雪人这几种元素的组合自然形成了"雪王"这个形象。这是蜜雪冰城官方精心塑造的品牌代言"人"，不仅为其设定了详尽的背景故事和个性特征，还有着自己的生日、性格、喜好和口头禅。2018年，蜜雪冰城开始使用这一新的品牌形象，从品牌logo到门店整体设计，从外卖袋子到物料周边，"雪王"的形象无处不在。但是这一时期"雪王"形象还只能算是品牌形象的具体化表现，还不具有社交属性。直至2021年夏天，"你爱我，我爱你，蜜雪冰城甜蜜蜜"的魔性歌词席卷大江南北以后，"雪王"形象在各种二创、鬼畜和方案视频中呈现出指数级传播，"雪王"玩偶跟随这个音乐跳舞，"社牛"性格拉近了品牌与用户的距离，加之蜜雪冰城的低价优势和门店数量分布优势，产生了极大的用户黏性。

"雪王"虽然只是一个动漫形象，但是行为举止各方面都在模仿当代年轻人群体这一蜜雪冰城的主要客群。比如蜜雪冰城抖音账号曾发布视频"你的假期是这样的吗"，"雪王"将一天时间分为游戏、干饭、睡觉、学习这四个模块，但是通过一步步移动组合，"雪王"最终将学习板块移出一天的安排，这样的生活方式安排引起了不少用户的共鸣。蜜雪冰城还通过联名的方式吸引消费者关注，与中国邮政的联名活动还让网友玩起了"雪王入编"的梗。

除了官方的初始设定，"雪王"在进入公众视野后，在与消费者的持续互动中逐渐丰富了自己的形象。特别是在社交媒体平台上，网友们为"雪王"赋予了更多的社会属性和人格魅力，使它成为连接品牌与消费者的桥梁，传递着蜜雪冰城独特的企业文化和品牌价值。2019年5月衍生出“雪妹”IP形象，与“雪王”组成CP，并基于日常生活场景代入喜怒哀乐的情绪创作了“雪王”和“雪妹”的小短剧，高饱和度颜色和大众化的元素组合从视觉上传达出与品牌定位一致的“接地气”形象，并通过简单直观的性格塑造使“雪王”逐渐成为一个形象立体的IP角色。此外，蜜雪冰城除了在线上开设了“雪王”专属社交媒体账号并输出“雪王”的日常内容，还策划了一些主要由穿戴充气玩偶扮演“雪王”的员工提供沉浸式情感互动的线下主题活动，一些门店也会有一个由真人扮演的“雪王”玩偶以符合人物性格的行为方式与消费者进行互动，这是“雪王”比一般的虚拟IP角色更具人格属性的一点。在社交媒体中以“雪王”为关键词进行搜索，除了官方发布的内容，网友分享最多的是线下的“雪王”玩偶与路人的互动视频、“雪王”独自尬舞的视频。视频中“雪王”多是以无忧无虑、无厘头的形象出现，被网友称为“雪王就是街溜子代表”。当蜜雪冰城遇到公关危机时，也往往让“雪王”出面道歉，动漫形象往往加速了公众的同情。蜜雪冰城用好了“雪王”这个品牌IP形象，并将其作为营销核心，通过洞察作为主要消费者群体的年轻用户群体的生活方式，为“雪王”注入人格化的灵魂，在一次次互动中不断拉近与用户之间的距离，而这正是蜜雪冰城开展公共关系能够成功的关键。此外，蜜雪冰城长期走低价路线，泰山顶上的门店打出的“只贵一块钱”的标语更是极具吸引力。品牌的内容营销应当深入洞察消费者群体的消费趋势，把握消费偏好与产品的使用场景，形成自己独特的公关姿态，这才是品牌抢占市场氛围的关键所在。

大卫·奥格威的品牌形象论提出，每一品牌、每一产品都应发展和投射一个形象。形象经由各种不同推广技术，特别是广告传达给顾客及潜在顾客。“拟人化”的品牌形象所反映的是组织公关姿态的转变，有性格、有思想的“人”因其更能拉近与消费者群体的距离而更受组织青睐。

图式理论（Schema Theory）认为当消费者与拟人化品牌建立联系时，他们往往不会深入剖析品牌的具体属性，而是倾向于基于自己的直观感知来评估该品牌。傅宏在关于半架构化的研究中提出，当品牌与消费者利益发生冲突时，采用拟人化策略并且已经在消费者心中塑造成功的“朋友形象”，更容易获得消费者的理解与原谅。几乎一半的受访者表示不会宽恕陌生人，若是朋友则更容易宽恕[①]。这也是许多组织多采用拟人化形象作为自己与公众沟通的工具的重要原因。

但是拟人化策略并不是组织危机公关的灵丹妙药，使用不当时也极易遭到反噬。有观点认为，“品牌拟人化是一把双刃剑，很多品牌利用其对于客户关系、营销绩效等的好处，但如果企业不能承担拟人化对品牌犯错后带来的负面影响，建议慎重启用拟人化策略”[②]。拟人化策略永远只能是公共关系的一种手段，而不应该是公共关系本身，任何一次成功的公共关系活动都离不开真诚的沟通。

（三）公关形式

在社交媒体时代，组织的品牌形象不再仅仅是广告效应的叠加，而是组织运作各个方面的综合体现，任何一次舆情都有可能被互联网放大而产生“蝴蝶效应”。换言之，组织高级管理人员的活动、品牌的CIS（Corporate Identity System，企业形象识别系统）战略开展、消费者的使用评价等任何一点微小的因素在社会网络——不仅是基于社交媒体的互联网链接，人际关系的传播影响同样是值得考察的因素——的发酵下，都可能会对品牌形象产生不可估量的影响。因此，如何开展公共关系，

① 傅宏.基于中国大学生样本的宽恕及其相关人格因素分析［J］.教育研究与实验，2006（1）：58-63.

② 黄昶生，李欣悦.品牌犯错下微博品牌拟人化对消费者宽恕的影响研究［J］.中国石油大学学报（社会科学版），2023，39（3）：91-100.

包括危机公关和品牌形象的日常建设都应当是组织重视的命题。相比过去多以广告作为品牌形象建设的主要手段，社交媒体时代下组织的品牌形象公关手段内容更加丰富、形式更加趋于互动，所期望塑造出的社会形象也更加年轻化、公益化。

社交媒体时代，“曝光度”决定着品牌的流量，想方设法地不被用户遗忘是每个组织都必须面对的问题，如何获得用户的关注是组织成功的关键。但是不同于传统媒体时代，现在处于一种流动性之中，“热点”每时每刻都在更新，公众的爱好也在千变万化，组织如何去应对就成为一个更为关键的问题。在花西子事件发酵之后，蜂花官方抖音号涨粉50余万，直播间流量暴增。随后蜂花直播间的“79元三斤洗护套餐”再次出圈，受到众多消费者追捧。而在直播间商品售罄之后，蜂花并没有停止直播，反而帮助宣传如“活力28”“鸿星尔克”“娃哈哈”等其他国货品牌，开启了“国货团建”模式，也掀起了网友们支持国货的一个小高潮。早在这个事件之前，蜂花就有一次小规模的“出圈”。起初，一位网友在蜂花社交媒体账号的评论区表示自己收到的快递纸盒是坏的。蜂花官方回复道：“不可能啊，我捡来的时候还好好的呢。”后来多位网友发图片、视频、评论吐槽自己收到的蜂花快递盒，也被其他的国货品牌方拿来玩梗。不难看出，蜂花一直以来都十分具备网络敏感度，在塑造和维护好自己“贫穷、没有钱打广告、性价比高、国货”的品牌形象之外，善于抓住网络热点并能够有效转化流量度。同时“国货团建”模式也激发了消费者的爱国情怀，在丰富自己品牌形象的同时，将流量热度从一般两三天延续到一个月左右，大大延长了品牌的曝光时间，用极小的营销成本获得了最大的营销效果。公关形式的确立并不是要求组织一味地追求网络热点、与网民一起玩梗，而是要在组织长期积累的品牌调性的基础上，精准地判断品牌当前在消费者心目中的整体形象，恰当地使用网络热点，带动品牌流量。

社交媒体时代品牌形象公关的一大特点就是将“品牌IP”与“企业IP”强关联。菲利普·科特勒就提出：“一个成功的人格化的品牌形象就是其最好的公关，能够促使品牌与消费者的关系更加密切，使消费者对品牌及其内在文化的感情逐渐加深。”在这种观念的指引下，有研究认为“打造品牌人格化最直接有效的方式，自然是通过具体的个人IP与企业IP强关联，以此实现品牌具象化”①。目前来看，将品牌与个人IP强关联逐渐成为普遍化、常态化的操作，

总而言之，公共关系的形式在社交媒体时代发生的变化值得关注。面对瞬息万变的对话环境，是否追逐网络热点、是否将品牌IP与个人IP强关联都是组织所要面对的抉择，社交媒体时代下的大浪淘沙考验着每一个组织的决策、智慧与勇气。

三、用好你的平台

社交媒体（social media）为组织与公众提供了相互沟通、了解、理解的日常性平台。随着越来越多的公众将社交媒体平台接触作为日常生活的主要方式，基于社交媒体平台的组织与公众的对话能力显得愈加重要。尽管关于社交媒体的定义千差万别，但是对于社交媒体的基本特征学界已经有了大致统一的看法：提供用户创作内容的平台、公开呈现用户之间的“连接”、内容扩散的机制。在这样的定义范畴之下，社交媒体既包括社交网站，如脸书、领英、微博、知乎，以及在多年前流行一时的人人网、天涯网等，也包括基于移动网络的社交应用程序，如微信、腾讯QQ等。此外，如小红书、bilibili、快手、抖音等主攻视频类的应用程序也越来越显示出社交化的特点。在内容生产方面，用户生成内容

① 杨晓.个人IP于品牌发展的利与弊［J］.国际公关，2024（3）：27-29.

（User Generated Content，UGC）往往成为中长视频类应用程序的显著特点之一。

社交媒体首先是数字的。新媒体中的“新”自然与传统媒体的“旧”是相对的，新媒体与传统媒体最大的区别就是数字化和网络化。数字化和网络化意味着信息的及时发布、海量化存储、节点化传播、多样化表达等特点。社交媒体作为新媒体的一种类型，自然具备新媒体的全部特征。同时，社交媒体是双向的、互动的。社交媒体除了具备传统媒体所具备的特征，还具有其本身的社交性的特点。随着数字网络技术的进一步发展，社交媒体的互动性或者是社交性得到了进一步体现，除了评论、弹幕、分享等显性行为，互联网中存在的所有行为无不是以建立连接为目的的。换言之，连接是互联网的本质，而社交媒体只不过是进一步放大了互联网中“连接”的特点。今天我们已身处社交媒体时代，似乎所有的网站或者网络程序都不同程度地带有社交的功能——甚至一些不应当具备社交功能的应用程序也要与社交挂钩。尽管仅仅通过是否有社交功能来判断一个媒体是否是社交媒体太过笼统与武断，而当一个个性化的概念泛化发展为行业普遍现状之后，似乎就没有独特存在的必要了——今天的社交媒体就陷入了如此困境之中。社交媒体时代恰好可以填补社交媒体存在的理论与现实之间的沟壑。社交性和互动性成为新媒体的主要特征，也构成一个全新的媒体环境。

结　论

从海德格尔到基德勒，人类对于媒体的研究在不断深化，媒体早已不再是内容的载体，而是构成了我们日常生活的生态，对社会的方方面面都产生影响。社交媒体的出现、流行、普及构造了一个全新的媒介生态环境，也改变着诞生于传统媒体时代的公共关系。弗里德曼在《世界是平的：21世纪简史》一书中描绘了一个平等且开放的世界愿景。“在平坦的世界里，经济竞争会越来越激烈，竞争对手会越来越多，我们……必须工作更勤勉、行动更迅速、头脑更灵活才能在平坦的世界里更好地合作、竞争与创新。最重要的竞争是和我们自己的竞争，我们要努力激发自己的想象力并着手行动。”[①]而如今，在社交媒体的浪潮下，我们已能窥见一个充满平等、开放、多元和包容特征的公共关系新世界正在悄然成形。这不仅是一种值得欣喜的现象，更是历史发展的必然结果。随着媒体技术的日益成熟与公共关系的持续演进，我们似乎更有理由期待一个更加平等、更加有担当的公共关系新时代的到来。

第三节　公共关系管理四步法

一般来说，公共关系管理职能的发挥需要一个四步式的过程，这一过程最早在《有效的公共关系》一书中提出，即所谓“公共关系四步骤管理法”。目前来看，几乎所有对公共关系管理的理解都处于这个范畴之中。根据卡特里普的观点，这四个步骤包括定义公共关系问题（Defining Public Relations Problems）、规划与安排（Planning and Programming）、采取行动和沟通（Taking Action and Communicating）和评估项目（Evaluating the Program）。

一、发现与界定问题

发现与界定问题是公共关系管理的第一步，它开启了四步骤的运作

① 弗里德曼.世界是平的：21世纪简史［M］.何帆，肖莹莹，郝正非，译.长沙：湖南科学技术出版社，2008：508.

过程。公共关系发现与界定问题的过程，不仅是对组织熵值进行管理的过程，而且是公共关系自身价值的体现，这是公共关系发挥管理职能的基本要素。

（一）调查与研究

对于组织所处社会环境的监控是公共关系的重要职能，同时也是开展公共关系管理工作的信息来源。这种监控的目的并不在于监控本身，而是通过观察以实现信息采集和数据分析工作，并且向组织的管理层提供。也就是说，需要公共关系根据目前所处的情况发现问题。当然，这里的问题并不都是负面的、需要被解决的，任何可能影响组织下一步实质行动的、值得被关注的事件都构成了公共关系所面对的问题。因此，公共关系就需要时刻监控组织所处的社会环境，当然其前提是公共关系处于一个开放性的模式之中。公共关系“首要的任务是通过研究整理出所有的相关事实，以便使得这一举措能得到解释并且对于相关的人们来说是合理的”①。组织首先需要摈弃以直觉面对公众、开展传播的惯习，当然这也和公共关系未能向组织提供建设性意见是有关的。问题不在于公共关系是否应该向组织提供研究结论——这往往是被忽视的关键点，而在于公共关系的研究结论是否具有针对性和可操作性。正如难以想象一个无法对社会提供任何价值的组织仍然能够在社会上存在一样，无法为组织提供价值的公共关系也不应该有存在的必要。近年来，社会科学领域存在的量化研究趋势加剧了对开展公共关系研究工作的轻视。对于需要数据、方差图和组态分析表的专家来说，处理“无法测定的抽象问题”的公共关系工作似乎不应该占据他们的时间。也许问题并不在于公

① 卡特里普，森特，布鲁姆.有效的公共关系［M］.明安香，译.8版.北京：华夏出版社，2002：289.

共关系的研究方法，而在于从业人员在某些方面的原因导致公共关系无法给组织提供价值。

不去开展调查研究，公共关系就只能依靠直觉去应对问题，如此一来雇主就只能寄希望于他雇用了一个有经验的公共关系从业人员。只有在实地调查研究与科学分析的基础上，公共关系才能得出计划、行动与评估等方面的建议。因此我们说，调查研究就是在开放性模式中进行信息采集与数据分析，这种整合工作应当有利于组织认识到目前自己所处的位置，以减少决策时的不确定性和盲目性，不调查、不学习、不研究、不思考、不分析就做出决定，不管是哪个行业的从业人员都注定会被淘汰。

（二）确定问题

当下，对于人工智能生成内容的广泛“研究”与使用已经使得信息的获取工作变得更加简洁，但是对于信息的整合与解释工作却仍然要求公共关系从业人员保持着充分的问题意识、效果意识和公众意识。公共关系必须以研究为导向。研究（research）看起来是一个很高深的词语，但是从公共关系的实际工作来看，研究仅仅需要对变化持有欢迎态度。组织所处的社会总是处于变化之中的，研究的目的就是注意到变化、找出变化、分析变化，而不是等待着变化影响甚至摧毁组织以后，再去考虑如何维护组织形象的问题。公共关系中的研究本质上是一种管理活动，是在计划、行动与评估之前所进行的信息投入，这种工作决定了公共关系管理职能的发挥。越是能够开展好研究工作的公共关系从业人员，就越会脱离技术工作而成为管理工作的参与者，尽管后者仍需要过硬的技术工作支撑。

公共关系研究的目的在于确定组织所面对的问题。封闭系统中的组织的问题由自己决定，会想当然地觉得自己需要做什么事情，这样一来，公共关系就必须去做一些善后工作。公共关系的开放性模式是从组织所处的社会变化中找寻问题，并且尽力将其处理在萌芽状态之中，或者通过改变自己以尽快适应社会变化，就像明尼苏达州北部电力公司那样；或者通过自己的努力以尽量改变社会——尽管后者在中国看起来是天方夜谭，但是在美国还是存在着产值达百亿美元的庞大的院外游说活动。我们反复强调公共关系问题管理的职能，“持续不断的事实调查可以揭示出许多的问题，这样就可以在它们变成了重大的公众问题之前，仍然小得足够便于采取纠正与传播行动”[①]。研究需要得出这样一个结论：现在，组织面临着什么问题？它包括对于问题的具体陈述、为什么这个问题会影响到组织、什么时候这个问题值得关注了、前期公共关系做了什么努力、为什么公众会关注这个问题、公众所关注的核心点是什么等。这些其实都可以放在“对于问题的具体陈述要求”大框架下面，内容务必建立在调查研究和资料整合的基础上，并且以客观阐述的方式呈现。同时，将问题来源或者解决方法暗示于其中并非一个好主意，这样容易形成先入为主的偏见而限制了问题解决的思路。需要注意的是，公共关系问题研究报告——姑且如是称呼以上内容——可能会是在一个慢条斯理的环境中完成的，也可能是在十分紧急的状态中被要求完成的。不管处于什么情况下，公共关系与其他部门之间的合作都是必不可少的。

二、根据目的制订计划

一旦找准了组织面对的问题，公共关系就应当为应对问题的过程设计一整套计划方案，当然需要在组织目标的前提下进行。如果不清楚将

① 卡特里普，森特，布鲁姆.有效的公共关系［M］.明安香，译.8版.北京：华夏出版社，2002：293.

去往何方，那么公共关系走得越远，所带来的偏差也就越大——当代公共关系可能没有这么多的试错机会。

（一）组织的目标结果管理

公共关系制订行动计划的前提是要明确组织的目的——一般来说，公共关系与组织的目的是同一的，但是也存在公共关系与组织之间发生矛盾的情况。事实上，正如前文所述，公共关系或许是组织内部唯一可能与组织发生利益冲突的部门。在明确组织目标以后，以组织目标为行动导向，规定所要取得的具体效果和影响，并在此基础上明确公共关系的行动计划，这种根据目标制订计划的方法被称为“目标结果管理”（Management by Objective and Results，MOR）。一般来说，目标管理通过两个概念发挥作用，即总体目的（goals）和目标对象（objective），总体目的表述的是组织希望实现什么样的状态，包括程度、范围和时间等维度，是战略对象；目标对象是公共关系工作所针对的关键客体，是对于目的达成方向、运行机制和评估标准的客观解释，是战术对象。公共关系通过对于目标对象的工作以实现组织目的，更重要的是公共关系是在组织实现其目标的过程中，和其他部门一起配合而工作的。

一般情况下，组织所希望达到“结果的标准采取可测定的方案效果的形式，通过具体数据来获得”[①]，就公共关系的危机管理范式而言，组织的总体目的往往是恢复到危机爆发前的状态，最好还能利用危机所带来的曝光度将威胁变成提升名誉、扩大市场占有率的机遇。对于公共关系的日常关系范式而言，组织往往希望达到一个新的高度，如城市管理者希望通过某些方式提升城市知名度，并且以此制订相关的行动计划。

① 卡特里普，森特，布鲁姆.有效的公共关系［M］.明安香，译.8版.北京：华夏出版社，2002：317.

（二）计划制订

公共关系的计划制订应当首先明确传播行为对于公众施加影响所希望达成的目标状态，包括知识性结果、倾向性结果和行为性结果三个层次，目标越具体，传播计划、传播行为和效果评估机制就越明确、越有效。在明确了组织所遇到的问题以及希望达成的目标以后，就要确定公共关系工作的落点公众。明确落点公众的意义在于找准公共关系的目标对象、将组织的总体目的具体化，以便开展公共关系工作。公众产生于具体问题，公共关系从来就没有“一般公众”这种抽象概念，“对于公众进行实用的与实际的定义必定代表了某种程度的具体化”[①]。

尽管公共关系从业人员不一定会预料到什么时候会爆发什么危机，但是肯定能预见危机爆发的必然性。如地震、火车相撞、组织个别高级管理人员的不当言论等突发危机，雇员的不满情绪、政府部门可能采取的涉及本组织的一些行动等早期危机，以及城市管理者希望在下一个会计年度中缓解城市道路的拥堵情况等持续性危机。对于危机管理范式而言，公共关系应当做到果断而不是犹豫——在危机爆发时，尽快告知组织所知道的所有真相，多犹豫一秒钟都会加剧公众的不信任感。真诚而不是推诿——和公众真诚沟通以求切实解决矛盾，敢于表达观点，承担而不是推卸责任。对话而不是对抗——坚守公共关系有利于社会的底线，选择调和组织与公众利益的立场，发挥公共关系对于社区的建设性作用。

对于日常管理范式而言，为了在6个月左右的时间内缓解城市道路的拥堵情况，在信息传播方面城市管理者希望通过公共关系达到如下具体目标，如表3-1所示。

① 卡特里普，森特，布鲁姆.有效的公共关系［M］.明安香，译.8版.北京：华夏出版社，2002：321.

表3-1 日常管理计划制订的总体目标和具体目标

<table>
<tr><td colspan="3">总体目标
在6个月左右的时间内缓解城市道路的拥堵情况。</td></tr>
<tr><td rowspan="3">具体目标</td><td>知识性结果</td><td>（1）在计划开始以后的1个月内，城市交通参与者知道城市管理者治堵计划的比例达到90%。
（2）到上一点完成以后的2周内，城市交通参与者知道城市主要堵点、堵时的比例达到90%。</td></tr>
<tr><td>倾向性结果</td><td>（1）在计划开始以后的2周内，市民和城市交通参与者对于城市管理者治堵计划的认可比例达到75%。
（2）在计划开始以后的每个月末，市民和城市交通参与者对于治堵计划实施情况的认可比例达到75%。
（3）在6个月的计划基本结束时，市民和城市交通参与者对于治堵计划成效的认可比例达到75%。
（4）在计划基本结束后的第2年末，市民和城市交通参与者对于治堵计划成效的认可比例达到75%。</td></tr>
<tr><td>行为性结果</td><td>（1）在计划开始后，根据治堵方案错峰出行、多使用公共交通等交通参与者的比重不低于75%。
（2）在计划开始后的每个月末，根据治堵方案参与城市交通的市民比重不低于75%。
（3）在计划基本结束以后的第2年末，能够持续性按照新方案出行的市民比例不低于75%。</td></tr>
</table>

在日常管理范式的计划制订中，知识性结果、倾向性结果和行为性结果应当在总体目标的大框架中展开，于是又延伸出两点关切。其一，组织应当具备一个相对完善的信息传播系统，即便它不一定是由公共关系部门运营的，但是公共关系部门总是和这样的系统具备完全的联系。组织内部的信息传播系统“必须是普遍接受的准确信息的来源”[①]。这种被接受性和可靠性的确立不能仅在问题待解决的过程中，而应当把工作做到平时，以“7/24”的模式持续不断地发挥信息传播和交流中介的作用，

① 卡特里普，森特，布鲁姆.有效的公共关系［M］.明安香，译.8版.北京：华夏出版社，2002：329.

并且是作为组织的可靠组成部分而存在的。其二，公共关系的日常管理范式应当和其他工作结合起来，并且只能成为“锦上添花”的存在。

三、采取行动

当组织所面对的问题被提出并且制订了应对方案以后，传播就紧跟在发现事实和战略策划之后。尽管很难而且不应当提出一个放之四海而皆准的行动方式，而要把组织所面对的问题、希望实现的目标以及作为落点的公众作为考虑因素而进行具体分析，但是如下问题还是值得考虑的。

（一）行动与传播的协调

当代公共关系不仅帮助组织做出传播的决定，还为组织规定了具体的传播路径，这种审查只会越来越具体。做什么、怎么做，公共关系根据不同的情况会有不同的答案，关键在于实现行动与传播的协调。

作为一个开放性系统，公共关系不仅需要与组织保持协调，同时也要整合组织行为与传播之间的关系，实现“言行一致”。如果组织所面对的情况已经产生了问题，那么需要解决的是这个问题本身，而不是通过传播去粉饰问题。强生泰诺危机是个将组织的行动战略和传播战略协调一致的经典案例，在强生发现市面上流通的泰诺胶囊中存在氰化物并造成了几人死亡，而这又引发了全国性的恐慌反应以后，采取了如下行动战略和传播战略（表3-2）。

表3-2　强生泰诺危机中的行动战略和传播战略

行动战略	（1）停止生产并召回所有泰诺胶囊产品。 （2）和地方警察局、药品监督管理局建立联络关系。 （3）以充分实验证明药品本身无问题，投毒是一次偶发性事件。 （4）在重新投放市场前设计新的胶囊包装。

续表

传播战略	（1）撤回所有泰诺广告。 （2）通过全国性和地方性媒体向公众发出警告。 （3）公司高管通过记者招待会、电视直播向公众介绍情况。 （4）公司内部高级管理人员每天开两次会讨论问题，并及时在内部通报。 （5）通过市场营销公关逐步将产品重新投放市场。

强生对于泰诺危机的应对将行动战略和传播战略紧密结合了起来，坚守了公共关系有利于社会的底线。这证明了“公共关系是一个基础性的业务，证明了最佳的公共关系决定是与可靠的商业实践和负责任的企业理念紧密相连的”①。公共关系要想影响组织的实质性决定，就必须参与到行动战略的制定和执行过程中，就像行动战略也要参与到传播战略的制定和执行过程中一样，以实现双方的协调。

（二）信息建构的影响因素

公共关系所传播的信息如何发挥作用，这里我们又回到了公众这个关键话题上来。公共关系应当设身处地地为公众着想，为了了解客户、投资者和雇员的需要而进行有效的信息编码。不同的公众落点决定了不同的传播方式，对于投资者来说，公共关系需要给出明确的结论，并且通过可视化图表展开论证。目前主流观点认为，投资者关系应当以主动、精细、互动为主要抓手，“在确保依法合规信息披露的基础上，真实、准确、完整、公平、及时、透明地与投资者沟通交流，实现投资者关系工作的价值”②。对于雇员来说，公共关系要能够通过传播与对话实现信任

① 卡特里普，森特，布鲁姆.有效的公共关系［M］.明安香，译.8版.北京：华夏出版社，2002：23.

② 潘功胜，等.上市公司投资者关系管理［M］.北京：中国金融出版社，2008：103.

关系的建立，很难想象组织与雇员之间相互不信任的组织能在有利于社会方面有多少建树。另外，高效、扁平的传播信道的形成并不能直接导致组织中信任关系的建立——雇员是否对组织存在认可，这不是公共关系一方能够解决的问题。不能指望辛苦劳作却总是有着被剥夺感的雇员能够无私付出，而此问题的关键点并不在雇员身上。对于外部公众来说，要能够找到他们关心的核心问题并进行及时、有针对性的解释。不管是何种形式的遮遮掩掩、自欺欺人、迟报瞒报——这种在当代公共关系中已经被淘汰的选择，所淘汰的是组织本身。

公共关系还根据不同的传播媒介进行不同形式的呈现，即选用与公众立场、习惯和认可度最为接近的媒介。季报、短视频、H5广告等各种形式都有自己对应的接收方，那些习惯了通过短视频平台获取信息的公众不大可能去通过白纸黑字的报表来获取信息，这种方式对于此类公众的有效性是存疑的。此外还有社群——不同的媒介造成了不同的小圈子，谨慎的信息建构要利用好社群这一关键催化因素，注意随时可能产生的爆点。每个具体的公众都可能隶属于不同的社群，在选择性接收机制的影响下，人们往往更倾向于接收与自己利益相关的信息，因而社群的影响往往比媒体的影响要大。同时信息建构的非预期效果也要注意。由于编码方和解码方往往处于不同的意义空间，因此公众不一定会按照公共关系所赋予的意义去理解信息。

信息传播不一定会改变公众的观点，更毋宁说产生行动性的转变，更多的情况下它会加剧组织与公众之间的对立，尤其是在组织的传播行为直击公众成见的时候。由于公众与客观事件的区隔，导致“公认的典型、流行的样板和标准的见解，都会在人们接收信息的过程中产生阻碍作用”[①]。成见并非负面因素，这是公众在面对巨大世界时的自我保护，

① 李普曼.公众舆论［M］.阎克文，江红，译.上海：上海人民出版社，2002：72.

“是对我们自尊心的保护，是投射在这个世界上的我们自身的意识、我们自身的价值观念、我们自身的立场和我们自身的权利”。李普曼将其称为“传统的堡垒”，“在这个堡垒的庇护下我们可以继续心安理得地坚持我们的立场”[①]。

四、效果评估与反馈

效果评估的意义在于说明公共关系的效果。言行一致、效果达成、收益与行为之间的关系……如果没有一个可科学说明的结果作为依据的话，很难说明公共关系在传播行为和最终结果之间发挥了什么建设性作用。对于组织来说，基于成本的考量所带来的对于公共关系投入与收益之间的比重，既是公共关系影响力的说明，也是在下一次裁员中保留该部门的理由。

公共关系传播不能被想当然地认为是产生了效果，只有当它赢得了投资者的支持、强化了雇员的信任和归属感、获得了更多外部公众的支持并且扩大了组织的市场占有率、同时组织还能以某种方式明示其影响力的时候，公共关系才能够被认为是有效果的。对于公共关系效果的评估，需要通过全面的信息收集和客观阐释来表述效果达成，而不能先入为主地提出“成绩是主要的”，通过有选择的内容来支持已经做出的决定。效果评估的主要内容包括三个方面：公共关系计划的合理性、行动与计划的差距及其原因、实际效果与预期效果之间的差距及其原因。如果能客观回答好这三个问题的话，效果评估的目的也就达到了。

评估的意义不仅是公共关系传播效果的证明，更是组织下次传播的

---

① 李普曼.公众舆论［M］.阎克文，江红，译.上海：上海人民出版社，2002：78.

起点所在——如果组织的公共关系还没有将组织拖垮的话。研究的意义在于陈述现在所处的位置，以明确将来的方向，今天对于项目影响的评估应当反馈到组织传播行为的矫正中去。

公共关系的管理过程——发现与界定问题、根据目的制订计划、采取行动和效果评估与反馈不是完全分离的四个步骤，这是一个在评估与反馈基础上的循环式提高。公共关系要有问题意识、效果意识、公众意识，与其他部门分工协作，推动组织传播与行动的协调高效，在组织的每一步传播过程中树立公共关系有利于社会的理念。

第四节　博弈论与当代公共关系

从博弈论（Game Theory）的视角、使用经济学的方法研究公共关系是一个很新颖的角度，目前西方一些国家已经开始了相关的理论研究，但在中国还属于比较新的领域。本节主要从博弈论的视角探讨公共关系危机应对中的稳定性策略，并对于能够有效推动组织可持续发展的路径进行数学论证。

一、博弈论与公共关系

在公共关系研究中引入博弈论的观点，目的在于对组织的行为进行合理化分析，以促进“组织—公众”良好关系的建立、维护和管理，实现双赢。

（一）对于博弈论的研究

博弈论是研究理性智能体（agent）如何在复杂交互环境中进行策略

决策的数学理论与方法[①]，目的是通过博弈让自己的利益最大化。但是基于自身利益最大化的选择从整体上看并不一定能带来集体利益的最大化，因为在现实的社会生活和自然界的演化中，“合作”起到了关键性作用，从而陷入阿尔伯特·塔克（Albert Tucker，1905—1995）所提出的所谓囚徒困境当中。塔克认为，个体利己的、非合作的、理性的决策会导致团体的集体不理性，原本可能共赢的决策在每个个体行动者理性选择后被瓦解，造成双输的后果。马丁·A.诺瓦克（Martin A. Nowak，1965— ）将囚徒困境博弈放置于一个具有网络结构的群体中，根据合作形成的微观过程，总结了五个有利于合作达成的机制[②]，提示了竞争与合作是共存的关系。因此，要想实现博弈中的双赢，实际上是实现整体利益的最大化，这就要求博弈中的各方主体除了考虑自身的利益，也要将他方利益以及双方博弈和合作的共识考虑在内。

根据不同的标准，可以将博弈分为不同的类型。从博弈双方之间有无约束力协议上看，可分为博弈双方之间具有约束力协议的合作博弈和不具有约束力协议的非合作博弈；从行为的时间顺序上看，分为静态博弈和动态博弈。静态博弈是指在博弈行为中，参与行动的双方同时或非同时选择行动，但后行者不知晓先行者采取了何种行为的博弈模式；动态博弈是指参与博弈的双方在行动上有先后顺序，且后行者知晓先行者选择的行动的博弈模式。此外，根据参与博弈的主体对其他主体的了解程度不同，博弈也可分为完全信息博弈和不完全信息博弈。在完全信息博弈中，每位行动者都对他人的特征、行动策略和收益有准确的信息；而在不完全信息博弈中，行动者对他人信息不知晓或知晓程度较低。

---

① BAŞAR T，OLSDER G J. Dynamic noncooperative game theory[M]. 2nd ed. Philadelphia：Society for Industrial and Applied Mathematics，1999：2.

② NOWAK M A，et al. Five rules for the evolution of cooperation[J]. Science，2006，314(8 December)：1560-1563.

（二）博弈论视角下的公共关系实践模式

在公共关系研究中引入现代博弈论的一些概念，源于对格鲁尼格提出的“双向对等模式”的批评。一些学者发现，格鲁尼格“双向对等模式”的例证多为反证，论证对等模式的优越性是建立在对于非对等模式的失败性的分析上，少有直接的实证。同时，模式过于概念化，实际操作经验被简化，与现实情形有较大差距[①]。从公共关系实践上看，公共关系的实质是组织和公众的博弈，即无论是组织的社会形象、在公众中的信誉还是口碑，都是组织和公众在策略选择和运行中较量出来的结果。在组织的公共关系运作中，如果组织想要与公众达成长期、合作、稳定的关系，必然要在每次公共关系行动中传播最有利于自身的信息。同时，公众能通过可观察到的组织行为来推断组织是否能够满足自身的期待，再决定是否与组织产生联系或修正信息。在此行动过程中，组织作为行动的先行者，能够预测到自己的行为会被作为后行者的公众利用，因此也会在“前馈”过程中修正和选择对自己最有利的信息与行为。同样，这种博弈行为不是一次性的，而是循环往复的，公众和组织各自都在博弈的过程中不断地修正和选择自身的行为与信息，试图寻求出最佳决策来实现自身的利益最大化。这种公共关系行为的实践，是上述非合作博弈中完全信息动态博弈的体现。

无论哪种公关运作模式都体现了博弈论的思想，博弈论也为公共关系带来了更为科学的思考路径。“组织—公众”关系在建立和维护的过程中，不可能完全满足组织的期待，一个长期、稳定的关系也可以称为“关系合作”，在这种“关系合作”中必然需要合作双方的真诚、理解、交流、协调和妥协。协调好组织和公众的利益冲突，在不损害双方

① 郭惠民.博弈论与现代公共关系研究［J］.国际公关，2006（3）：46.

利益的情况下，尽可能地为两方都寻求利益最大化的决策，这是博弈论帮助组织和公众之间建立和维护长期、稳定的关系的关键。因此，博弈论为公共关系带来了更为科学的思考路径。德雷塞尔大学（Drexel University）的普里西拉·墨菲（Priscilla Murphy）教授认为博弈论注重沟通谈判过程中的“循环反应”，双方在博弈过程中不断修正自己的立场，有机会和可能达成双赢的目标①。

当下，博弈论不仅在理论层面形成了较多成果，在商务谈判、市场营销、舆情监测等领域都体现了其实践价值。国外一些学者从20世纪70年代开始关注博弈论在公共关系中的应用，卢卡斯（Lucas）曾在1972年提出博弈论试图为具有不同目标取向的各方参与者提供一种理性行为上的标准化指导②；墨菲于1988年论述了博弈论与公关决策的关系，指出博弈论的本质是帮助公关目标进行排序和制定最佳战略等③。国内一些学者如郭惠民认为博弈论的最新研究成果值得中国公共关系学者认真研究并引入。陆舰认为博弈论并不能完全取代公关操作者有价值的本能和经验，但能从定量的角度上对本能或经验等进行补充，并将之导向最佳的决策④。总体来看，在公共关系中引入博弈论的意义在于促进组织与公众之间长期稳定关系的建立、维护和管理，尽可能避免“双输”或“零和博弈”的局面。此外，可以从博弈论的视角讨论组织在危机公关应对中的稳定性策略选择，最终得出有效推动组织可持续发展的路径。

---

① MURPHY P. The limits of symmetry：a game theory approach to symmetric and asymmetric public relations［J］. Public relations research annual，1991（1）：115-131.

② BOTAN C H，HAZLETON V，Jr. Public Relations Theory［M］. NJ：Lawrence Erlbaum Associates，1989：12-14.

③ BOTAN C H，HAZLETON V，Jr. Public Relations Theory［M］. NJ：Lawrence Erlbaum Associates，1989：12-14.

④ 陆舰. 博弈论视野中的公关决策［J］. 公关世界，2000（6）：21-23.

组织在进行危机公关时，应当以维护公众认可度与忠诚度为导向，直面公众质疑、疏导公众情绪、主动担当责任、真诚解决问题。而建立良好“组织—公众”关系的根本，是组织能够为公众提供优质的产品或服务。

二、研究方法：博弈模型的构建

可通过构建组织与公众的博弈决策树，从博弈理论模型的角度得出组织和公众在不同博弈关系下的损益值，明确组织和公众的不同态度达成双赢或者双输的情境选择。

（一）变量的设定

可设定发生危机的组织作为一个博弈方，公众作为另一个博弈方。发生危机后组织会产生一定的损失，损失后的组织价值为K。

危机发生后，组织在公众做出反应前回应的概率是P1，保持沉默的概率是1–P1。此时，组织回应的成本为C，消费者会获得q1的补偿。公众接受组织回应的概率为P2，此时组织的收益为R1；公众不接受组织回应的概率为1–P2，此时组织的损失为L1。在公众不接受组织的回应后，会产生抗议，抗议的成本为s1。此时，组织回应的概率是P3，回应的成本为C1，产生R2的收益。组织仍然不回应的概率为1–P3，会产生L2的损失。

对于保持沉默的组织，组织会产生L3的损失。公众接受的概率为P4，组织的收益为R3；若不接受，公众进行抗议，抗议的成本为s2，此时组织回应的概率是P5，回应的成本为C2，消费者会获得q2的补偿，产生R4的组织收益。组织仍然不回应的概率为1–P5，会产生L4的损失。

根据上述假设和变量设定，构建组织和公众两方博弈关系图，其决策树如图3-1所示。

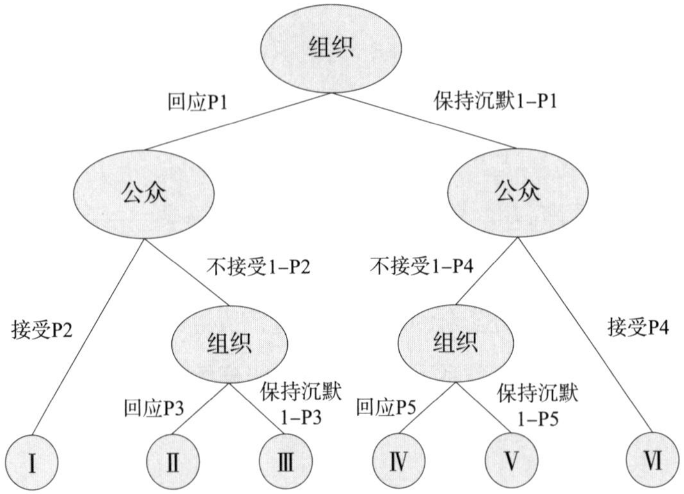

图3-1　组织和公众博弈决策树

图3-1中的第一层是组织的决策，当危机事件发生后，组织可以选择回应或保持沉默。第二层是公众在组织做出行为后进行的接受或不接受的决策。第三层是组织在面对公众不接受自己的回应或沉默后进行的决策，即二次回应或继续保持沉默。最后一层是所有的博弈决策路径最终会产生的收益。在实际情况中，本决策树可以无限扩展。

（二）对博弈状态的分析

下文将通过实证分析在危机事件发生后，组织和公众选取何种路径能得到最大的收益，获得的收益用损益值表示，损益值是利润的损失或利润，若数值为正即为利润，若数值为负即为损失①。根据图3-1，分析组织和公众在六种博弈关系下的两方损益值，如表3-3所示。

① 岳超源.决策理论与方法［M].北京：科学出版社，2003：4-5.

表3-3　组织和公众在六种博弈关系下的两方损益值

博弈状态	组织损益值	公众损益值
Ⅰ	K–C+R1	q1
Ⅱ	K–C–C1–L1+R2	q1–s1+q2
Ⅲ	K–C–C1–L1–L2	q1–s1
Ⅳ	K–L3–C2+R4	–s2+q2
Ⅴ	K–L3–C2–L4	–s2
Ⅵ	K–L3+R3	0

由表3-3可见，在组织的损益值中，博弈状态Ⅰ、Ⅱ、Ⅲ均是在组织回应下获得的损益值，可以发现状态Ⅲ得出的数值最小，即损益值最小。因此，组织回应但公众不接受，公众抗议后组织选择回避，此时公众和组织获得的利益最小，损失最大。这种情况即为双输，在双输的局面下，组织和公众之间的关系必然难以维持和稳定。

Ⅳ、Ⅴ、Ⅵ为组织沉默状态下的博弈状态，其中，状态Ⅴ的组织损益值最小，公众损益值最小。即当危机事件发生时，组织先沉默，公众不接受组织不回应的行为，但组织依然选择沉默。在这种状态下，公众损益值小且恒小于0，这种情况也是双输。

当$R1>R2-L1-C1$时，会出现两种情况。一是$q2<s1$，即公众在不接受组织回应的情况下，组织选择二次回应后公众获得的收益比抗议的成本小，此时对组织和公众来说，状态Ⅰ为最优选择，此时的状态为双赢；二是$q2>s1$，即公众第二次获得的收益大于抗议的成本，对组织来说状态Ⅰ为最优解，而公众的利益会受到一定的损失。反之（$R1<R2-L1-C1$），当$q2<s1$时，组织在状态Ⅱ的情况下获得最优解，而公众的利益会受到一定的损失；当$q2>s1$时，状态Ⅱ为双赢。以上提到的公众利益会受到一定的损失，只是相对组织来说的，因为公众已经获得了来自组织的补偿，所以从二者的整体损益值来看，该情况可以为较好的选择。

当 $R3>R4-C2$ 时，会出现两种情况。一是 $q2>s2$，此时对于组织来说，状态Ⅵ获得的收益大于状态Ⅳ，但公众的利益会受到一定的损失；二是 $q2<s2$，此时组织选择状态Ⅵ，可以实现双赢。值得注意的是，在第Ⅵ中博弈状态中，可以发现公众的损益值为0，即无论组织做出什么行为，这一类公众依然选择支持组织，这种情况在实际情况中出现的概率极小，几乎可以忽略。

综上可得，在状态Ⅲ和状态Ⅴ的决策下，获得的是双输局面；在一定条件下，选择路径Ⅰ和Ⅱ能够达到双赢局面。

（三）对公众态度的分析

在六种博弈状态中，公众的态度仅反映在是否接受组织的行为上，即是否接受组织的回应或保持沉默。设组织的损益期望值为EXi（i=1，2，3，4），公众的损益期望值为EYi（i=1，2，3，4），其中事件S1={组织回应，公众接受}、S2={组织回应，公众不接受}、S3={组织沉默，公众接受}、S4={组织沉默，公众不接受}。Xi ∈ {Si}，Yi ∈ {Si}，i=1，2，3，4。表3-4为组织和公众的损益期望表。

表3-4　公众态度带来的组织和公众的损益期望表

组织	公众	组织损益期望（EXi）	公众损益期望（EYi）
回应	接受	K−C+R1	q1
	不接受	P3（L2+R2）+K−C−C1−L1−L2	P3q2+q1−s1
沉默	接受	K−L3+R3	0
	不接受	P5（R4+L4）+K−C2−L3−L4	P5q2−s2

在事件S1中，

$$EX1=K-C+R1 \tag{1}$$

$$EY1=q1 \tag{2}$$

在事件S2中，

$$\begin{aligned} EX2&=P3(K-C-C1-L1+R2)+(1-P3)(K-C-C1-L1-L2) \\ &=P3(L2+R2)+K-C-C1-L1-L2 \end{aligned} \tag{3}$$

$$EY2=P3(q1-s1+q2)+(1-P3)(q1-s1)=P3q2+q1-s1 \tag{4}$$

在事件S3中，

$$EX3=K-L3+R3 \tag{5}$$

$$EY3=0 \tag{6}$$

在事件S4中，

$$\begin{aligned} EX4&=P5(K-L3-C2+R4)+(1-P5)(K-L3-C2-L4) \\ &=P5(R4+L4)+K-C2-L3-L4 \end{aligned} \tag{7}$$

$$EY4=P5(-s2+q2)+(1-P5)(-s2)=P5q2-s2 \tag{8}$$

从整体博弈状态的分类来看，公众的态度可以分为以下几种：

首先，当$R1>R2-L1-C1$时，有两种情况，一是$q2>s1$，二是$q2<s1$。当$q2>s1$时，若$p3>s1/q2$且$p3>C1+L1+L2+R1/L2+R2$时，S2为最优解。但因为$p3\in(0,1)$，但$C1+L1+L2+R1/L2+R2>1$，所以该情况不成立。若$1>p3>s1/q2$时，S1为组织的最优解，公众利益受到一定损失，但从整体上来看这一选择为双赢。当$0<p3<s1/q2$时，$EX1>EX2$，$EY1>EY2$，所以S1对于公众和组织来说都是最优解，为双赢。当$q2<s1$时，$EX1>EX2$，$EY1>EY2$，同样S1对于公众和组织来说都是最优解，为双赢。

当$R1<R2-L1-C1$时，有两种情况，一是$q2>s1$，二是$q2<s1$。当$q2>s1$时，若$s1/q2<p3<\min\{C1+L1+L2+R1/L2+R2,1\}$时，S1为组织的最优解，公众利益受到一定损失。若$p3<\min\{s1/q2,C1+L1+L2+R1/L2+R2,1\}$时，S1为双赢。若$p3>\max\{s1/q2,C1+L1+L2+R1/L2+R2\}$时，S2为最

优解。当$q2<s1$时，$p3<\min\{s1/q2,C1+L1+L2+R1/L2+R2,1\}$时，S1为组织的最优解，公众利益受到一定损失。若$p3>C1+L1+L2+R1/L2+R2$时，S2为最优解。

当$R3<R4-C2$时，有两种情况，一是$q2>s2$，二是$q2<s2$。当$q2>s2$时，若$P5>\max\{s2/q2,R3+C2+C4/R4+C4\}$，S4为双赢。当$q2<s2$，且$P5>R3+C2+C4/R4+C4$时，S3为双赢，反之，S4为组织的最优解，公众利益会受到一定损害。

总的来说，在大多数情况下，S1能够达到双赢的状态，即组织回应且公众接受。虽然在一定场景下，S2、S3、S4也能够获得双赢局面，但这些场景在现实生活中出现的概率较小。因此，从公众态度的整体上来看，组织回应产生双赢状态的概率高于组织沉默下产生双赢的概率，故当公关事件发生后，组织选择回应能够在更大概率下获得最优解。

（四）对组织态度的分析

同样，在组合和公众的博弈行为中，组织的态度只有两种，即回应或保持沉默。这里将对组织的两种态度会带来的损益期望展开分析。设组织的损益期望值为EXi（$i=1，2$），公众的损益期望值为EYi（$i=1，2$），其中事件S1={组织回应}、S2={组织沉默}。$Xi\in\{Si\}$，$Yi\in\{Si\}$，$i=1，2$。

在事件S1中，

$$EX1=P2(K-C+R1)+(1-P2)[P3(L2+R2)+K-C-C1-L1-L2]$$

$$=P2(R1+C1+L1+L2)+P3(R2+L2)-P2P3(L2+R2)+K-C-C1-L1-L2 \quad (9)$$

$$EY1=P2q1+(1-P2)(P3q2+q1-s1)=P2s1+P3q2+q1-s1-p2p3q2 \quad (10)$$

在事件S2中，

$$EX2=P4(K-L3+R3)+(1-P4)[P5(R4+L4)+K-C2-L3-L4]$$

$$=P4(R3+C2+L4)+P5(R4+L4)-P4P5(R4+L4)+K-C2-L3-L4 \quad (11)$$

$$EY2=(1-P4)(P5q2-s2) \tag{12}$$

表3-5为组织和公众的损益期望表。

表3-5　组织的两种态度带来的组织和公众的损益期望表

组织态度	组织损益期望（EXi）	公众损益期望（EYi）
回应	P2（K–C+R1）+（1–P2）[P3（L2+R2）+K–C–C1–L1–L2]	P2q1+（1–P2）（P3q2+q1–s1）
沉默	P4（K–L3+R3）+（1–P4）[P5（R4+L4）+K–C2–L3–L4]	（1–P4）（P5q2–s2）

若想得出组织在危机发生时是回应更优还是沉默更优的结论，需要比较EX1、EX2和EY1、EY2的大小。由于EXi和EYi都是关于p2和p4的函数，因此可以构造二元函数F1、F2。

令：

$$F1(p2, p4)=P2(K-C+R1)+(1-P2)[P3(L2+R2)+K-C-C1-L1-L2]$$
$$-P4(K-L3+R3)-(1-P4)[P5(R4+L4)+K-C2-L3-L4] \tag{13}$$

$$F2(p2, p4)=P2q1+(1-P2)(P3q2+q1-s1)-(1-P4)(P5q2-s2) \tag{14}$$

$$F1'(p2)=K-C-R1-P2[P3(L2+R2)+K-C-C1-L1-L2]=0 \tag{15}$$

$$F1'(p4)=K-L3+R4-P4[P5(L4+R4)+K-C2-L3-L4]=0 \tag{16}$$

解得：

$$P2=\frac{K-C-R1}{P3(L2+R2)+K-C-C1-L1-L2} \tag{17}$$

$$P4=\frac{K-L3+R3}{P5(R4+L4)+K-C2-L3-L4} \tag{18}$$

将式（17）和式（18）代入式（13），可得出F1（p2，p4）> 4K–2C–2R1–2L3–3R3+R1 ⩾ 0。同理可得，F2（p2，p4）⩾ 0，即在危机发生后，组织选择回应会获得更大的收益。

（五）模型的提出

通过以上对六种博弈状态的分析可知，选择Ⅰ能让组织和公众达到利益的最大化，即在危机事件发生后组织及时且态度良好地回应社会关切，能让组织和公众达到双赢的状态。在Ⅱ和Ⅳ的博弈中，如果能在公众对于组织的第一次回应或者组织保持沉默不满意时，组织能够快速有效地进行第二次回应，同样也会收获良好的公关效果。但是由于在现实生活中，组织进行二次公关时会产生大量有形或无形的成本，且在二次公关时仍有失败的风险，故在危机发生后组织在第一时间有效回应社会舆情才是上策。此外，针对两次公关均不满意的情况，例如Ⅲ和Ⅴ，即公众不满意组织的回应或沉默行为时组织依然选择沉默，会对组织和公众都带来一定的损失，从而造成双输的局面（表3-6）。

表3-6 六种博弈状态模型

博弈状态	组织公关态度	公众态度	组织二次公关态度	总收益
Ⅰ 稳健关系型	回应	接受		稳健型双赢
Ⅱ 积极应对型	回应	不接受	回应	风险型双赢
Ⅲ 半途而废型	回应	不接受	保持沉默	双输
Ⅳ 滞后回应型	保持沉默	不接受	回应	风险型双赢
Ⅴ 完全沉默型a	保持沉默	不接受	保持沉默	双输
Ⅵ 完全沉默型b	保持沉默	接受		不讨论

更重要的是，前述决策树在现实生活中是可以无限延展的，所以在

组织的公共关系中，注重长期有效地与公众开展交流沟通才能使公共关系变得更为卓越。特别是在危机事件发生之后，组织公共关系的决策对于组织的社会形象、口碑、商业价值等会产生极大的影响。因此，组织只有不轻视、不敷衍、不回避危机事件，而是能够做到自查自纠、开诚布公地真诚回应才能使“组织—公众”关系长期稳定在双赢的状态之下。

三、双赢博弈对于危机公关的稳定性策略建议

博弈论要求参与方在基于理性的情况下做出自身利益最大化的选择，这种策略明显与格鲁尼格理想中均衡、对称的公共关系存在出入。但博弈论策略可以与公共关系实践互为补充，帮助组织在危机事件发生时寻求最佳合作方案，让组织与公众在沟通和较量中寻求最大利益，从而实现双赢，维护组织和公众之间稳定、可持续发展的良好关系。

（一）真诚解决问题：直面质疑，疏导公众情绪

许多被称为“史诗级公关灾难”产生的主要原因，在于组织与消费者之间的无效对话。而这一对话之所以是无效的，主要在于组织缺乏解决问题的真诚态度。在当前的媒介环境下，组织越来越感受到来自公众的压力、来自个人的力量。在遭遇公关危机时，组织到底是在真诚面对还是敷衍了事，全都能被公众的“火眼金睛”看得一清二楚。由于未能对组织外部环境有准确认识和把握——当然这也从另一个方面印证了组织公关部门缺乏相关专业性——在面对公众质疑时，采用敷衍和答非所问的方式回应舆情，然后再站在道德的制高点上“绑架”“指责”公众。结果可想而知，这样缺乏真诚的态度非但对解决问题没有帮助，反而更加剧了公众的愤怒，并导致更为偏激行为的产生。

当组织遭遇公关危机时，应当在第一时间以真诚的态度直面公众质

疑并予以精准回应。这种回应可以分为三个关键节点。一是在公关危机初有苗头、一点即燃之际，组织应当在对相关舆情持续监测和关注的基础上做好“前馈”工作，力争在舆论爆发之前解决好相关问题，平息物议。二是在公关危机爆发之时，组织应当准确把握外界对危机事件关注的焦点，站在社会和公众的角度思考，不逃避公众提出的疑虑、不回避公众质疑，用真诚和平等沟通的态度回应社会关切，用切实可行的方法解决公众提出的问题，疏导公众的情绪、寻求公众的谅解，缓和组织与公众之间的关系。三是在基本渡过危机以后，组织还应当对整体事件进行复盘分析，找准每一个关键节点中本应避免的失误，形成常态化、稳定化的应对机制，并将解决方案向社会公开。无论传播的主体、场域、渠道怎么变，危机公关应对的本质都是认真改正错误和真诚解决问题。

（二）主动担当责任：平衡商业利益与社会效益

当“危机公关”变身为“公关危机”时，对组织形象与组织发展造成的危害是不可估量的。即使随着时间的推移，组织所遭遇危机事件的话题度和影响度会相对减弱，但在这一过程中，组织为了挽回自身口碑和形象会投入大量有形或无形的成本，而且公众对组织信任度和认可度的降低，也难以在短期内恢复。特别是在市场竞争十分激烈的当下，做好危机公关是组织得以稳定发展的必要举措。

组织要想建立良好的“组织—公众”关系、树立品牌形象以期获得更好的发展，必须认清自身的品牌站位，将商业利益和社会效益“双肩挑”。虽然不能强求一个以营利为目的的组织完全放弃自己的商业性质去争取社会效益，但是在自己的营利目标和社会公共利益发生明显冲突时，如何做出抉择则是考验组织的试金石。在危机事件发生后，组织应认真反思自身的问题并真诚地承认错误，对自身的行为带来的一系列不良社会影响表达歉意，承担其应有的社会责任，体现企业家精神，展现品牌担当与格局。同时，对于事件中的利益受害者群体表示关心和补偿，才能让公众感受到组织的真诚，重新赢得公众的信任和支持，获得舆论认同感。这样的危机公关决策不仅能让组织获得最大的效益，也能让公众收获最大的尊重，从而达到双赢的博弈状态。

此外，在如此双赢的博弈局面下，组织在日常的公共关系实践中也要关注市场和公众的前馈与反馈，积极与公众展开双向平等的沟通与交流，主动发现问题，防止危机产生，让组织和公众长期稳定在双赢决策之下，才能有效维系长期稳定的“组织—公众”关系。

（三）尊重公众：维护公众的认可度与忠诚度

组织务必要尊重它所面对的公众，无论是组织的首要公众、次要公众还是边缘公众。很明显，在一些失败的公关事件中，很难看出组织对于公众的尊重态度。

尊重公众最根本的是要能够实际满足公众的需要，组织首先应当向社会提供高质量的产品或服务，在这个基础上才有可能通过传播、广告、营销或者其他手段建立组织形象、维护“组织—公众”关系，这也是组织社会声誉的根本来源。

（四）提供优质服务：建立良好“组织—公众”关系的关键

从根本上说，一个组织的社会声誉来自它能否向社会提供高质量的产品或服务。公共关系所能维持的组织与公众之间的良好关系，是以组织所能提供的产品或服务能够满足公众需要为前提的。而在普遍供给过剩的市场环境中，作为买方的消费者在交易上处于优势地位，对于卖方的选择具有极大的或然性。消费者之所以会选择特定组织的商品或服务，消费体验在其中的作用越来越大。消费者越是信任组织，从产生消费需求到付诸消费行动之间的时间间隔就越短，组织被选择的可能性就越大——这也是近年来各主要品牌都在强化服务意识的原因之一。但是，强化服务意识不能舍本逐末，其前提条件是消费者对于组织的信任，而这又是建立在组织能够为社会提供高质量的产品或服务的基础之上的。也就是说，组织首先需要满足消费者的需求，让社会公众产生信任。因此，在组织遭遇公众信任危机的时候，如果仅仅寄希望于公共关系部门的传播行动，无异于天方夜谭。

消费者对商品优质低价、服务满意到位的选择，迫使组织不断组合最优技术，以满足公众需求、赢得公众信任。在一些被称为“史诗级公关灾难”的事件中，正是因为组织未能理解公众需求的两个层次，导致双方对话最终走向双输的博弈局面。因此，一个组织必须谨记，能够为社会提供高质量的产品或服务才是组织声誉的真正来源。[①]

第五节 伦理选择：义利之间的夹缝行走

20世纪80年代初，当代公共关系理念引入中国，一批有识之士投身于公共关系知识传播和实践探索，并由此产生了中国第一代公共关系职业从业人员。90年代后，中国市场经济体制的确立、信息技术的飞速发展以及客户对于公共关系服务需求的激增构成了公共关系的发展摇篮，直接促成了公共关系行业的诞生。进入21世纪以后，中国公共关系行业伴随着全球化、产业化、信息化的进程而逐年发展，行业年营业额不断提高，行业市场规模不断扩大，行业从业人数也不断增长。但在新的互联网及媒体语境下，“去中心化”的传播场域分散了沟通和协商的话语

① 魏修治，赵天琪.博弈论视角下危机公关的稳定性策略分析：以宝马MINI冰淇淋事件为例［J］.中北大学学报（社会科学版），2025，41(3)：116-123.

权力，社会转型期中的经济、文化、技术正在铸就一把悬挂于公共关系行业头上的“达摩克利斯之剑”，让公共关系行业趋于复杂化和风险化。有观点认为，“价值理想和牢固哲学基础的缺失，市场中的实用主义、功利主义、工具理性等带来的伦理冲突，让公关的核心价值、道德规范等基本问题再次成为问题，在新的环境条件下被反复拷问”[①]。不仅如此，中国公共关系学科还面临着合法性抑或学科正当性的外部质疑，公众对公关行业的外部认知如钟摆一般摇荡，处于一种不稳定的状态。同时，公共关系行业的边界随着媒介技术的发展而逐渐模糊。新媒体技术赋予公众对任何事务处理过程与结果简洁、快速、便捷的想象，这一想象也自然地转嫁于公共关系实践当中，使得公共关系行业必须与法务、营销、广告等行业产生交叉，从而形成公众对公共关系“一站式”的期待。这种期待又会反过来助推其他行业对公关行业的“职能侵占”以及行业之间的市场竞争，同时让公众更加难以认清公关行业与广告、营销等行业的区别，从而降低对公关行业“职业正当性”和“存在必要性”的认知。

同样，互联网的发展也使得公共关系从业人员对自身职业的认知感和认同感产生一定的游离。公共关系从业人员可以在互联网中与“被赋权”的公众产生直接的连接与沟通，甚至当危机事件来临时，被要求进行“透明公关实践”的展演，并且接受公众对于危机公关的介入与指导。一方面，这提升了公共关系从业人员进行公关实践、维系与公众关系的效率；另一方面，也可以更好地进行效果评估，以及更好地管理公共关系实践中的潜在问题。但公众媒介话语权上升的同时也压缩了公共关系从业人员的“喘息”空间，模糊了其开展公共关系实践时更具专业性的判断。甚至当社会公众利益与公共关系从业人员所处的企业组织利益产

① 王迪，张宇杰.职业系统视野下的公关从业者职业认知研究：一项基于Q方法的测量［J］.新闻大学，2018（6）：137-145，153.

生冲突时，更会使其陷入伦理选择的两难境地。因此，对于公共关系从业人员，特别是企业公共关系从业人员而言，到底是坚持对社会公众利益的“义”的追求，还是对组织管理者的“利”的维护，成为一个如同科尔伯格的道德两难一样棘手的问题。

一、企业公共关系从业人员的伦理遵循

“企业公关伦理，指的是企业在公共关系的动机、过程与结果中，一方面坚持了传播事实真相的基本底线，另一方面遵循了与实现相关者利益的价值追求。”[①]但在具体的公关实践中，真相与价值往往难以平衡。从根本上来看，贯彻和实施具体公关实践和公关伦理的主体是企业公共关系从业人员，这就要求其不仅要承担作为社会成员的个体和作为企业组织的一员应该承担的社会伦理责任，也要承担其作为企业管理者的“雇佣”的企业伦理责任。但究竟哪种伦理责任排在首位，是一个无法获得绝对性回复的问题，企业公共关系从业人员就如同夹杂在“利”与“义”之间的“走钢索的人”，只能在最大限度上实现二者的平衡。

（一）企业公共关系从业人员伦理选择的类型划分

“利”与“义”是企业公共关系从业人员进行伦理选择的两种判断方向，由此，我们构建出了一个“利—义”二维坐标系（图3-2），将企业公共关系从业人员的伦理选择进行类型的划分。横坐标代表“利”，分为逐利和弃利，表示维护企业利益的程度；纵坐标代表“义”，分为坚守社会效益和背弃社会效益，表示是否愿意为社会和公众负责。“利”和“义”将此二维坐标系划分为四个象限，也表示出企业公共关系从业人员

① 滕姗姗.企业公关的伦理实践及决策框架：德治与术治［J］.现代传播（中国传媒大学学报），2018，40（12）：63-68.

伦理选择的四种类型。

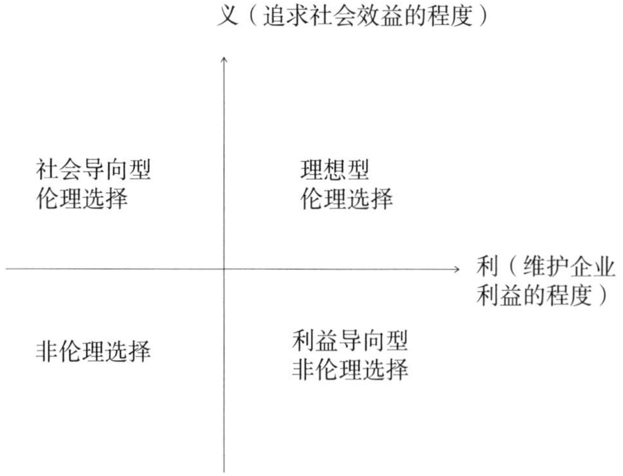

图3-2　企业公共关系从业人员伦理选择的四种类型

第一象限，理想型伦理选择。企业公共关系从业人员在社会效益上选择坚守，在企业利益上与企业和管理者利益保持一致，二者的有机平衡是最理想的伦理选择，有利于社会和谐发展与企业良好发展。例如，香港某航空公司被举报歧视非英语乘客事件，在事件紧急发酵后，该航空公司及时回应并及时辟谣，对该事件展现了极大的重视程度，服务董事和行政总裁都正面回应了公众质疑，并对涉事的三名空乘展开了严肃处理，开启了内地的招聘，表示必须“背靠祖国”才能“联通世界”。

第二象限，社会导向型伦理选择。企业公共关系从业人员坚持为社会和公众负责，但在企业利益上与相关者利益相悖，具体表现为企业公关事件影响或危害社会效益时，企业公共关系从业人员选择承担社会责任，揭露企业问题。例如，星巴克在美国被指歧视黑人，涉嫌种族歧视。星巴克的公关人员让其CEO亲自登门道歉，并全美门店停业一天，进行反歧视培训。

第三象限，非伦理选择。企业公共关系从业人员既推脱社会责任，又违背企业利益。具体表现为欺骗公众、失语、恶意诋毁企业等形式。这种非伦理选择类似于企业非伦理行为，是一种不合乎道德规范的、有损社会和利益相关者利益的不道德行为[①]。

第四象限，利益导向型非伦理选择。即企业公共关系从业人员对社会效益不管不顾，但十分注重企业利益，特别是经济利益。当企业做出非伦理行为时，企业公共关系从业人员明知该行为有违伦理，但其又属于既得利益者，所以选择沉默或者支持。“在这种利益的驱使下，对是非观念的界限和判断则越发模糊，甚至当有人出来反对时，还可能会受到集体的辩护。”[②]表现为虚假宣传、舆论操纵、引流控评等形式。

（二）企业公共关系从业人员究竟该对谁负责

对社会负责，还是对所服务的企业负责，这似乎是个很简单的问题，但又是个难以回答的问题。因为不管对谁负责，都有一定的理论合理性和实践可行性。从社会伦理的“义”来看，企业和企业公共关系从业人员都属于社会的一员，理应承担一定的社会责任，遵守必需的社会规范。“社会责任是公共关系的伦理基础，是现代公关的发展唤醒了企业的社会责任感。”[③]这就要求企业和企业公共关系从业人员要坚守对事实真相的追求与底线，将企业信誉和道德作为实施公关实践的中心遵循，平等、真诚地与社会公众展开沟通与交流，实现穆勒提出的口号“为最大多数人寻求最大的幸福”，做到对公众和社会负责。但是从企业伦理的“利”来看，企业公共关系从业人员实际上只是个“打工人”，遵循与服从企

① 李华君.伦理资本建构：企业非伦理公关行为研究［M］.北京：中国传媒大学出版社，2018：55-63.

② 潘铃钰.我国企业非伦理公关行为的深层原因及对策研究［D］.厦门：厦门大学，2020.

③ 陈先红.社会责任：公共关系的伦理基础［J］.国际公关，2009（3）：93.

业和管理者的意愿与利益也无可厚非。但值得注意的是，当社会伦理与企业伦理产生矛盾和冲突时，企业公共关系从业人员的社会身份与工作身份也会产生矛盾与冲突，这时就需要考虑企业是否产生了非伦理行为，对社会和公众造成了不良影响。

因此，“利”与“义”的伦理选择矛盾，是企业公共关系从业人员实现自我身份认同和职业身份认同的必要抉择，也是企业发展卓越公共关系的关键因素。下面根据边际转换率递增，就企业公共关系从业人员关于“义”与“利”的伦理选择矛盾构建二维坐标系（图3-3），其中，横坐标为对“利”的追求，纵坐标为对“义”的追求，Xe点、Yc点分别为在特定情况下企业公共关系从业人员对伦理选择所承担的最大利益追求和道义追求，由此形成的曲线为向外凸出的伦理选择曲线。

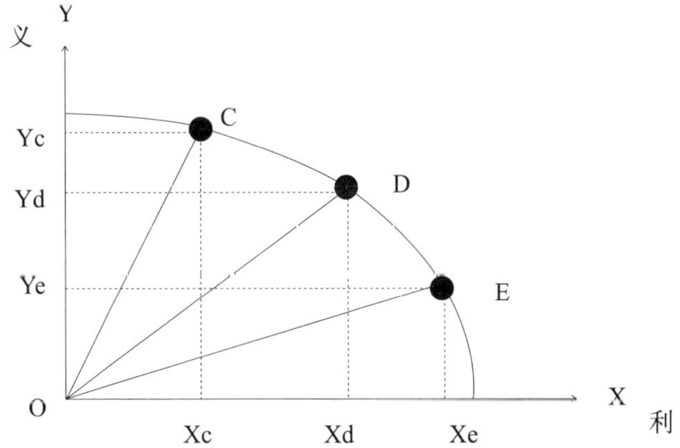

图3-3　公共关系从业人员的利益追求与道义追求

在图3-3中，C、D、E分别代表了企业公共关系从业人员三种不同的伦理选择。C选择对“义”的追求程度较高，对“利”的追求程度较低，属于社会导向型伦理选择，具体表现为更加对社会和公众负责，对所服务的企业和管理者的利益“漠不关心”的状态。但由于企业公共关系从业人员需要从企业和管理者身上获取一定的劳动报酬来满足自己的日常开销，因此除了处于公益性质或有官方背书的企业的公共关系从业人员，一般不太有现实性和可操作性。相反地，E选择对“利”的追求程度较高，对“义”的追求程度较低，属于利益导向型伦理选择。这种选择表现为在开展公关实践时更加关注企业或管理者的利益需求，忽略了自身的社会责任，这将会对个人职业发展、道德水平、企业形象、社会协调等带来巨大的影响。上述两种伦理选择都会导致企业公共关系从业人员的伦理失衡。

D所表现的伦理选择较为中立和温和，兼顾了社会伦理的“义”与企业伦理的“利”。此时，企业公共关系从业人员一方面以“义”为追求，坚持对社会和公众负责，另一方面以“利”为要求，帮助企业保障自身的经济利益。从图3-3中可以发现：以OD为对角线所形成的矩形面积大于以OC、OE为对角线所形成的矩形面积。因此，当企业公共关系从业人员的伦理选择处于D点时，即实现了对“义”和“利”的平衡时，才能实现社会效益和企业利益的协调发展，从而实现公关效果最大化。“义”与“利”是实现卓越公共关系的必要因素，企业公共关系从业人员只有平衡和处理好“义”与“利”的关系，才能在履行好自己作为企业员工责任的同时履行自己作为社会个体应有的社会责任，从而更好地助推企业发展和社会和谐进步。

二、如何实现“利义平衡”：企业公共关系从业人员的伦理实践

企业公共关系从业人员“利义平衡”的伦理选择，是社会效益与企业利益协调统一、相互促进、共同发展的关键。而不同企业的性质与文化、企业管理者的意愿、企业公共关系从业人员自身的价值意识与伦理认知等决定了其伦理选择，继而影响了企业公关能否维持长期、稳定的

“组织—公众”关系。

（一）社会公关环境与公关专业驱动力

在媒介技术不断发展的当下，企业之间存在着异常激烈的市场竞争。利益最大化的价值导向驱使企业中出现许多“黑公关”现象，各种形象包装、虚假宣传、制造同意等非伦理公关层出不穷，这不仅会损害企业的外界形象、影响社会和谐、损害公众利益，也会让本就含有“污名化”特征的公关行业“再污名化”。究其根本，是因为大部分企业对公共关系的认知存在一定的偏差，认为公共关系如同广告和营销，只不过是“美化”和“推销”自己的一种“逐利工具”，忽略了公共关系本身蕴含的社会价值和道德理念。而这种功利主义的价值导向观念，会影响企业、公众和社会对公共关系正确的认知，甚至会导致专业的公共关系从业人员的职业正当性和自我认同感的缺失，从而失去公共关系在整个市场中生存和发展的驱动力。此外，虽然互联网的出现使得信息传播出现了“话语平机”，但由于经济、技术等原因，信息传播格局依然是不平等和不对称的。在这种情况下，公共关系决策和伦理选择并不一定是“话语交换”的结果，而可能是掌握着优势资源的企业利益的外显，以一种暴力装置的手段来“粉饰太平”，这就可以解释为什么相比于“如何为社会与公众负责”，企业更倾向于关注“如何用媒体的手段获取自身利益”。加之当前国内公共关系行业的准入门槛较低，甚至部分从业人员未接受过专业化和系统化的知识学习和专业培训，导致具体的公共关系实践会出现参差不齐的现象。

纠正对公共关系的错误认知，帮助公共关系实现“去污名化”，需要健全相关的公共关系行业规范，以外部控制的方式帮助公关行业朝着健康的道路发展。同时，建立公共关系伦理委员会，构建起公共关系行业统一的价值认同标准，重视行业环境和伦理上的建设，提升内部从业人员的专业水平，加强专业性培训和专业人才队伍建设，强调公共关系行业作为一个共同体的行业正当性和存在必要性，让公共关系从业人员能够从职业中获得自我认同感和职业认同感，真正把自我价值融入行业和社会价值中去。

（二）企业价值观与内部结构性障碍

企业价值观是企业公共关系从业人员在开展工作时的重要指导与判断依据。良好的企业价值观能够作为一种隐形的企业运行范式，在潜移默化中培养雇员的共识，这种共识像一双看不见的手规范着企业成员的行为，从而作为关键性的内生因素帮助企业更好地实现可持续发展，也能够提升企业的市场形象，获得更多企业内部与企业外部成员的认可。但过强的或歪曲的企业价值观也会给雇员以及企业自身带来许多负面的影响，员工对伦理和价值的判断会产生依赖和扭曲现象，导致雇员在工作实践中与社会伦理和文化脱轨。此外，歪曲的企业价值观一定伴随着某种程度上的“洗脑”能力，让雇员在所谓“共识”的氛围中失去对于理性的判断，出现“伦理失语”或“价值沉默”的现象。

此外，在影响企业公共关系从业人员的伦理选择时，一个重要的因素是企业内部是否存在结构性障碍。企业内部结构性障碍认为“认为企业内部结构的重要因素包括专业分工、决策权限、等级命令制等，每一个因素在具体的决策和实践中，都会对企业的经营活动带来影响”[①]。每一个因素都会对企业的经营与管理产生一定的影响，其中就包括对企业内部工作人员的管理。对于企业公共关系从业人员来说，若企业内部专业分工和职能分配不明晰，就很容易引发其他部门对公关部门职能的侵

① 潘铃钰.我国企业非伦理公关行为的深层原因及对策研究［D］.厦门：厦门大学，2020.

占，这从根本上看还是对公共关系工作的不重视，进而导致企业公共关系从业人员对自身职业和能力的认可问题，影响具体的公共关系实践和伦理选择。目前已有研究发现，企业的组织卓越度越低，就越容易产生其他部门对公共关系部门职能的侵占。因此，企业的内部结构性障碍会对企业公共关系从业人员的伦理实践产生负面影响，而后者的非伦理实践又会反过来导致更大的企业内部结构性障碍，这两者最终的指向都是阻碍企业的良性发展。

为避免上述因素的负面影响，必须提升企业文化水平，加强企业内部结构性建构。企业要有效利用和发挥各种资源，建立以道德和社会责任为核心的伦理氛围与价值体系，并将其融入企业的组织目标和组织规范中去，建立一定的奖惩机制和管理办法来提升企业管理者和企业公共关系从业人员的伦理认知水平，并且搭建起企业上层领导和下属员工之间的沟通与反馈渠道，让企业文化与伦理在交流中得到完善和进步。此外，企业要明晰组织内部的职能划分，重视公关市场和公关从业人员队伍建设，即使发生职能侵占问题，企业公共关系从业人员也不应将其认为是让渡自身伦理价值、促进企业承担社会责任的借口。

（三）企业管理者的诱惑识解水平

诱惑识解水平是解释伦理诱惑现象的有效机制。“伦理诱惑（moral temptation）是指行为者在面对伦理决策时，由于意志力较为薄弱而屈从于诱惑，或是被诱惑蒙蔽了伦理理性，从而未能成功将伦理意识转换成伦理行为，最后导致个体伦理沦陷。”[①]“识解水平是指个体对于同一认知客体可能存在不同抽象水平的心理表征，高水平识解表现为个体对事件

---

① MONIN B，PIZARRO D A，BEER J S. Deciding versus reacting：conceptions of moral judgment and the reason-affect debate［J］. Review of general psychology，2007，11（2）：99-111.

概括性、抽象性的表征与结构化、去情景化的认知，低水平识解则关注事件具体、细节的表征与非结构化、情景化的认知。”[①]在面对具体公共关系实践中的伦理诱惑时，高诱惑识解水平的企业管理者会采用更加详尽的方式处理问题，采用战略性和系统性的思维来认识伦理诱惑，以更加长远的眼光处理公关事件和管理人事关系，而不局限于短期利益。但低诱惑识解水平的企业管理者在面对此情景时，会为了短期收益让渡企业或自身的伦理理性，放弃对真实和价值的追求，转向对真实和价值的“包装”，这种个体伦理沦陷的情况会转变为一种组织压力转接到企业公共关系从业人员身上，影响或歪曲后者的伦理选择。

据此，在规范企业公共关系从业人员的伦理选择之前要先提高企业管理者的诱惑识解水平。从本质上看，企业管理者诱惑识解水平的高低直接反映了管理者的道德观、价值观、金钱观。这就要求企业管理者一定要认识到自己的社会角色和所承担的社会责任，不能在公共关系实践中施行“利益至上”原则，厘清“个人—企业—社会”三者之间的关系，用更加长远和系统的眼光看待眼前的蝇头小利。此外，不能持有侥幸心理，不能预想非伦理行为能够带来足够利润的同时还能不被公众诟病，一定要坚守企业对社会和公众负责的伦理规范。在处理人事关系时，企业管理者要规范和引导公关从业人员正确的伦理选择行为，及时纠正其伦理偏误，构建企业内部正本清源的公关伦理氛围，避免非伦理选择的出现。

（四）企业公共关系从业人员的伦理认知与价值判断

除了上述宏观、中观层面的影响因素，在微观层面影响企业公共关系从业人员伦理选择的还有选择主体自身的伦理认知和价值判断，即从

① 滕姗姗.企业公关的伦理实践及决策框架：德治与术治［J］.现代传播（中国传媒大学学报），2018，40（12）：63-68.

业人员的本我、自我和超我在其伦理选择时的影响机制。从本我的角度来看，个体人格由先天本能和基本欲望构成，若企业公共关系从业人员在面对伦理选择时仅有本我发挥作用，很有可能在具体选择中采用非理性、非伦理的行为，忽略个体的社会道德感和正确的价值判断；从自我的角度来看，企业公共关系从业人员在伦理选择时会在外界环境作用和适度满足“本我”需求的双重基础上，做出具体的选择行为，这就对上述提到的公关环境、企业文化、企业管理者和个体自律程度有一定的要求；而超我则是道德化了的自我，是个体能够将社会道德和社会伦理作为外在规范和权威控制自身行为的表现，让个体符合社会和公众的期待，表现在具体伦理选择中则是企业公共关系从业人员是否有足够清晰的伦理认知和价值判断，从而进行理性的、有道德感的公关伦理选择。

企业公共关系从业人员要正确认识自我和评价自我，对自身的道德水平、认知体系、个人品质等有清晰的认知，并且能够对自身存在的问题和伦理道德的缺陷有积极向上的改进态度。还要拥有独立和健全的人格，不对外部环境和企业中的“潜网”产生过度的依赖和屈服，能够客观、理性地做出伦理选择判断，即使在非伦理公关大行其道的环境中也能坚守底线，重视自身、企业、社会等相关利益者的和谐发展。同时，企业公共关系从业人员要充分认识到自己在社会关系网络中所处的地位与所扮演的角色，一方面发挥个人的理想和价值，坚守自身的核心业务、提升专业水平；另一方面在维护职业管辖权与合法性的同时立足于公共利益，实现公关行业业务范围、话语权力和社会认同的共同发展，成为一个“拥有专业主义精神的体面的公关从业者”[①]。

---

① 胡百精.社会转型、专业化与新世纪以来中国公共关系史纲：中国现代公共关系三十年（下）[J].当代传播，2013(6)：12-17，20.

结　论

公共关系从业人员如何协调好“利”与“义”之间的关系从而达到一种平衡，是基于种种影响因素所做出的伦理选择。在这一过程中，公共关系从业人员不仅要考虑到自己的利益和雇主的利益，更重要的是如何通过自己的行为实现组织/公共关系有利于社会的目标。一般来说，公共关系从业人员应当尽力维护组织与社会之间的利益天平，促进两者之间的平等；而当两者出现冲突的时候，如何能够把组织利益和社会利益统一起来，坚守自己的底线和伦理价值，是每一位公共关系从业人员都应当审慎思考的问题。

第四章　实践与系统表达

第一节　快速反应的价值

快速反应是公共关系表达中的关键问题。公共关系对于特定事件，尤其是突发事件的应对，不仅要有所反应，更要快速反应。公共关系快速反应的意义在于以下几个方面。首先表明了组织的态度，组织对这一事件是关注的、是积极推动问题解决的，这就能从情感上与公众达成一致或者取得公众的谅解，这在一定程度上有利于后续工作的开展。其次这也是组织承担社会责任的表现，不管是什么类型的组织，都在某种程度上融入社会生活当中，都与社会公众产生这样或者那样的联系，因而都与一定的社会利益联系起来。在遇到突发事件时候的快速反应，不仅是在帮助自己完成危机公关，更是在通过自己的工作完成有利于社会、有利于公众的目标。最后从传播的角度来看，组织对于突发事件的迅速反应，也能够抓住公众获取信息的渠道，把握信息传播的主动权。公众的信息获取行为从来就不会停止，如果当事方都不主动去传播信息、发布内容，那么无疑是在给谣言的传播铺设温床。因此，对于组织来说，一定需要快速反应。

一、快报事实，慎报原因

“快报事实，慎报原因”这个概念值得在实践中落实。在应对突发事件时，尽管调查需要时间、程序需要审批、领导需要签字，但是传播规律不等人、舆情发展不等人，公共关系应对丝毫不能一等再等，需要快一些、再快一些。情况通报不是调查结论，不需要等到一切都水落石出、尘埃落定以后再进行，应当及时完成，否则自己的渠道不去传播，自然有小道消息帮你传播，这就丧失了主动权。

二、快速反应要具有针对性

公共关系的快速反应需要具有针对性，对于特定突发事件要敢于亮剑、敢于表态。有关部门对于突发事件能够快速反应、及时表态，才能对于事态的解决起到建设性作用。

三、快速反应要抓住关键、回应关切

公共关系的快速反应应当抓住关键、回应关切。2023年1月初，“00后”青年李楚彬当选赣州团市委常委一事在网络上热传，但是其中李楚彬“15岁参加工作”的经历也引起社会的广泛关注，一些网友提出了疑问。相关信息最早是由微信公众号为“兴国文艺”的平台于2023年1月12日14时53分发布的，题为《全国最年轻团市委常委，00后！江西兴国人》。因题目中有一些关键信息反差极大、博人眼球，文章很快在各主要社交媒体平台被广泛转载。1月13日11时38分，赣州团市委官方微博发布了一则情况说明，第一段介绍了李楚彬作为具有代表性、热心青年工作的行业优秀青年被选为团市委常委的政策依据；第二段介绍了李楚彬的一些主要工作经验和志愿活动；第三段针对社会舆论主要关注的“15岁参加工作”等问题，说明了李楚彬是在初中毕业后在其母亲开的奶茶店帮忙，并于2019年11月至今在江西轻茶里餐饮管理服务有限公司工作；第四段感谢了网友的关注、欢迎大家继续监督。尽管还有一些观点认为“奶茶店帮忙，不算正式工作，不应写15岁参加工作”，但是大多数网友认可了赣州团市委的情况说明，“觉得没什么不妥，是我们当代青年人应该学习的榜样”[①]。

赣州团市委的此次危机公关能够取得效果的关键在于官方权威渠道的一次迅速且及时、具有针对性、真诚表达且情理结合的情况说明。从反应时间来看，赣州团市委的情况说明距最早的舆情信息发布不超过24小时，距离舆情在社交媒体平台上的大规模传播时间更近，这已经是相当迅速且及时的回应。这种高效率应当归功于赣州团市委积极主动的处置思维、未雨绸缪的预案制度和雷厉风行的执行能力。

从针对性来看，赣州团市委的情况说明并没有采取“鸵鸟战术”，而是直击痛点，对于公众所关切的“20岁如何能够当选团市委常委”“李楚彬是什么行政级别”“李楚彬是如何当选的，有没有黑幕”“怎么15岁就参加工作了，是不是履历造假”等问题一一进行了解答。精准切中舆论关切，不仅需要有积极主动的处置思维和当机立断的执行能力，还要有充分的事实支撑，要求公共关系部门中的关键岗位、关键人员具有精准抓取舆情场域中关键信息的能力、敢于面对这些关键信息的勇气、正面回应这些关键信息的底气。公共关系从业人员要掌握并熟练运用网络传播规律、舆论演变规律。

从表达方式看，赣州团市委的情况说明真正做到了真诚表达、情理

① “00后”团市委常委15岁参加工作？回应来了［EB/OL］.（2023-01-13）［2023-12-21］. https://mp.weixin.qq.com/s/gkd6BGoSss26ftWg5Rj6Hg.

结合。情况说明不仅给出了政策依据——2017年出台的《赣州市共青团改革方案》提出，“要让团的代表大会、委员会更加贴近广大青年，提高基层和一线代表委员比例”。按照这一规定，2022年10月团市委换届期间，团市委打破年龄、学历、身份壁垒，突破体制内外限制，吸纳了一批具有代表性、热心青年工作的各行各业优秀青年成为团代表、委员、常委。这些身份，没有任何行政级别，不领取任何工作报酬，并在此基础上介绍了本部门改革的一些成果——“李楚彬同志就是其中一员。和他一起当选新一届团赣州市委委员、常委的，还有水稻种植户、企业一线劳动者、乡村青年致富带头人等，这是共青团深化改革、增强群众性的一个缩影”。这是说理的方面。在融情的方面，情况说明提到李楚彬“利用业余时间积极参与或组织公司员工进行无偿献血、反诈宣传、疫情防控等志愿服务，是一名热心活跃的青年志愿者”“因其父亲在其初三时去世，为减轻家庭负担，于初中毕业后（2014.09—2017.06就读赣州市章贡中学）在其母亲开的奶茶店帮忙”，在直接切中舆论关切的同时，展示了一个自强不息、励志图强的青年形象，融情入理，将一次危机公关从单纯应对的层次提升到了“转危为安”“化危为机”的高度。

总的来看，官方权威渠道的一次迅速且及时、具有针对性、真诚表达且情理结合的情况说明，不仅能够及时止损，还能够被转化利用，作为开展正面宣传的难得契机。公共关系越是能够及时主动，就越能够抢占舆论处置的主动权。反应越迟钝、舆论处置的效果越差，就越不会与公众达成一致，不仅不利于事情的解决，最终会反噬至公共关系的关键岗位、关键人员自身。

结　论

组织在应对突发危机时，多数情况往往是极个别关键岗位的求稳心态盖过了公共关系部门的专业能力——宁求无功、但求无过。但是，舆情发展不等人。舆情的倒逼作用会加速组织相关制度的改革，舆情的压力大了，各项制度也许才会朝着适应传播规律的方向发展。所以不能仅仅把宝押在公共关系意识上，尤其是极个别关键岗位的公共关系意识上，而应当以成熟的制度去促使组织适应真实的社会环境。

第二节　真诚与媒体参与

一、真诚是永远的必杀技

如果一定要给公共关系表达加上一个方式状语的话，那么应该没有什么能比“真诚”二字更适合的。组织真诚地对待社会公众，公共关系真诚地开展工作，这是维系良好的“组织—公众”关系的必要条件。组织中高级管理人员的真诚对于组织内部传播效率的提升和组织的健康发展也是有益的。有研究表明：“员工心理安全感的形成不仅受个人成就和地位的影响，也受到领导者行为的影响。”“真诚型领导行为通过形成员工的心理安全感进而抑制其沉默行为的影响路径在高度外向性与责任感的员工中有所强化。”[①]也就是说，真诚不仅在组织与社会的关系中是必要的，在组织内部处理对雇员传播相关问题时同样也是需要的。从实体角度看，真诚就要求组织/公共关系开展有利于社会的工作，达成与社会之间的良好互动关系：组织既能从社会中获取养分以实现组织发展目标，同时，组织本身的发展对于社会也是有利的。

① 吕逸婧，苏勇.真诚型领导能否打破员工沉默？一个有调节的中介模型［J］.心理科学，2015，38（5）：1178-1186.

二、借助媒体的力量

组织能够真诚地与公众接触，多数条件下还必须借助媒体的力量。经过媒体的传播，组织的传播行为才会进一步扩大，能够辐射到更多、更广阔的对象。借助媒体的力量与公众接触，有主动和被动之分。主动接触媒体，是组织直面问题、直面公众、希望解决问题的表现。能够有能力主动产生媒体接触行为的组织，在某些方面应当能够形成自己的公信力。

2024年春节期间，海南省琼州海峡出现春运返程高峰，在大雾天气等多种不利因素的复合叠加下，大量车辆和人员滞留海南岛。由于相关的交通疏导、离岛条件没有跟进，一些后勤保障配套不到位，离岛通道出现了拥堵数日的情况，公众基本的生活问题解决不到位，出现了不满情绪，社交媒体平台上关于此事件的讨论信息呈井喷状态。为此，海口市以“2024年琼州海峡春运工作”为主题，于2月15—20日每天下午3时30分召开新闻发布会，就公众所关心的琼州海峡春运返程高峰期应对以及海口码头周边道路的春运保障工作，离岛小汽车船票特别是新能源汽车船票一票难求，导航系统无法正确识别路面设置的交通管制路线，长时间排队导致的车辆和人员的用水及如厕困难，绿通车辆被无故限制、海鲜水产和蔬菜瓜果受损，秀英、新海和铁路南港办事效率低、管理秩序混乱、预约机制没有严格执行等问题，以及本地公众所关心的公交线路保障、卫生环境整治等问题进行了解答。六次发布会选择特定的时机、固定的时间、相同的主持人，并且通过《海南日报》、海南广播电视总台、南海网、海南新闻广播、海南交通广播、海南发布、海口发布、《海口日报》、海口网、海广网、在海口客户端、交通954等新媒体平台进行同步直播，邀请了海口市政府、市交通港航局、市公安局交警支队、市综合行政执法局、市气象台、市旅文局、市园林环卫局、共青团海口市委员会、秀英区、海南海峡航运股份有限公司、海口新海轮渡码头有限公司、海南铁路有限公司等部门负责人出面进行答疑。这种积极利用、主动接触媒体的行为不仅有利于问题的解决，同时也在面向公众提供帮助、安抚情绪、解决问题的过程中树立了海南的形象。

相对于主动产生媒体接触行为、直面问题的情况来说，被动受到媒体关注、不得已产生的媒体接触行为就会把组织置于被动的一方。

三、巨大的“能量源”

一些事件往往需要借助媒体的力量才能够得到很好的解决，而在长期拖延的反差对比下，本身就是对于组织公信力的减损。从另一个角度来说，媒体本身就是一个巨大的“能量源”。它能将原本很难处理的事情变得简单，能迫使组织将拖延几年完成不了的事情在几天之内完成。组织不仅要与公众建立良好的关系，还要能够善于利用媒体接触形成自己的形象、发出自己的声音——当然这一切都是在组织/公共关系有利于社会的前提下进行的。如果组织的利益本身背离的社会利益，那么再怎么开展公共关系工作也无济于事，甚至还会加重公众的反感情绪。善于运用媒体的能量，是公共关系所必备的技能之一，也是公共关系职能的体现。

媒体是组织联系公众的重要手段，不仅组织需要借助媒体的力量，媒体本身也要重视自身的公众接触，避免出现被公众反噬的情况。

从商业运行的逻辑角度来看，强调以媒体接触为主要内容的注意力经济，是在当代社会环境中开展商业活动最为底层的逻辑之一。也就是说，在现在的媒体环境下，人的注意力资源是一种可能会被忽视的稀缺资源，抓住了人（用户、公众、消费者）的注意力，也就是抓住了当代商业环境中的核心竞争力，也就能形成巨大的能量源。而如何抓住公众的注意力，在形式上看要尊重公众、满足公众需求，而在更为重要的内容方面，是要坚守组织有利于社会的底线，不然可能会落入开展多少公共关系工作都无法挽回的局面。内容方面要求组织开展实体创新，赢得市场占有率。但是真正的内容维度的创新少之又少，所以现在的竞争模式多为通过形成市场关注率以掌握游戏规则的制定权从而实现市场占有，这就在媒体接触方面对组织提出了新的要求。也就是说，实现组织有利于社会的目标，强调组织通过媒体对于公众的接触，充分利用好媒体这个巨大的“能量源”，不仅有利于“组织—公众”良好关系的建立，从社会的角度来看也能够增加整体社会福利，促进组织与社会之间产生更多、更高效的对话沟通，从而能够降低企业成本，提高社会整体运作效率。

结　论

真诚和媒体参与是组织开展公共关系活动的实质和形式要件。公共关系通过真诚地对待社会、对待社会公众，能够帮助组织处理好“组织—公众”关系，从而有利于组织目的的实现，也能在此过程中树立公共关系的声誉。真诚对待公众，不仅需要组织能够向社会提供高质量的产品或服务，还要能够用好媒体的力量，借助媒体这个巨大的能量源塑造自己的组织形象。

第三节　如何提高表达效率

如何提高表达效率，是公共关系表达在外在形式方面的要求。从传播学的角度看，传播效率是指公众所获取的信息与所花费的成本之间的比例。传播效率越高，公众所能够获取的信息就越多、所花费的成本就越低，公共关系表达在形式方面的效率也就越高。但是具体的表达效果如何，还需要考察多种因素的共同作用。当然，仍需要注意两点。一是公众所能够获取的信息是指对于公众有用的信息，是解决了公众欲知而未知的矛盾的信息，而不是大而无当、华而不实的内容。公众在劳神费力地看完一篇冗长的却没有解决他对于信息需求的“新闻通报”以后所产生的上当受骗感是多少公共关系表达也无法挽回的。二是所花费的成本不能仅从经济成本的角度看，尽管经济成本是最基础的因素所在——很难想象公众为了看组织的新闻通报还要专门去花钱买一份报纸。而更为重要的，如前所述，是注意力成本，这包括时间成本和精力成本两部分。“当前以互联网为基础的新经济本质就是注意力经济。作为互联网中的稀缺资源，注意力被明确定位为货币，注意力变为资源与价值流通的媒介。”①公共关系表达要想提高效率，主要应当从公众意识、表达方式与利益协调三方面入手。

一、真正关注公众所想，避免舆论反噬

我们已经反复强调了公众的重要性。公共关系表达中首先要明确公众是谁、公众所关注的内容是什么。如果不能把这两个问题解决好，那么再系统的努力也只能是白费。

一次具体的公共关系表达所面对的公众是谁？理论分析和实际上的答案必须是同样的，这样的研究才是科学的。一个组织的社会声誉来自它能否向社会提供高质量的产品或服务，因此对于组织而言，公众始终

① 承上.互联网领域免费行为的反垄断规制：以消费者注意力成本与个人信息成本为视角［J］.现代经济探讨，2016(3)：81-86.

是组织生存和发展的关键因素，也是公共关系表达最重要的对象。尽管组织所面对的公众总是呈现出相对稳定的范围，但是仍必须明确的是，公众产生于具体问题。公共关系工作想要影响、实际上被影响以及关注组织公共关系工作的人都是具体公共关系表达所要面对的“公众”。同时，在一个特定问题中，公众所关注的内容是什么？很明显的一点是，出于对各自利益的关注，公众所关注的内容和组织所关注的内容不一定是完全一样的。在现代社会中，组织不可能要求公众去放弃自己的诉求，只有公众会抛弃组织的情况出现。因此在“组织—公众”关系发生利益错位的时候，一定是组织主动去协调其间的冲突。如何协调？就是在组织目标和公众利益之间求得一个合理的平衡点。这就要求组织真正关注公众所想，了解公众的痛点所在，避免出现舆论反噬的情况。

舆论反噬“是指公共关系所期望达成的传播效果与实际产生的效果不一致甚至是截然相反、公众对于公共关系表达进行的对抗式解读并形成一定规模社会舆论的传播现象，多出现在试图营造或引导舆论的传播行为中”[①]。舆论反噬以编码解码理论为理论基础，属于一种短期的非预期效果，但是也不排除持久的非预期效果的形成。另外，公众对公共关系表达的负面解读并不一定导致舆论反噬的出现，心理或者地域上的接近性等因素，一般只是舆论反噬形成的条件；而只有当表达内容与公众的切身利益密切相关，同时表达内容又与公众预期相距甚远时，舆论反噬现象才可能出现。这种“相距甚远”，可以表现为传播内容与受众常识认知相反，也可以表现为传播内容未能实现对于受众预期的满足。

舆论反噬使得试图引导舆论的主体——公共关系最终被舆论所裹挟，但是由此而来的负面效果却是由组织来承担的。舆论反噬不仅未能实现

① 魏修治.从舆论反噬看正面宣传报道中的受众意识［J］.办公室业务，2024（19）：168-170.

公共关系预设的效果，甚至带来了其他一些负面影响，最重要的表现就是组织公信力的丧失。而遭遇信任危机的不仅包括试图引导舆论的公共关系，也包括作为传播平台的媒体。舆论反噬是媒体社会功能的逆向发挥，是公众不信任情绪的释放表现。考虑到舆论的产生过程和不同表达方式——从个别意见到社会舆论，从隐性舆论到显性舆论，从显性舆论再到舆论反噬，每一次的跨越都需要有外界因素的刺激——因此，舆论反噬一旦产生，就表明公众在这方面的不满情绪已经达到了一定程度。如果公共关系仍无所作为，或者继续我行我素，则极易堕入所谓“塔西佗陷阱”之中，量变积累最终会产生质的变化，短期的非预期效果逐渐向持久的非预期效果转变。

公共关系表达作为一种有目的的信息传播活动，实现表达效率最重要的是论点和论据的统一。“现代传播格局中，自说自话等于没有说话，不适应受众的传播等于无效传播。”[①]公众从来就不会被动地接受公共关系表达，甚至可能出现排斥公共关系表达的心理。公众总是在主动地进行信息的选择性接收，只有能够被公众选择接收并且接受的宣传报道才有可能实现传播效果。一次具体的公共关系表达，不管有多大的价值，如果仍处于公众视而不见、听而不闻的状态，毋宁说什么传播效果了。组织的高级管理人员和公共关系从业人员要避免把自己禁锢在信息过滤泡中，而要真正地关注公众所想，才能够实现公共关系的传播效果。

二、好好说话，重视公众反馈

公共关系表达提高效率需要重视表达方式，也就是说，应当用什么样的语言和公众进行对话。这内在地包含三个方面的内容：公共关系向

① 段钢，汪仲启.互联网时代主流话语传播要强化受众意识［J］.红旗文稿，2017(1)：29-32.

公众说什么、公共关系如何对待公众的反馈，以及这种对话关系所发生的场景。通过对话与反馈，组织能够“向特定的内部公众或社会公众达意表情，并透过公众的语言成品确切领会公众所欲表达的意和情，从而实现与公众之间的双向交流”[①]。如图4-1所示。

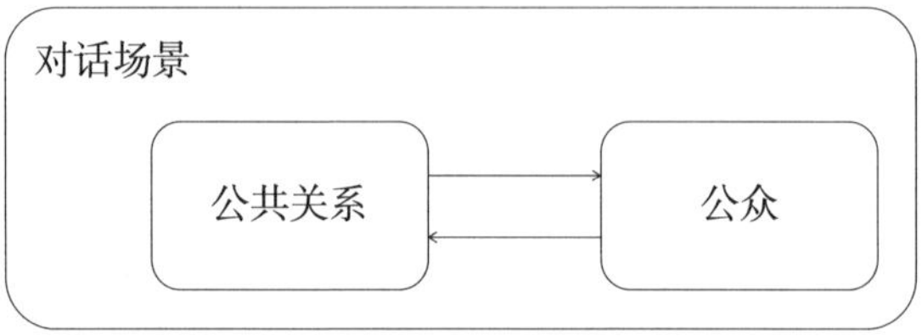

图4-1　公共关系与公众对话的场景互动

（一）管好嘴巴：小心你说出的每一句话

公共关系表达主要通过与公众的对话沟通开展工作，因此公共关系首先需要注意的是应该说什么。网络是有记忆的，公众也不可能是任人愚弄的，公共关系表达要小心说出的每一句话——这会成为公众对组织价值判断的标准，也会成为组织是否能够成功应对危机的关键。

（二）动起耳朵：重视公众的反馈

重视公众反馈是公共关系部门的重要工作之一，同时也是开放式公共关系体系的运作方式。“传播是一个双向传播的过程，受众不是被动的接受者，他通过反馈影响传播者，没有反馈，传播就无法有效地进行。”[②]同时也有观点认为，“反馈”也是公众的一种道义责任。正是因为作为传播者的组织和作为受传者的公众之间存在积极的参与过程，因

① 黎运汉.公关语言学［M］.5版.广州：暨南大学出版社，2018：33.

② 胡翼青.试论21世纪受众在传播中的地位［J］.新闻与传播研究，2000（4）：70-74，96.

而“传播则可以被视作一种互动，他们则互相担负道义责任。其承担责任的比例因各自所起的作用而异。受众作为主动参与者可能意味着许多道义责任”[①]。“作为能动的传播过程参与者，我们给传者的反馈某种意义上说应适当。大多数情况下，我们的回应应该是我们真正的理解、信仰、感觉或判断的诚实、准确的反映。不然，传播者就得不到他们借以做出决定所需的相关准确信息。”“某些情况下，由于我们是某一学科的专家，我们甚至有责任在其他人保持沉默的情况下做出回应。我们需要决定我们反馈的度量、类型是否切合主题、听众以及场合。”[②]公共关系重视公众反馈，包括运用多种手段主动倾听公众意见和根据公众意见进行组织行为修正两部分。其实这里有一个信息传导的问题：作为公众反馈意见的收集和整理部门，公共关系起到了公众与组织之间相互关系的润滑剂的作用，但是公共关系部门在组织中并没有决策权。它需要将公众的反馈意见传递给组织决策层或者高级管理层，并且由后者进行组织行为修正的工作。也就是说，组织行为修正与公共关系反馈之间没有必然的联系，即便是在网络公关系统（EPR）中也没有提及公共关系的“反馈”职能。尽管如此，公共关系仍需要将公众的意见如实地收集、整理并加以解释提供给决策层或管理层。这是公共关系职能和伦理要求的内容。

公共关系需要重视公众反馈，不仅需要对于公众关切进行回应，同时也要做好问题管理，坚持公共关系有利于社会的行业规范。

---

① 陈汝东.受众伦理规范研究：历史、现状与趋势［J］.新闻与传播研究，2006(3)：61-67，95.

② JOHANNESEN R L，VALDE K S，WHEDBEE K E. Ethics in Human Communication［M］. 3rd ed. Illinois：Waveland Press，Inc.，1990：135-137.

（三）睁大眼睛：了解最好能构建好传播场景、加深情感互联

在人机复合的移动互联网时代，公共关系需要了解与公众对话的传播场景，最好能够自主构建传播场景。目前的主流学说认为："移动传播的本质是基于场景的服务，即对场景（情境）的感知及信息（服务）适配。场景成为继内容、形式、社交之后媒体的另一种核心要素。空间与环境、实时状态、生活惯性、社交氛围是构成场景的四个基本要素。当移动媒体在内容媒体、关系媒体、服务媒体三个方向上拓展时，它的主要任务就是完成信息流、关系流与服务流的形成与组织。此时，场景本身可能成为移动媒体的新入口。"[①]公共关系与公众对话的场景作为一种被人为建构出来的环境，能够促进组织与公众之间基于产品或服务的连接，这是一种将弱关系效果强化的方式。场景的构建主要强调物理空间和心理空间两方面，归根结底是为公众提供一种更为便利的对话环境，通过特定传播场景之中的精准传播和个性化服务以促进公众的信息适配，从而有利于良好的"组织—公众"关系的构建。

2024年9月28日，《自然的孩子》在先锋书店五台山店成功举办了新书发布会，作者莫西子诗，知名书籍设计师朱嬴椿，禹田文化总编辑、千寻Neverend创始人姚湘竹一起对谈，分享这本书的创作历程，以及对大凉山的深刻印象。在活动现场，莫西子诗以及他的朋友赵勤、赵慧儿、耿斯汉等人也通过音乐的方式将观众与大凉山连接。伴随着几首来自大凉山的乐曲和童谣，现场观众一同见证了《自然的孩子》的面世。

① 彭兰.场景：移动时代媒体的新要素［J］.新闻记者，2015(3)：20-27.

提及《自然的孩子》，姚湘竹回忆起了最初提出这个选题的原因——莫西子诗在路上偶然拍摄的一张照片。在山路边，孩子们把各种装肥料的塑料袋团成了一个球玩耍。在大多数成年人看来，这个场景落后、穷苦。可对那些孩子们来说，他们没有考虑那么多，他们所感受到的是当下的快乐与自由。最后，这张照片也成了《自然的孩子》的封面。

这种当下的触动让莫西子诗有了勇气，记录他自己的大凉山，把他眼里的凉山故事告诉世界。莫西子诗一头扎进了《自然的孩子》的创作中，不断地拍摄，写作，打磨。这一创作，就是三年多。

在创作《自然的孩子》的这段时间里，莫西子诗也在西昌开设了自己的书店，名叫米地。米地源自彝语，意思是“非常好，非常棒”，而在汉语里音译过来，就是有米粮、有土壤的地方，一语双关。在莫西子诗的策划下，以及许多朋友的支持下，米地成长为一个包含展览、分享、音乐、当地手工艺品以及周边的多元空间，不仅连接了许多回到大凉山的有想法的年轻人，也在文化上滋养、丰富着在本地成长的孩子们。①

作为“音乐诗人”的莫西子诗选择南京先锋书店作为自己新书的发布会，在很大程度上是在积极构建与公众之间的传播场景，并且通过空间与环境的有效互动以搭建作者与读者之间沟通的情感传播氛围，即“提供特定场景下的适配信息或服务”——这也是场景传播的最终目标。“南京先锋书店作为从单一化经营向复合式经营转变的成功案例，其在商品选取、空间营造等方面具有鲜明的特色，受到广泛的关注。”先锋书店

① 用摄影唱一首给自然和童年的歌，“音乐诗人”莫西子诗新作《自然的孩子》举行新书发布［EB/OL］.（2024-09-29）［2024-11-01］. https://www.yangtse.com/zncontent/4050577.html. 引用时有文字删改。

不仅在电子书甚至是不读书的“浪潮”中依旧保留着独立书店的经营模式，同时也在书店选址、内部陈设、空间意象、景观布局、书刊选列、雕塑安置甚至灯光布设、背景音乐等方面都带给消费者很好的体验。书店内百米长的艺术画廊和名人雕塑、巨大的黑色十字架都扩展和延伸了书店空间本身的寓意，让消费者都能在特定时空环境中产生文化共鸣。有研究表明：“消费者肯定和认可书店对环境的营造，而且随着深入感知与深度体验，消费者在解读实体空间时会为其贴上文艺、清新等符号标签。”[①]作为意象的“莫西子诗”和“南京先锋书店”所共享的情感符号就是对于人的价值的认可。莫西子诗通过音乐、诗歌和摄影作品反映着大凉山的变化，而地域性的外在化表现就是人。莫西子诗表示，自己是用彝族语言分享和保存彝族人的故事，“人与自然相互交融而生发的童真和诗意付诸纸上”。南京先锋书店所承载的是部分消解了商业消费元素的人文价值，因而它调动起来的是空间参与者的感官和情感体验，以及对于以南京为核心的人类多元文化的感知和陌生想象，还有在此基础之上的人与人之间的情感共鸣与认同。这也正是组织积极构建传播场景的意义所在——通过情感互联加深传播效果。

场景作为组织与公众连接的第一现场，需要被格外关注。场景的构建既是对于社会一般公众依组织标准进行的筛选，同时也能反映组织目标公众与影响范围公众之间的差值——这个往往被组织所忽略的差值体现了组织目标和行为之间的匹配度。场景中既具有消费的因素，也具有“组织—公众”良好关系的生成动机。公众与组织产生联系，或者说意欲产生消费行为，是为了解决一个问题、满足一种需求。公众不是想要买电钻，而是需要在墙上安一个钟，一个能够满足特定需求的解决方案

---

① 左迪，孔翔，文英姿.文化消费空间消费者感知与认同的影响因素：以南京市先锋书店为例［J］.城市问题，2019（1）：31-39.

才是公众的目标所在。场景要求组织能够找到公众消费的刺激点、情感需求的感应点、情绪价值的爽点，即解决公众的问题、满足公众的需求。因此场景的意义在于将组织与公众连接起来以后，解决问题、满足需求，因此组织向社会提供的产品或服务的核心功能就应当围绕着场景设计，以形成所谓“市场营销公关”。

三、利益协调，坚守公共关系有利于社会的底线

在公共关系实践中，无论是快速反应、真诚对话还是提高表达效率，最根本的还是要做好利益协调，坚守公共关系有利于社会的底线。1902年艾维·李在帮助纽约银行协会处理铁路修建过程中与铁路沿线土地所有者的矛盾时，所采取的与当地社区领袖谈判、在公开场合发表演讲以及与当地居民沟通等方式，就是在进行纽约银行协会与当地社区之间的利益协调，这是一种基于信任的“组织—公众”互惠关系的落地。这种互惠关系不是仅靠传播工作就能够实现的，更重要的是事件本身所具有的价值，或者说给社会所带来的利益。事件本身肯定是对组织有利的，否则公共关系也不会去积极推动。而更重要的是，事件应当是对社会有利的，也就是说，公共关系开展“组织—公众”利益协调的前提是事件的开展有利于社会公共利益，即公共关系要坚守好有利于社会的底线。这不仅是公共关系从业人员的伦理选择，更是社会对公共关系价值取向的本质要求。

公共关系应当有明显的价值导向，在遇到大是大非的问题时，应当直接表达自己的观点，而不应当为了某些组织或者个人的私利而默不作声。

公共关系应当有自己的坚守，应当把一些信念刻在自己的基因里——高质量的产品或服务、尊重公众、快速反应、真诚对话等。

公共关系应当有自己的核心价值。公共关系部门在组织中的核心价值，也就是组织要设立公共关系部门的原因——如前所述，就是为组织处理好“组织—公众”关系。任何一个卓越的公共关系部门都不会是放之四海而皆准的，在特定组织中、在特定环境中所要求的卓越是不同的。因此，卓越的公共关系部门一定是要适配组织发展的。组织中的公共关系部门应当如何设置，从公共关系工作的效率看，只有当首席公共关系官能够直接向组织的首席执行官汇报工作时，组织的公共关系工作才有可能达到最有效率的状态——当然这也是一种理想化的状态。在首席公共关系官之下应当根据组织的“防火”需要和“灭火”需要设立公共关系部门。当然，主要是“防火”，也就是公共关系的日常管理范式；并且在面对突如其来的危机的时候如何迅速地“灭火”，也就是形成危机管理范式——尽管没有一个普遍的标准，但这种“平战兼备”的公共关系部门设置也是具有一般性参考意义的。还有一点是公共关系意识/制度的确立。组织应当尽可能地将公共关系控制的关键节点和公共关系审查融入组织的主业当中去，即在那些较为成熟的业务流程中加入公共关系部门控制的关键节点，这样组织业务工作的开展就绕不开公共关系部门。这样的结构设置使得即便是组织的高级管理人员缺乏公共关系意识，也能够从制度的角度在业务工作中贯彻公共关系。这其实是一种风险把控的制度设计，当然若能将制度设计和意识内化融合在一起将会达到更好的效果。公共关系部门应当熟悉组织的业务流程，构建公共关系风险预警机制，加强与组织高级管理人员和其他部门的沟通效率，并且定期向关键公众提供公共关系风险评估报告和相应的应对策略。

那么，公共关系如何与组织的高级管理人员和其他部门沟通呢？如前所述，组织的公共关系部门是组织内部唯一一个可能和组织本身发生对立的部门，如果前述公共关系制度设计能够落实的话，那么公共关系可能会成为组织业务工作中的一个“阻碍”——它或许会从“组织—公众”关系、社会效应、投资者关系等多重角度分析利弊，并且最终做出一个与组织业务相悖的决定。如此一来，其他部门对于公共关系部门是有意见的，觉得公共关系部门是在阻碍组织发展，部门之间沟通就会缺乏效率。这种情况不仅不利于组织发展，部门之间的亲密工作关系也难以建立起来。因此公共关系部门需要站得更高一些，从高级管理层的角度去思考问题：既要宏观地考虑可能产生的具有整体性的社会效应，也要从具体的公众接触行为中思考如何去做、去支持组织发展，当然最终目的是促进组织发展，尽管不是通过这一次具体的业务工作来完成。提出问题、列出风险、给出建议，这样就更容易得到高级管理人员的认可。与其他部门之间也需要建立起基于信任的亲密关系——一个缺乏信任的组织很难说会有什么大的作为。

还有一个问题就是内部公共关系部门和外部公共关系公司之间的分工合作，此问题前已述及。概而言之，日常程序性和流程性以及内控性问题由内部部门解决为宜，主要考虑到成本和熟悉程度；而体系化的日常建设或者可能具有极大风险的危机管理，包括可能存在的全球化发展，由内外部合作为宜。

结　论

公共关系表达效率的提升，不仅要关注公众、尊重公众，与公众以对话沟通的方式有效交流，构建适合对话的场景；同时也要关注自己，注意在组织内部形成基于信任的高效率传播，形成最适配组织发展的公共关系意识/制度，盘活组织内外部的传播路径，在明确自己的价值导向、责任坚守和核心价值的基础上，最终实现公共关系有利于社会的发展。

第四节 公关造势与联名

公关造势活动也许是违背了前述内容中我们将公共关系与市场营销分开来的努力——在这里我们力图使得公共关系和市场营销结合起来，尽管它们似乎在大多数场景中并未分开，却存在着两者应当分离的认知。公关造势活动要求公共关系从业人员深入市场营销一线，按照市场营销的目的去完成自己的工作——售出产品或服务以及扩大自己的市场份额。之所以提出这样的要求，是因为新产品或服务在进入市场的第一步面临着极高的淘汰率——“位于芝加哥的库兹马斯基顾问公司（Kuczmarski & Associates）在一项研究中考察了77家生产、服务和消费品公司推出的11000件新产品的成功率。仅仅5年之后，这些产品当中就只有一半也就是56%的产品还在销售”[①]。还有研究表明，大约一半的新产品研制都以失败告终——而这提高了成本。同时这个问题也是值得深思的：为什么会出现这样的情况？传统观点多从供求关系的角度考虑问题，一些研究指向了产品或服务的质量，认为是承诺与实际效用之间的差距导致其被淘汰，也有观点认为是社会缺乏需求方面的原因。沃顿商学院的约鲁姆温德（Yorum Wind）教授将这一问题的回答推向一个新的领域，他认为：“如果商业公司能够在提高投放新产品的效能方面取得进步，它们就能够使利润翻番。这是不多的尚有极大改进潜力的领域之一。”[②]

---

① 迈特拉，阿尔提格.公关造势与技巧：通向21世纪的桥梁［M］.欧阳旭东，译.北京：中国人民大学出版社，2009：130.

② 迈特拉，阿尔提格.公关造势与技巧：通向21世纪的桥梁［M］.欧阳旭东，译.北京：中国人民大学出版社，2009：132.

这就是被称为“市场营销公关”（Marking Public Relations，MPR）的新领域。

或许可以把市场营销公关作为最终目的在于促进销售的公共关系和市场营销的结合体，尽管这一方式现在被称为整合营销传播（Integrated Marketing Communication，IMC），这是一种基于成本考察的倒逼机制所形成的整合。只要能够实现品牌推动、价值提升和市场占有份额的扩大，效果越好成本又越低的办法就越会被采用。如何通过公关造势活动启发市场对于一个新产品的接受，联名是一个有效的手段。

一、联名：公关造势的有效手段

联名作为公关造势的有效手段，近年来为许多品牌所采用，但是联名营销的效果却参差不齐。有效的品牌联名营销应当多重发力，把握好消费者需求和体验，寻找合适的联名品牌和联名时机，同时要塑造关键意见消费者（Key Opinion Consumer，KOC），促进流量向私域转化，以实现消费者长期复购习惯的形成、品牌IP影响力扩大、品牌价值链的延伸，最终有利于品牌资产的积累，促进品牌发展。目前来看，瑞幸咖啡的联名营销做得比较成功。2023年9月1—3日，瑞幸官方账号在多个平台发布标题为“这次的联名热度有多高？53度”“这次的联名有多贵？贵州的贵”等剧透式预热海报，引发网友关注。虽然海报并未直接点名，但是不少网友已经猜出联名对象是贵州茅台酒。不出所料，9月4日，瑞幸咖啡和贵州茅台酒的联名产品“美酒加咖啡，就爱这一杯——酱香拿铁”正式上线。此次联名产品的推出引起了不小轰动，“瑞幸回应喝茅台联名咖啡能否开车”“满杯茅台去咖啡液”“瑞幸客服回应酱香拿铁不加咖啡液”“一杯酱香拿铁含约2毫升茅台酒”等话题屡登微博热搜榜。发布首日，就引发一股购买狂潮。仅仅一天，酱香拿铁单品首日销售突破

542万杯，单日销售额突破一亿元①。

近年来，品牌联名频频出现，在营销中使用跨界联名的方法以扩大销量已经常态化，成为品牌扩大营销手段的流量密码。从众多品牌跨界联名趋势中不难看出，品牌联名的数量在日益增多，相关品牌所横跨的行业品类也不断走向多元。早期联名营销的行业多以食品、饮料、服饰等领域为主，目前包括美妆护肤、互联网、奢侈品等行业也开始探索跨界联名。除了一些营销手段比较活跃的行业，家具、汽车、宠物等品牌也逐渐成为跨界联名营销中的新生力量。千瓜数据显示，2023年度小红书"联名"相关的种草笔记同比2022年上涨142.37%，美食饮品、彩妆护肤、时尚穿搭的联名量居于前三位，分别达到31.89%、16.79%、11.69%②，超过60%的品牌涉及联名。联名作为一种新的营销手段，已经成为一些品牌扩大营销手段、提升品牌效益的流量密码。

联名作为一种营销手段，根本目的在于提升品牌效益、提高产品销量。品牌和IP是跨界联名的主要方式，品牌联名的选择往往与热点有密切的关系。例如，过去几年中国航天事业不断开启新征程，太空元素就成为联名的热门，如杭州亚运会与中国探月工程联名推出太空版系列手办、王者荣耀与中国航天联名推出游戏新皮肤、瑞幸与中国航天联名推出的元气弹太空杯等。不同的目标深刻地影响着品牌联名营销的对象和形式，品牌联名营销是为了借势辐射新的消费者群体，达成更广泛的与目标用户之间的沟通和交流，因此联名双方非常注重用户的重叠度。在消费场景、渠道资源等方面的高度契合，有利于联名品牌之间更有效的流量拉动，发挥品牌的叠加效应。这也是众多品牌热衷于联名营销的原

① 刷新单品记录［EB/OL］.（2023-09-05）［2024-04-19］. https://m.weibo.cn/status/4942541814761258?jumpfrom=weibocom.

② 千瓜数据.年度热点|"联名"流量的泼天富贵怎么接？［EB/OL］.（2024-01-17）［2024-04-19］. https://wap.qian-gua.com/Home/ArticleDetail?id=2778.

因所在。

二、横向对比：品牌联名营销正反效果的原因分析

瑞幸酱香拿铁的成功绝不是一种偶然，不管是从联名品牌的选择，还是联名产品的营销方式都表明这次联名取得效果并非道傍之筑。影响品牌跨界联名营销效果的因素，主要有以下几个方面。

（一）正面效果：瑞幸咖啡与贵州茅台酒的成功联名

一是品牌之间有反差，自带流量。茅台昂贵、瑞幸实惠；白酒让人沉醉、咖啡使人清醒。一个是高奢白酒品牌、一个是大众消费品牌。品牌之间存在反差，这种高端消费品和快销品之间联名所带来的戏剧化冲突感，会极其吸引眼球。因此，只需要一点“故弄玄虚”的营销方式，就能发酵出一系列持续性的全网狂欢。

瑞幸咖啡亲民的价格和俯拾皆是的门店数量，具备极高的消费者黏性。同时，瑞幸咖啡以往的品牌联名频频出圈，如2023年情人节与线条小狗联名推出的带刺玫瑰拿铁和相思红豆拿铁、与哆啦A梦大电影联名推出的冰吸生椰拿铁、与维多利亚的秘密联名推出的桂花乌龙拿铁等，为瑞幸咖啡的品牌积累了话题度。瑞幸咖啡每一次的品牌联名不仅吸引眼球，还会给消费者实实在在地“发福利”，各种优惠券进一步增强了消费者的复购意愿和品牌黏性。消费者愿意关注瑞幸咖啡的每一次联名、关注每一次联名的对象。而这次品牌联名的极大反差又激发了消费者的好奇心，这种新鲜感和稀缺感牢牢地抓住了消费者眼球。

二是联名产品创新，吸引眼球。在此次推出的联名产品中，从瑞幸官方发布的视频中可以看出瑞幸并没有简单地将茅台酒加入咖啡中，而是创新性地采用了白酒风味的厚奶，成功地融合了茅台酒的风味特点，

增加了产品独特性[1]。有网友也表示，光听“酱香”和“拿铁”的组装，两个相反作用的产品居然融合到一起，就足以激发出人们对于新饮品味道的各种想象，让人跃跃欲试，情不自禁想去尝试一番。很多网友都在讨论这一杯酱香拿铁是让我“醒着醉还是醉着醒”。正是出于对新品的好奇心引发了“是否越喝越上头”“喝酱香拿铁后是否能开车”“私自添加茅台到饮料是否侵权”等一系列的话题，在主要社交媒体平台上形成一阵阵流量波峰。

三是营销方式新颖，磨砺以须。此次联名营销策划可谓筹划缜密、步步为营。首先，提前三天预热，瑞幸每天发布一条剧透式图文海报倒计时，但就是不明确表示具体的联名品牌，尽管通过发布的各种信息都能让人一猜即中。其次，瑞幸咖啡在推出联名产品预热期间还“故弄玄虚”。面对不少网友对于咖啡中是否真的加入茅台酒所提出的疑问，瑞幸咖啡没有立刻做出回应，而是静观网民讨论，直至9月4日产品上市当天才上线《年纪轻轻就“茅台”不离手，是一种什么体验？》以及《原料生产全记录》两条短片[2][3]，对于公众的质疑进行回应。这种“让子弹飞”的营销方式不仅吊足了消费者群体的胃口，而且为联名产品酱香拿铁吸引了足够的社会关注。

四是多平台社会化传播，鼓励分享。此次联名营销在各种社交媒体平台的加持下，形成了一波又一波造势活动，多渠道联动的内容营销模式成功地营造出一种病毒式传播效果。在小红书和微博平台，瑞幸咖啡

---

① 酱香拿铁原料生产全记录［EB/OL］.（2023-09-04）［2024-04-19］. https://weibo.com/tv/show/1034：4942338360016926?from=old_pc_videoshow.

② 年纪轻轻就“茅台”不离手，是一种什么体验？［EB/OL］.（2023-09-04）［2024-04-19］. https://weibo.com/tv/show/1034:4942199247536175?from=old_pc_videoshow.

③ 酱香拿铁原料生产全记录［EB/OL］.（2023-09-04）［2024-04-19］. https://weibo.com/tv/show/1034:4942338360016926?from=old_pc_videoshow.

还主动设置话题，发布半成品手机壁纸，吸引网民关注，让网友积极参与壁纸创作。值得注意的是，在瑞幸咖啡与贵州茅台酒联名之前，蜜雪冰城与中国邮政的联名营销已经在网上引起了很高的讨论度，而在瑞幸咖啡推出酱香拿铁以后，又主动与蜜雪冰城在社交媒体平台上产生互动。这种互动也让众多网友参与进来，纷纷调侃瑞幸对“雪雪入编”的感受，给网友一种看连续剧的感觉。

除此之外，瑞幸咖啡在多个社交媒体平台的官方账号都发布了“今日好消息！人人喜提茅台”“金秋的第一杯茅台，是什么味”等文案，极大地促进了消费者的分享欲，酱香拿铁成为社交货币：当周围的人都在讨论酱香拿铁时，如果自己没有参与，便显得落伍；而如果能在社交平台上晒上一杯刚刚抢购的酱香拿铁，再评价一番，则显得跟上了潮流——分享欲带来的是实实在在的消费行为。在一些视频平台上，瑞幸咖啡在酱香拿铁发布后，与多地交警联动，对于大众讨论的“喝酱香拿铁是否能开车，是否属于酒后驾驶机动车”“酱香拿铁酒精度有多少”等进行了实地评测。抖音平台上武汉公安发布的“喝#酱香拿铁能检测出酒精吗？民警带你现场实测！#喝酒不开车”的点赞量近200万，转发量更是达到448万[①]。这又为酱香拿铁吸引了一大波流量关注。

（二）反面：品牌联名营销失利的原因分析

尽管瑞幸咖啡和贵州茅台酒之间的联名营销取得了很好的效果，但是仍然要看到的是，大多的品牌联名营销却激不起水花。究其原因，有以下几个方面值得关注。

一是品牌联名众多导致审美疲劳。品牌联名作为一种营销方式，并

① 喝#酱香拿铁能检测出酒精吗？民警带你现场实测！[EB/OL].(2023-09-04)[2024-04-19]. https://www.douyin.com/video/7274904142684949818.

非瑞幸咖啡与贵州茅台酒的首创，一些商品广告以代言人的方式做广告可以认为是品牌联名的雏形。在市场竞争大、商品供给远大于需求的情况下，品牌联名作为一种低成本的营销方式，在市场上占比很大。品牌在联名上内卷，反向联名、与各大文创IP联名等各种联名创意层出不穷。各个品牌之间的联名一波接一波，一次联名还未结束，下一次联名就已经开始预热。如上海某品牌奶茶虽然联名频繁，推出的联名产品却创新不足，仅仅是给饮品换个包装、赠送贴纸。大多数品牌联名的方式却略显简陋，主要表现为“品牌+品牌”，好像换个包装就是联名了。如某服饰品牌仅仅将NBA元素印到衣服背面，某些零售品牌更是夸张到将米老鼠形象印到鸡蛋上，一两次的新奇包装会引起消费者的偶然购买，但是缺乏创新的产品会很快磨灭这种短暂的消费欲望。频繁的联名产品若没有推陈出新，会耗费巨大的IP授权费与人力成本，给消费者的感觉是“为了联名而联名”。扔掉包装之后，联名产品与日常销售的产品并无二致，这种“欲抑先扬”的失落感最终会导致消费者对于联名产品的审美疲劳。

二是品牌调性损耗导致原有黏性消费者流失。品牌调性是指品牌各类要素中所流露出来的品牌感知形象，是消费者对于品牌形成的长期的关于品牌气质、风格的稳定认识，相较于品牌形象这一概念，品牌调性更加强调品牌拟人化的个性特质[①]。适当的品牌联名可以给品牌带来新的消费者，扩大商品的用户群体。但一些高端定位品牌若频繁联名，则容易让品牌调性损耗，使得品牌原有的黏性消费者流失。故宫博物院古风古韵而又俏皮可爱的时尚产品俘获了众多年轻人的心，成为许多国潮品牌争相合作的对象。但也有观点认为，近年来故宫博物院所联名的品牌过多，消费者从最初的好奇到现在的疲倦，故宫的品牌调性在多次联名

① 梁兴梅.论微信公众号的品牌调性［J］.东南传播，2019(8)：146-147.

中遭到损耗[①]。很多联名过多的品牌因为品牌的过度延伸而出现了品牌效应摊薄的品牌稀释现象。在高频密集的品牌联名轰炸后，消费者对于品牌的热度就会被分散、对品牌好感度下降，最终导致原有黏性消费者流失。

三是品牌联名内容与消费者群体需求不符。品牌联名营销的核心是内容，而这是根据消费者群体的需求确定的。在酱香拿铁的联名营销中，目标消费者指向的就是消费意愿较强的年轻人。

四是过分追求猎奇导致联名失败。联名品牌之间的反差性虽然更容易引起消费者的关注，然而过分追求反差也会适得其反，是对于品牌资产的透支，最终必定会影响品牌形象。

三、多重发力：品牌联名营销的有效路径

品牌联名要想达到效果，必须多重发力。无论是联名品牌的选择、产品品质的提升，还是消费者体验和联名时机的把握，包括更宏观的关键意见消费者的塑造以及品牌的长期规划都至关重要。

（一）复刻消费者画像，寻找合适品牌

联名品牌之间需要有“火花感”，不能是生搬硬套的包办式联名，更不能为了联名而联名，没有话题参与度，最终只是品牌方的自娱自乐。联名品牌之间应当是目标用户大体一致，但是品类赛道不尽相同，最好是没有竞争但有互补，能够通过跨界营销实现流量互推，通过合作获得双赢。对于联名品牌的消费者群体，要有精准的用户画像分析。通过用

① 故宫联名款泛滥，国潮当道下跨界也要有节制！［EB/OL］.（2020-01-22）［2024-04-19］. https://c.m.163.com/news/a/F339G67F0514X2OL.html?from=wap_redirect&spss=adap_pc&referFrom=.

户画像以了解目标消费者的核心特征、行为模式和消费意愿等，帮助品牌更好地理解用户，进行精细化运营，提高运营效率和市场预测能力，促使用户的持续增长和留存。

同时，品牌之间的反差感是联名产品的核心卖点之一。莱斯托夫效应认为，人总是更容易记住那些特殊的事物。“将同样的原理应用到营销领域，如果你想让客户对你的品牌和产品产生偏爱，就要做到有与众不同的独特性。”[①]因此，品牌可以通过联名制造出反差让消费者记住产品。这种打破了消费者预期的反差感的反转式体验能够极大地提高消费者的产品评价，“看到了开头却猜不到结尾”的惊奇能够加深消费者对于品牌的印象。正确把握消费者的画像以寻找合适的联名品牌是品牌联名营销成功的第一步。

（二）抓住消费者需求，提升产品品质

在品牌联名营销中，品牌方关注的是销量，而消费者关注的却是产品，两者联系起来的方式就是使产品符合消费者需求。联名品牌应当以产品为本位，关注消费者的使用需求、心理需求和社交需求。对于品牌而言，联名从来都只是锦上添花，并且是具有时效性的营销手段，只应当是一种给品牌带来附加值的营销手段，消费者长期购买行为的产生最终还是取决于与产品的契合性。

品牌联名是“产品+理念”的产物，不能仅有猎奇性，而要从情感或者实效层面给消费者带来价值。品牌联名不是把两个品牌logo印在同一个包装上，这种表面的联名没有意义。同时，还要警惕薅羊毛式的联名：一件普通服装印上名牌logo，售价就翻上几番，似乎只能保存在工

① 成智大兵.营销心理战：掌握36种购买心理，直击客户内心［M］.杭州：浙江大学出版社，2020：12.

薪阶层所仰望的橱窗中——这种损害品牌长远发展的行为为消费者所诟病。联名品牌的产品品质不仅要体现在更新产品包装上，更应该着力于提升产品品质。品牌联名应当寻求产品本身的创新与破界，以开拓更广阔的消费者群体，增加品牌的影响力和用户黏性。因此品牌联名不能是简单的包装换代、邀请偶像代言，而应该将消费者需求与产品开发全过程有效结合，在产品的各个方面寻求创新升级。

（三）重视消费者体验，用心才是王道

重视消费者体验是品牌联名获得成功的关键一步。重视消费者体验就是要在品牌联名中把供给侧和需求侧统一起来，避免出现品牌方的自娱自乐。新生代的许多消费者更多地从产品消费转向情感消费，从追求产品的功能体验转向情感体验。“现代人的情感需要越来越借助于情感消费（从市场获取情感消费品）的方式来得到满足。”[①]联名合作的目的之一就是赢得消费者认可，因此品牌联名之前明确联名的受众，了解他们的喜好会起到事半功倍的效果，品牌方尤其应当用心感受消费者的情感需求。

在2023年3月14日“白色情人节”的营销节点，喜茶与《光与夜之恋》联名，根据游戏男主的性格特点推出了系列饮品。饮品统一采用白色的人物定制杯，杯身体现角色形象与名字，还设计有镂空杯套，结合烫金工艺，体现了誓约的典雅与庄重，质感和细节拉满。还有网友曝光喜茶为了做好与《光与夜之恋》的联名，事先给员工们发了一份40多页的文件作为培训内容。喜茶与《光与夜之恋》这一联名的成功是有迹可循的，关键就在于对消费者体验的用心把握。加之门店的提前培训、物

---

① 王宁.情感消费与情感产业：消费社会学研究系列之一［J］.中山大学学报（社会科学版），2000（6）：109-113.

料的设计和细致的互动话术，给予用户全面的体验仪式感，从这些行为表现出的高效的执行力，可以看出喜茶对消费者体验的用心保障。同时，对联名内容的精准把握也是喜茶与《光与夜之恋》联名成功的关键，把握住了“喜悦”心智和《光与夜之恋》IP的契合度。同样包括之前古茗与天官赐福的联名，也是从强调消费者体验出发，在大量内调基础上才展开的联名营销。这样的品牌联名不仅为消费者创造了价值，同时也达到了品牌方的预期效果。

（四）把握好联名时机，制定有针对性的营销策略

时机影响效果。如气味图书馆与大白兔奶糖联名推出了一系列以大白兔奶味为卖点的概念性香氛产品，就精准地在六一儿童节期间借助节日气氛打出了“来点孩子气”的广告语。大白兔奶糖代表中国人童年里的甜味，正契合了气味图书馆的需要。本次联名获得众多网友的关注，并迅速登上了微博热搜榜，而跨界联名推出的“大白兔奶糖味香氛”，在天猫平台上开售仅十分钟就售出超过1.4万件。限量的610份香氛礼包，3秒内便被抢购一空[①]。同样，喜茶与电视剧《梦华录》联名时机的选择同样巧妙，梦华录于2022年7月7日大结局，而喜茶在6月30日宣布与《梦华录》联名，在电视剧热播期间推出联名款饮品紫苏粉桃饮，首周销量突破140.4万杯[②]。

把握好联名时机，同时要制定具有针对性的联名营销策略。品牌联名想要做到1+1>2的效果，就要对消费者的生活方式、喜好、购买动机

① 中国青年网.气味图书馆联名大白兔，打造属于中国人的“童年礼物”［EB/OL］.（2019-06-17）［2024-04-19］. https://d.youth.cn/newtech/201906/t20190617_11984469.htm#.

② #喜茶梦华录联名#喜来报！喜来报！喜·半遮面新张7日，阿喜向各位客官来报喜［EB/OL］.（2022-07-08）［2024-04-19］. https://m.weibo.cn/status/4789018825589935?jumpfrom=weibocom.

进行充分调研，挖掘消费者的深层次需求，制定具有针对性的营销策略，根据目标消费者群体和产品定位制定联合营销策划。“坚持对象化尺度，精准定位品牌消费群体，按照不同消费群体的需求、偏好和关注点进行话语设计和内容编排，打造分众性话语文本，做到精准定位，目标聚焦。”[①] 比如，大多数年轻人对于奢侈品爱而不得，这时喜茶和FENDI就联名推出了仅售19.9元一杯的奶茶。这么低的价格很容易打破消费者的心理防线，让年轻消费者产生代偿心理，刺激消费情绪和购买行为。

（五）塑造关键意见消费者，促成私域流量转化

关键意见消费者是指在强关系网中能够发挥影响消费意愿和行为的消费者。KOC本身就是消费者，只不过基于种种原因产生了足够强的影响力。这种更加垂直的信息结构不仅使得KOC与普通消费者之间的互动更为频繁和密切，而且普通消费者对于KOC更加信任。在推出酱香拿铁时，瑞幸咖啡曾邀请马东拍广告。马东不仅自带“70后”“80后”的中年人流量，而且他在年轻人中很受欢迎，在年轻消费者群体中有一定的影响力，这就刚好符合瑞幸咖啡和贵州茅台酒联名的调性。

正是因为关键意见消费者和普通消费者之间基于信任关系的高频互动，使得经由KOC的公域品牌流量能够更好地触底，转换为私域流量。KOC自带的IP属性强化了普通消费者对于品牌本身的黏性，即实现了品牌人格的实体化。KOC可以自主把控、反复、免费并随时随地直接触达用户的渠道，通过影响自己的私人社交圈从而产生消费势能[②]。“比如在小众的玩具圈，普通消费者的爽感就不只玩具本身的陪伴效应，还依靠

---

① 伏森，陈怀远.融媒体时代品牌营销策略探析［J］.中国物价，2023（12）：116-118.

② 文红为，张成迪.关键意见消费者对体育用品购买意愿影响的研究：基于精细加工可能性模型［J］.成都体育学院学报，2022，48（6）：31-37.

KOC提供新玩法和炒作金融属性所带来的兴奋。”①

（六）注意联名频次，注重品牌长期规划

与其他品牌联名能够对消费者形成新奇感，助力品牌在消费者心里扎根，但是要把握好品牌联名的频次。联名频率太高，会给消费者带来审美疲劳，同时也会损害品牌调性，导致原有黏性消费者流失；联名频率太低，就难以在消费者群体中保持影响。喜茶作为茶饮行业中联名较早、较多的品牌，每年的联名在20次左右。据统计，从2017年开始喜茶已经联动了74个不同的品牌②，取得了较好的营销效果。

品牌在进行联名筹划时要有长期规划的意识，把维持品牌形象放在突出位置，首先仍要注意联名品牌之间是否会出现相互冲突的情况。相互冲突的品牌定位会给消费者带来混乱的感觉，颠覆消费者的原有印象，直接影响到品牌整体形象与消费者感知。不适合的联名会直接导致联名营销的失败，最终加速品牌稀释，影响的是品牌品质。联名营销应当与基本的社会习惯保持一致：即便瑞幸咖啡和贵州茅台酒相差甚远，但是由于其都属于饮品，因而存在联名的可能。如果两个品牌的产品功能差距过大或者目标用户不一致，出现的场合也相互排斥，甚至联名营销的结果会突破社会习惯的下限，消费者对此是反感的，更不用说产生消费的欲望。因此，应当注重品牌的长期规划、维持品牌调性，这有利于构建和累积品牌资产。长期的、稳定的、统一的风格能让消费者快速准确地识别出品牌，并形成认知，以此产生后续的经济效益。年轻一代的消费者更加注重品牌与自身价值观和精神追求的契合，品牌在市场中的标

① 王斌.新消费文化何以影响Z世代：机制、风险与应对［J］.中国青年研究，2023（3）：14-21.

② 新博弈编辑部.4年半联名74家品牌，喜茶有点盲目“威猛”了［EB/OL］.（2021-05-19）［2024-04-19］.https://mp.weixin.qq.com/s/wG2lUrn4t2T8mO1JMxua2A.

签化表现将越来越受到重视。

四、结果导向：品牌联名营销成功的效果表现

怎样的品牌联名才是成功的？品牌联名营销应当取得怎样的结果？主要可以从微观的消费行为、中观的品牌IP影响力以及宏观的品牌资产三个维度来解释。

（一）微观：品牌流量私域化，消费者形成长期复购

私域流量基于信任和利益而建立，是“基于信任关系的封闭性平台上的流量池”[①]，是互联网营销的重要工具。私域流量能够“将受众汇集到能够自主管理且可控性强的载体中进行有效管理与运营，提升与流量渠道的博弈能力，以实现更好的变现、复购等商业价值，提升经济效益”[②]。成功的联名营销能够促使品牌流量从公域向私域转化，形成更具有品牌忠诚度的消费者群体，即所谓“私域用户”。私域用户的意义体现在对于品牌的价值拓展上：品牌可以开发私域用户的复购率和客单价，从而维持用户价值周期，同时具备了关键意见消费者身份的私域用户还是品牌通过强关系网取代弱关系网以开发新客源的重要渠道。

品牌联名要促进流量从公域向私域转化，最终目的是要形成消费者的长期复购习惯。消费者复购习惯的促成需要满足两方面条件。一是品牌本身具备可复购性。一些联名较多、效果较好的品牌，一定是具备可复购性的，如瑞幸咖啡、喜茶等此类价格不高、日常使用频次较高的品牌。品牌本身具备可复购性，消费者才能够且愿意为品牌高频消费。在

① 易艳刚.“私域流量”崛起？［J］.青年记者，2019（24）：96.

② 沈国梁.从流量池到留量池：私域流量再洞察［J］.中国广告，2019（12）：93-94.

联名品牌的非日常性所形成的反差的加持下，往往会促成消费行为。瑞幸咖啡和贵州茅台酒的联名刚好吻合了这一点。二是消费者黏性的维持。消费者长期复购习惯的维持还需要通过私域流量来维持黏性。这不仅需要关键意见消费者经营私域流量池，以形成更具有品牌忠诚度、用户信息触达和消费转化更高的用户群体，同时还需要消费者能够获得具体的、实实在在的优惠。

（二）中观：品牌IP影响力扩大，延伸品牌价值链

联名成功的品牌可以打破消费者对品牌的常规认知，给消费者带来新鲜感，并以此提高产品销量、扩大品牌影响力。在成功的品牌联名营销策划中，基本都不是以提高销量作为唯一目的，而更重要的是宣传品牌文化、产品的设计思想以及品牌理念。在品牌联名营销中，“不仅要进行品牌定位，还必须要有效地传播品牌定位所塑造的形象”①。喜茶频繁的联名活动，给市场塑造的自身形象就是年轻、时尚、潮流。而当喜茶又被其他品牌反向联名时，说明它为自身树立的品牌IP已经为市场所认可。

一些品牌在联名合作的新产品中意外突破了原本固定成形的风格，给用户带来了全新的体验，这也让很多品牌得以度过阶段性危机。如麦当劳与说唱歌手特拉维斯·斯科特在2020年左右的联名活动，就使得麦当劳挺过了当时面临的品牌老化和年轻消费者流失的危机。为了重新吸引年轻用户，麦当劳推出了根据特拉维斯·斯科特本人的点餐习惯而定制的套餐，这不仅成功吸引了特拉维斯·斯科特的粉丝群体，还引发了广大年轻消费者的好奇心和购买欲望。联名活动不仅提升了麦当劳的品

① 杜国清，陈怡.品牌传播理论与实务［M］.北京：中国传媒大学出版社，2018：88.

牌曝光度，还帮助麦当劳重新塑造了年轻、时尚的品牌形象。

联名品牌之间的忠诚消费者群体可以通过联名营销实现共享，从而更有效地拓展品牌理念的接受群体，促进品牌价值从短期性营利向长期性收益转变，同时完成品牌价值链的延伸。品牌价值链的延伸需要“相当数量的曝光度以维持和提升自身品牌价值，因此需要不断地自我重塑，甚至需要涉及非专业领域”[①]，而带来了新流量、新消费者群体的品牌联名营销也就带来了“相当数量的曝光度”。

（三）宏观：促进品牌资产积累，助力品牌发展

对于品牌资产的理解主要可以从财务会计概念、基于市场的品牌力概念以及基于品牌—消费者关系的概念来进行，主要涉及的是品牌与消费者关系强度的问题[②]。国际市场研究集团曾提出“品牌资产引擎模型”，认为依靠消费行为所积累的品牌资产主要是有形资产，而且消费行为并不能作为消费者是否认可品牌或者说衡量品牌资产存量的标准。“品牌资产归根到底是由消费者对品牌的看法，即品牌的形象所决定的。”[③]由品牌本身的权威性、消费者对品牌的认同以及品牌价值的社会承认所构成的品牌亲和力与品牌功能利益相结合，构成了评估品牌资产的标准。

品牌联名最持久的目标在于促进品牌资产积累，这种积累不仅体现在财务报表上的交易价值和基于市场品牌力的长远发展潜力，更重要的是为消费者构建品牌的内在价值。有观点认为，消费者对于品牌的认识首先体现在他对品牌形象的感知，这种感知事实上是品牌，包括品牌所

---

① 孔令顺，宋彤彤．从IP到品牌：基于粉丝经济的全商业开发［J］．现代传播（中国传媒大学学报），2017，39（12）：115-119.

② 卢泰宏，黄胜兵，罗纪宁．论品牌资产的定义［J］．中山大学学报（社会科学版），2000（4）：17-22.

③ 卢泰宏．品牌资产评估的模型与方法［J］．中山大学学报（社会科学版），2002（3）：88-96.

属组织的个性化体现[①]。品牌联名所带来的对于消费者忠诚度的维持、对于消费群体黏性的积累、对于消费者复购率的提高以及通过流量置换对于消费者群体的拓宽，都会直接影响消费者对于品牌的资产性认识。

结　论

公关造势通过整合客户和雇主的利益从而完成了公共关系有利于社会的目标，这种整合营销的传播活动能够实现增效作用。联名是公关造势的有效手段，但是也并非唯一手段。媒体事件、产品展销会、制定行业规范以及推进社会服务等方式都可以产生公关造势的效果。关键在于如何能够将有限的项目预算转化为组织/品牌的有效成长，以及更为实际意义上的价值回报。在这个过程中，“公共关系必须放弃在知识上故作高深的姿态和对市场营销功能的轻蔑态度，而同时营销人员也必须更清楚地意识到，社会、政治和经济环境也越来越影响到顾客和那些可以左右人们对公司及其产品的态度的舆论制造者。如果把营销和公关视为对手而不是同盟的话，就无法取得这种增效作用”[②]。

① POKORNY G. Building brand equity and customer loyalty［J］. Electric perspectives，1995，20（3）.

② 迈特拉，阿尔提格.公关造势与技巧：通向21世纪的桥梁［M］.欧阳旭东，译.北京：中国人民大学出版社，2009：132.

主要参考书目

[1] BROOM G M，et al. Effective public relations eleventh edition [M]. 12th ed. London：Pearson Education，2013.

[2] GRUNIG J E. Excellence in public relations and communication management [M]. Hillsdale，NJ：Lawrence Erlbaum Associates，1992.

[3] BERNAYS E L. Bernays public relations [M]. Norman，OK：University of Oklahoma Press，2013.

[4] 胡百精.共识与秩序：中国传播思想史 [M].北京：中国人民大学出版社，2022.

[5] 舒尔茨 D，舒尔茨 H.整合营销传播：创造企业价值的五大关键步骤 [M].王茁，顾洁，译.北京：清华大学出版社，2013.

[6] 弗格森.传播策划：综合路径 [M].柯泽，等译.北京：中国传媒大学出版社，2016.

[7] 井之上乔.公共关系 [M].王冕玉，王熙威，译.北京：东方出版社，2018.

[8] 科特勒，凯勒，切尔内夫.营销管理 [M].陆雄文，蒋青云，赵伟韬，等译.16版.北京：中信出版集团，2023.

［9］西泰尔.公共关系实务［M］.张晓云，译.14版.北京：清华大学出版社，2020.

［10］奥格威.一个广告人的自白［M］.林桦，译.北京：中国物价出版社，2003.

后　记

本书是我在合肥大学从事公共关系教学与研究的结果之一，也是我拐的第二个弯。断断续续积累材料持续了几年，断断续续写作也持续了几年。

除此之外，后记没什么要写的，无非就是感谢了。

感谢我的老师慕明春教授（1954—2024）。这一次，我不得不在他的名字后面加上括号，标注上数字。我总是不着急，总觉得自己还年轻，可是却忘了老师的年纪已经大了。本想出版以后拿到他那里炫耀一番，却没来得及。

感谢柯泽教授，他主持翻译的《传播策划：综合路径》一书开启了我对这门学科的理解。

感谢家人的陪伴——不管是深夜的灯光，还是一瞬间的破晓。所有的努力都是值得的。

感谢我所指导的研究生们，她们不仅做了一些案例的搜集与整理工作，而且我也被她们的向上管理督促着。尤其是赵天琪同学以其出色的数学功底完成了我对于公共关系与博弈论之间关系思考的数学证明——这是我完全做不到的。

感谢中国国际广播出版社的刘丽女士和王立华女士，她们的辛苦付出是本书得以付梓的关键因素。

再次对读者们表示感谢。

魏修治

2024 年 11 月 3 日于合肥大学

图书在版编目（CIP）数据

当代公共关系：从熵值管理到系统表达 / 魏修治著.
北京：中国国际广播出版社，2025.7. --ISBN 978-7
-5078-5869-3

Ⅰ. C912.31

中国国家版本馆CIP数据核字第2025B5M958号

当代公共关系：从熵值管理到系统表达

著　　者	魏修治
责任编辑	王立华
校　　对	张　娜
版式设计	邢秀娟
封面设计	赵冰波

出版发行	中国国际广播出版社有限公司［010-89508207（传真）］
社　　址	北京市丰台区榴乡路88号石榴中心1号楼2001 邮编：100079
印　　刷	环球东方（北京）印务有限公司

开　　本	710×1000　1/16
字　　数	270千字
印　　张	19.25
版　　次	2025年7月　北京第一版
印　　次	2025年7月　第一次印刷
定　　价	68.00元